金井淑子
KANAI Yoshiko
著

ジェンダー、身体、他者をめぐるジレンマ

倫理学とフェミニズム

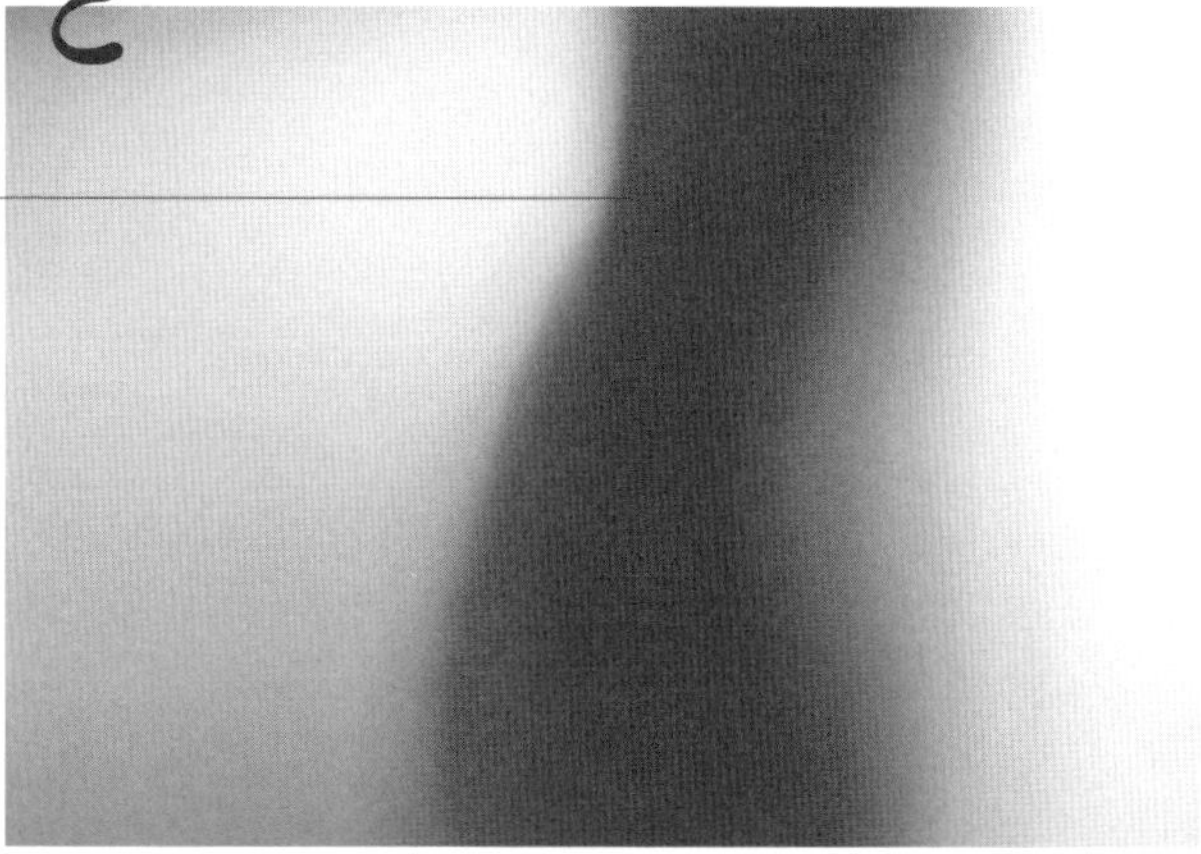

ナカニシヤ出版

はじめに
――「意味ある他者」を鏡として――

本書が倫理学とフェミニズムのテーマのもとに描き出そうとしている倫理的難問群とはどのようなものか。本書の序説的な位置付けをもつＩ「リベラリズムとパターナリズムのはざまで」の最初に取り上げているのは、「トランスジェンダー」と「セックスワーク」の話題である。さらに刺青や全身へのピアス、暴力的な性愛や身体改造への執念を描く金原ひとみの小説『蛇にピアス』や、「わいせつ」をめぐる倫理と文学の抗争として問題になった『チャタレイ夫人の恋人』をめぐる裁判などの話題にも及んでいる。さらにまた第四章「性別二元制のあわいを生きること」に登場するのは、性別二元制が作る性の境界によって逸脱や異端のスティグマで周辺化・外部化され、ときには放逐されてきた存在である。

いずれの話題も現実社会のマジョリティからすれば少数例外的とされる存在の問題である。それがマジョリティの性や身体の規範意識や価値の問題にどう関係するのか。そういう困惑の声が倫理学の周辺からは表明されるかもしれない。こうした問題に対する倫理学が取りうる寛容さは、マジョリティの側の秩序を侵害しない程度にはその存在も許容しようというパターナリズム的倫理に基づく対応ではないか。したがって本書がこうした例外的存在の問題にあまりに肩入れして議論を展開することにそもそも抵抗感がもたれるかもしれない。

しかしいま、性別二元制によって周辺化・外部化され、ときには放逐されてきた存在が社会のさまざまな場面に可視化されつつある。そうしたマイノリティ化されてきた存在が当事者としてその声を上げつつある場面で、「およそ人間としては」といった形で語られる抽象的な人間一般を主語とする大文字の倫理学は、はたしてその声に応えることができるのか。大文字の倫理的主体は当事者からの厳しい問いの挑戦を受けている。本書の議論の関心の所在はこの点にかかっている。もとよりフェミニズム・倫理学両場面で発言してきている自らの立ち位置もきびしく問われてくる。そのことへの自己言及的なまなざしも自覚している。

ジェンダー規範からの解放を求めるフェミニズムもまた、セクシュアルマイノリティからは、フェミニズムの思考もそれによって規定されている「性別二元制」の枠を超え出ていないことが批判されることとなる。実際トランスジェンダーもセックスワークもフェミニズムにおいてある種のアキレス腱となってきた問題である。トランスジェンダーの「女装」は「女らしさ」への過剰適応にほかならず、ジェンダーからの解放を目指すフェミニズムの足場を切り崩しかねないとする危惧は根深い。ときにそれは性の多様性を容認する人びとの内面にも実はトランスジェンダーに対する受け入れ難さが「トランスフォビア」の形をとって憎悪の感情として噴出することもある。フォビアやヘイトクライムに内面化された差別や排除の感情の根深さは、近代的人権の掲げる人間の尊厳や平等の価値理念を根底で揺るがす問題であることに、フェミニズムはトランスジェンダー問題から気づかされることとなるのである。さらにセックスワーク・セックスワーカーの権利の主張についても、フェミニズムが

「売春＝悪論」から取り組んできた運動を混乱させるものという警戒感はフェミニズム内部に亀裂を持ち込んでいる。これらの問題からは、倫理の困惑とフェミニズムのジレンマが映し出されている。

しかし本書はトランスジェンダーやセックスワーカーさらにレズビアンやゲイなどセクシュアルマイノリティとされる存在について、フェミニズムも倫理学も理解と寛容をもって対すべきだなどということを主張しようというのではない。むしろマジョリティのそうした寛容さやマイノリティを「理解したい」というフェミニズムや倫理学の「対し方」その「他者理解」の中にある「鈍感さ」が問われていることを問題にしているのである。それは取りも直さず、マジョリティの意識に内面化されたフォビアの感情にまで倫理のまなざしが届くには、マジョリティの側の基本的なスタンスは、「マジョリティとは、ほとんど定義上、自らのマジョリティ性にまつわる鈍感さに気づくことはできない」という認識をもつ必要があるということである。すなわちマイノリティの存在はマジョリティにとっては自らの盲を拓く「意味ある他者」として立ち現われているということである。この点に関して、黙っていればマジョリティの価値観が支配的になってしまうこの世界におけるセクシュアルマイノリティの位置、そこにある差別や抑圧の問題を考えようとするとき、このスタンスは絶対に手放せないのではないかと考えるからである。

しかもこれはセクシュアルマイノリティに限った問題ではないことはいうまでもなかろう。現実の人の生きる世界がさまざまなカテゴリーによる分割線によって成り立っている以上、ある意味で避けがたいマジョリティ／マイノリティ関係に関わる政治的で哲学的な問題であるからだ。すなわち老若・男女・障害の有無・人種・国籍・民族等々の多様なカテゴリーによって隔てられ、その分割線が作り出す価値観のせめぎあいや対立がさまざまなコンフリクトを生んでいる。それが多元社会や共生社会の言葉とは裏腹に、国民国家内のあるいは少数民族間の紛争やヘイトクライムの凄惨な暴力とつながっている現実を作っている。

そうしたカテゴリーによる分割線が作るマジョリティ／マイノリティ布置関係の中で、境界を突き崩す動きとして起こっているのが、マイノリティ諸当事者の権利をめぐるさまざまな運動である。すなわち現代倫理学の大文字の主体が挑戦を受けているのは、近代的人権理念の外部に捨て置かれるか、あるいはパターナリスティックなまなざしで包摂されるかといった形で他者化ないし不在化されてきた、マイノリティ諸当事者の権利のさまざまな要求によってである。

これまでカテゴリーの境界線に隔てられてマイノリティ化された側の差異・アイデンティティはマジョリティ側の秩序・価値に同一化されるか、完全に外部化されるかであった。そうした構図の中での「人として」の普遍的な倫理への問いがいかに空疎であるか。いま起こっていることは、境界線の向こう側に他者化され不在化されてきた側からの声によって境界線が揺るがされているということである。本書が例外的少数者とされるセクシュアルマイノリティの存在に、「意味ある他者」をみているのは以上のようなことからである

とはいえ、本書は明確な理論枠組みや倫理的立場性を提示しえたといえるものではない。フェミニズムと倫理学二つの領域に足場を置くゆえに判断をエポケーしている場面も多々ある。そうした私の発言には、フェミニズムのいわゆる「女性抑圧仮説」に立つ議論からは言える主張も、倫理学の「お

よそ人間として」という普遍性を問う議論からはイデオロギー性の強い見方として退けられてしまうジレンマがつきまとう。私自身、倫理学とフェミニズムの二つの立場の間で引き裂かれながら、しばしば立ち往生・判断停止に陥らざるを得なかった。そしておそらくはそのことと無関係ではないのであろうが、私の文章には「／」（スラッシュ）で二つの語あるいは項をつなぐ造句造語が多い。「女／母《わたし》」「性／愛」といった表記にとどまらず、「女性学／ジェンダー研究」「性に憑かれた／疲れた近代人」「家族／親密圏」……と、あまり意味のないような場面にもスラッシュを多用している。なぜにそのようにスラッシュを必要とする文体になってしまうのか。こうした私の語り口はどうしても韜晦にみちたものにならざるをえない。「／」は私の倫理的態度の曖昧さを残した判断であるのだろう。どちらにも物申したいというスタンスをとった私自身の立ち位置を端的に表現するのが「／」なのではないか。

この点で私は『ためらいの倫理学』の著者・内田樹の議論のスタンスと語り口に秘かにシンパシーを寄せてきた一人である。したがって本書は整合性のある理論化を目的とするものではない。私自身が、現在の社会を生きる私たちの前に生起する変動激しく価値葛藤的な現実と向き合い、錯綜するフェミニズムと倫理学の交差する切っ先のところで生起する論題を受け止めようとしてきたところからの発言である。しかしただそれらを網羅的に提示するということにとどめず、できれば現代的な倫理的問題群を研究領域として基礎付けるための問題提起につながる発言となしうればという思いもある。それがどこまでなしえたのかどうかは読者のご判断をあおぐしかない。

倫理学とフェミニズム

——ジェンダー、身体、他者をめぐるジレンマ——

＊

目次

Ⅳ 他者

倫理学とフェミニズム

――ジェンダー、身体、他者をめぐるジレンマ――

I

リベラリズムとパターナリズムのはざまで

――性／愛の講義の七日間――

第一日　ジェンダーを脱ぐ
――「性はフェイク」とはいいますが――

† 人間にとっての性別――セクシュアリティにおけるマジョリティとマイノリティ

人がまず生まれ落ちるとともに与えられる、性別という属性（ジェンダー・アトリビューション）は、人が人と関わって生きているこの世界において、その共同性の根幹を規定している。男であることと／女であることは、日常的には人がそのことにほとんど無意識でいられるほど、深くその人を規定し、パーソナリティーの根幹に食い込んでもいる。この性別の根源性は、人間の他者認識において、男か女かの性別認知が第一義的で、他の属性は二義的であるということからも明らかであって、性別二元制を前提とするジェンダー規範と異性愛規範が支配する世界、これが私たちの生きる現実世界である。

さて、七日間の講義の初日に、トランスジェンダー実践者の蔦森樹《つたもりたつる》に登場していただくことになるのだが、本章では、トランスジェンダーだけでなく、同性愛の側からの発言やジェンダー研究、セクシュアリティ研究の場面から、さらにクィア理論のフロンティアでの議論や問題意識を取り上げる。こと性／愛については、異性愛があまりに自明視・自然視されすぎて、さらに恋愛結婚イデオロギーや性別役割規範の支配がいまだ絶対的であるという現実からして、マジョリティである異性愛者の側から、内発的に性／愛の現実に対する疑問が出てくることは考えにくい。むしろ現実の異性愛中心主義による性の覇権体制の下で、「逸脱」や「病理」の名の下に、性的にマイノリティとみなされてきた当事者の側からこそ、現実の支配的性規範に鋭い亀裂を持ち込む、ラディカルな批判的問題意識が登場しているであろうと考えられるからだ。

倫理的価値規範は強固な性別二元制をいまだ堅持している一方で、法制度はかなり急な展開の中にある。世界的に、同性婚あるいは同性パートナー関係の社会的承認に向かう趨勢がある。一九九九年、フランスで成立した「連帯の民事契約」パックス（PACS）法では、同性・異性を問わず、成人カップルに通常の婚姻と同様の法的権利を保障することが決まった。またアメリカでは一部の州で同性婚を認める州法制定がなされる一方で、連邦法によって縛りをかけることでこの州法に対抗しようとする状況などがある。日本の場合はごく最近、トランスセクシュアルについて、「性同一性障害者」という枠を設定し、外科的な「性転換手術」への道を拓いた。法制度的にも戸籍性の変更が可能とされている。

しかし日本での動きは、国家による個人の性の領域への介入が同性愛にも拡大されたということでしかなく、必ずしも性の多様性を認めるという世界的な趨勢と同調したものとは言い難い。逆にむしろ、性別二元制の反復強化・補強につながっている一面も否定できない。日本社会において、性転換は「性同一性障害者」という病理化、ある種の囲い込みによって可能となったこと、さらに性転換の可否についての判定基準も、心理的・行動的など多項目にわたるジェンダー・チェックによって、「性同一性障害（ジェンダー・アイデンティティ・ディスオーダー）」と明確な判定がなされた場合にのみ手術が受けられること、さらには戸籍性の変更についても、性転換を受けていて「子どもがいない」「独身」に限定されていて、現行の婚姻家族制度や性別二元制の根底に接触しない範囲内での法制改革であることは明らかというべきである。すなわち、法倫理体系においては、性別二元制を前提とするジェンダー規範と異性愛規範という根幹はまだ温存されているのだ。

しかしまた、病理化によるとはいえ性転換のための外科的手術が合法化されるということは、性別二元制の生物学的基盤であった身体のレベルの性別を変更可能なものとしたということを意味し、これは生物学的基盤主義に依拠した性や家族についての信念体系に根底的なゆらぎをもたらさずにはおかない。すなわち倫理の価値規範としての「妥当性」「当為性」にも影響を及ばさずにはおかないのである。蔦森樹がたどり着いた視点の一つである、「性は限りなく実体化した可変概念」［蔦森 2003］という認識は、性別二元制の身体的基盤の無限根拠性に重要な示唆を与えるものなのだが、しかしほかならぬその蔦森が性転換を視野においていないということについて以下で考えてみたい。

†男から女への「再ジェンダー化」の実践

トランスジェンダーとは、生まれつきの性とは逆の性で生きていきたいと切望する人を社会学的に総称する言葉である。その中でも、一時的に異性の服を身につけることに留めている人はトランス・ヴェスタイト、恒常的に他性の一員として生きている、または生きたいと願っている人はトランスジェンダー、トランスジェンダーの中でさらに外科的手術によって身体を変えてしまう（あるいは、変えたい）人はトランスセクシュアルとされる。蔦森の場合は、トランスジェンダー実践者、それも、二十代半ばまでは過剰なほどに「男としてジェンダー化」していたのに、突然、「女性への再ジェンダー化」を決意し、今日まで日々「女装」の実践を続けてきているという人物である。その蔦森は、困難に満ちた自らの再ジェンダー化への動機について、端的に「自分に素直になりたかったから」と述懐しているのだが、もちろんその道のりは平坦なものではなく、周囲とのさまざまな軋轢を不可避とするものであった。

幼少時から女性の周りにあるきれいな色や可愛いものに強く憧れながら、そうした欲望を抑圧して、逆に男へのジェンダー化に適応し、年齢以上に見られようとカストロ髭を蓄え、いかつい表情や怒り肩、さらに無骨な振る舞いを装っていたという。そうした過剰に男性としてジェンダー化した自らの姿と、自身の内面の違和が飽和点に達したときに女性への「再ジェンダー化」を決意し、全身脱毛から肌の手入れ、女性ホルモン投与、服装やしぐさの女性化、そして声のオクターブを高くすることまで努力し、ようやく「見かけの性」においてはほぼ完璧な形で「男から女への再ジェンダー化」を達成するに至った。十年を経過したところで、その再ジェンダー化の経験から見えてきたことの理論化を試み、再ジェンダー化での前後の身体的変化をリストにするという、性の構築性に関わる貴重な資料を残している［蔦森 1995 表参照］。彼の証言が性の構築主義と本質主義をめぐる議論への示唆を含み、また構築主義で説明のつかない性と身体をめぐる問題、蔦森自身にとってもまだ「謎」である身体への示唆的な発言がいくつかなされている。

ジェンダー・アトリビューション、すなわち匿名の人間が男に見えるか／女に見えるかという性別を認知できる外見にはじまって、私は服装はもちろんのこと皮膚の状態や筋肉の動かし方をも含めて、自分を男から女へと変えはじめた。私には女性であるよりも女性に見えることが、ジェンダー・グループの一員になる証明のように感じられた。しかし事は外見だけでは済まなかった。動作や行為といった行動様式、興味対象の選択、そして感情や反応などを含んだ日常の細部までもが、再ジェンダー化を求められた。〔蔦森 1995〕

人が女性／男性にジェンダー化するとはどういうことなのか。このことは私たちが日常的にはほとんど無意識でありながら、しかしその私たちの存在を根底的に規定している「性別」の意味することの広がりと深さについて考えさせられる。それが日常的に身体儀礼化した反復的行為を通して形成される、性別二元制への身体行動の規範化にほかならないことについても改めて気づかせ、考えさせるリストというべきものである。「性別」がジェンダー・アトリビューションであるとはいうものの、それはけっして外見についてだけでは済まされず、動作や行動様式、感情や反射的反応を含んだ日常の諸実践の細部にわたっている。皮膚感覚が「固い」から「柔らかい」へ、性器のアイデンティティも自らのアイデンティティに強く同一化した状態から、希薄にされた関係へと変化し、目、唇、指、腕、膝などの常態筋肉の使い方をはじめ、トイレの小用もしゃがんでするようになる。顔つき、容貌の第一印象までが「威圧的」から「親和的」に変化し、さらに言えば身体テリトリーが「無意識的に占有空間を拡大」することから「意識的・反射的に縮小」する方向に変わった、という記述まである。

男／女へのジェンダー化が意味することの「パフォーマティヴな側面」について、ジュディス・バトラーは、ジェンダー的主体というものを、具体的な状況の文脈の中で、それが「行為遂行的に事後的にたち現われる主体」にほかならないのだ、と言う。彼女が『ジェンダー・トラブル』〔バトラー 1999〕で詳細に論じているテーマが、蔦森という一人のトランスジェンダー実践者の、まさに身を賭した内察を通して検証されているのだ。ジェンダー・アイデンティティと身体感覚についての以下のような発言では、自らの男／女としての身体イメージについて、興味深い経験が語られてもいる。

かつて私は自分を男として疑いなく意識していた。だがそのことが自明なことでなくなった時、今度は自己の存在を男と女の中間の性に思い描くと、身体のディテールが感覚的に描けなくなった。その後、女性ジェンダー・グループにいる自分を認識しだすと、再び身体の輪郭がはっきりとしてきた。〔蔦森 1995〕

性的主体としての自己認識において、二元論から離れることがいかに難しいか。この性別二元制のコードによる、他者からの性別認知は、「私」という「主体」の自己認識の確立それ自体にも関係しているのだ。二元制の言語体系そのものが「私」というものの限界である事実について、主体意識が性別にコード化された身体の二元論に深く規定されているということを、蔦森は次のように述べる。

女と男。女か男。人はひとつの実相の理解について、優劣の意味が染みた二つの言葉を使い過ぎた。しかしこの二元性から離れることができないのもまた、生身の人間の事実だろう。私はジェンダー化されない身体を模索し、階級のないそのような身体存在を夢見たが、それはあまりに透

明で実体がなく、認識できる身体・肉体としてこの世に存在しようにも無理なことのように感じられた。〔同〕

† 性はフェイク

「普通さ」や「健全さ」といった価値観が幅をきかせるこの世界で、突然女装を始めた者に対する社会のまなざしがどのようなものであるかは、想像に難くない。肉親でさえ、自分の息子が気でも狂ったのではないかと犯罪者を見るような目で拒絶的に対応し、すれちがいざまに見知らぬ他人も「変態」の罵声をあびせたり、唾をかけたりする、という彼の証言からもそれは明らかであろう。さらにフェミニストからさえも、女への再ジェンダー化実践がジェンダーの反復強化につながるとするバッシングが「女が女に向けることがないだろう以上の強さで」なされたのである。「自分に素直に」とはいうものの、実際にそれを追求することがどんなに困難であるかは想像に余りある。自分自身の身体イメージが描けなくなるアイデンティティ・クライシスの経験は、蔦森自身の内面でも相当の混乱や葛藤があったことをうかがわせるものである。

結局、蔦森がたどりついたのは「性はフェイク」という認識だった。実は蔦森は、「フェイク」という言葉ではなく、「限りなく実体化した可変概念」と言っているのだが、ここでは、性は実体ではなく、擬制、機能だという含意を「性はフェイク」と表現していくこととして使いたい。しかし「性はフェイク」であると言う蔦森にも、身体はまだ「謎」の部分を多く残しているのではないだろうか。

また性が「実体を伴わない機能」だといっても、現実には身体と心の性の不一致感に悩み、性転換を切望する人はいる。この人たちにとって、身体はフェイクではなく、実体である。「性はフェイク」という構築主義的な言説をもって、そこにある身体の経験を切り捨てることはできない。実際、女に再ジェンダー化した蔦森自身、電車内で痴漢にあったとき、心底から恐怖と怒りを感じ、それがきっかけで女性たちの痴漢撲滅運動に関わっていくという経緯もある。蔦森が痴漢に対して抱いた恐怖感が何に起因しているのかを考えていくと、単に「性はフェイク」ではすまされない、性の構築主義の余白が見えてくる。おそらくそれは身体の問題に行きつくと思われる。

蔦森の女性としてのジェンダー・アイデンティティと身体の自己イメージに立てば、女性がレイプや痴漢被害においてうける身体侵襲への恐怖と同質のものを抱いたとしても当然なのだが、トランスジェンダー実践者として、日々擬制である性の演技をしている蔦森にとっては、痴漢被害の場面で、自らの性の「フェイクの失敗」がパッシングの失敗として露見してしまうことへの恐怖があるのではないかとも考えられる。「なんだ、男じゃないか」。フェイクの失敗が露見することは、蔦森にとってはもはや盲腸ほどの意味すら持たなくなっているはずの身体に残る性の痕跡が、その再ジェンダー化を無にしかねない意味を担って立ち現われるのではないか。そのとき、蔦森の身体が経験する恐怖は、この世界の性体制成立の前提にあって隠されている二つの憎悪、すなわち家父長制とホモソーシャル社会を背景とする女性嫌悪（ミソジニー）と男性同性愛嫌悪（ホモフォビア）との二つの憎悪を一身に受けることを意味するはずだからである。

† 謎としての身体へ

蔦森自身もおそらく自覚していることではあろうが、「性はフェイク」としつつ、女というジェンダーを演じる蔦森が、その痴漢体験においては実際に身体的な恐怖を感じ、フェイクと身体とに引き裂かれているのである。他者の目を欺くジェンダー・アトリビューション、すなわちフェイクとしての性と自らの身体の謎との間には、まだ議論すべきことが多々あると考えられる。この点では、性転換への道が拓かれた今、性同一性障害の障害治療前と手術による治療後の経過から、その身体経験を通して見えてくることがこれから語られていき、そしてそれらと蔦森の再ジェンダー化実践とを重ねあわせることによって、性という問題の実相により深く迫ることも可能になるであろう。

イギリスの作家デイヴィッド・トーマスの『彼が彼女になったわけ』〔トーマス 1996〕という性転換を主題とした小説作品がある。歯の抜歯手術のために入院した病院で、男性が目を覚ますとなんと女の身体になっていた。性転換手術を受ける患者と取り違えられ、手術されてしまったのだ。元の男の身体を取り戻そうと訴えるが、もはや男への再転換手術は不可能と診断され、自分の運命に憤り、苦しみ抜いた悪戦苦闘の末、最終的には「女になる」ことを受け入れて生きていく、というストーリーだ。作者は科学ジャーナリストで、性同一性障害についても克明に調べており、意に反した性転換という小説的な設定の作品ではあるが、身体に対する性的規範について示唆に富む問題提起の書となっている。突然、女の身体の側に置かれた主人公が、女である身体にふさわしいものとして求められる行動に、あるときはやんわり、あるときは無理矢理に馴らされていく。化粧、服装、歩き方、しゃべり方やちょっとしたしぐさ、あるいは、男から浴びせられる下品な冗談についても、次第にそれが当然と思うように馴らされていくさまは、蔦森が再ジェンダー化リストを通して提起していることと重なる。それは規範と逸脱、ジェンダー規範と身体をめぐる問題提起を共有しつつ、身体の謎への問いをより重層的なものへと深化させる課題を担うものとして読み取るべきであろう。

蔦森の再ジェンダー化の証言を通してここで確認したいことは、蔦森が自分らしい性の輪郭として描き出し、そこに定位させている「男でもなく、女でもなく」というアンドロジナス的人間観である。近代的性規範として内面化され、自明視されている性別二元制と、それが個々人に強いてくる規範としての縛りを撃つ深さに届いていること、そして「男・女という制度を越えるまなざし」に行き着こうとしていることにおいて、意味ある視点であると考えるからだ。実際、蔦森が「性は限りなく実体化した可変概念」の定義をもって、性同一性障害のテーマを考察した論考においては、性同一性障害を「個人の病気」として捉えることへの疑問が明快に呈されている［蔦森 2003］。

個人の病気として捉えるのではなく、身体とアイデンティティの性別を合一させなければ気のすまないジェンダー規範を持つ「この社会の病」だと認めた方が、明らかに万人の利益に値することではないかと言っているのである。さらにそこから、性同一性障害の人たちの問題は、性的マイノリティの人権問題でありながら、私たちが規定されている性の構造を相対化する機会を提供しているのであり、性が実体でないなら、今後、身体権の奪還と、自尊感情に基づくクオリティ・オブ・ライフの問題とに、性が位置付けられうる可能性が秘められているのだという提言にも及んでいる。身体権も、性を自尊感情に基づくクオリティ・オブ・ライフとする考え方も、倫理にとって実に興味深い問題提起とみるべきではないか。

トーマスと蔦森の挑戦は「サルトルと女とアンドロイド」で永野潤が、ロボットと人間の関係を主題としつつ、人間存在の根源的〈にせもの性〉に言及していることと重なるのではないだろうか［永野 2004］。ここからは構築主義に還元しえない、あるいは構築主義と本質主義の対立を超える身体へのまなざしが、言い換えれば「両義性の倫理」への道筋が拓かれるはずだと考えられる。

第二日　ためらいのセックスワーク論

――理論と感情のせめぎあい――

† セックスワーカー当事者を前にして

自己決定、自由意志が絡む場面での倫理学の一つの難問として立ち現われているのが――それはフェミニズムにとってもというべきなのだが――、セックスワーク問題であろう。内田樹はこの問題について以下のような一つの識見を示している。「セックスワーク――「セックスというお仕事」と自己決定権」で、身体を道具視した視座からのセックスワーク論は、身体を政治的な権力の相克の場とみなす社会学者に共通するものであり、それに対して内田自身の出発点は、身体には固有な尊厳があるとする信念にあるとして、自己決定権の土俵でセックスワークを論ずることの違和を明快に論じている［内田 2004］。そこから帰結するきわめてまっとうな「常識」、すなわち「すでに」売春を業としている人びとにはその人権の保護を、「これから」売春を業としようとしている人に対しては「やめときなさい」と忠告する内田の見解に、ここで違和を呈そうというつもりではない。それどころか、私自身はむしろ同感する立場にある。

しかし、ここであえて「ためらいのセックスワーク論」を展開してみたい。ことわるまでもなく、内田の『ためらいの倫理学』〔内田 2001〕から着想を得ている。この問題に対する、「あなたの自己決定ならとやかくは言わない。でも私はしない／できない」という態度のとり方、そのことの中にある倫理的感情について、まずは考えてみたい。つづいて、セックスワークを、「癒し」に関わる福祉的な労働として位置づけようと主張する動きについて、さらに障害者の性的権利という文脈において「セックスボランティア」という言葉でクローズアップされている問題も取り上げたい。

フェミニズムと倫理学のモラルマジョリティの主張は、相容れない対立関係に立つ場面が少なくない。しかし、ことセックスワーク問題にかぎっていえば、依然として売買春否定論が主流であり、両者は「売春＝悪」論で一致する。——もし他に選択肢があれば、誰も好んで売春を仕事に選ぶことはない。自己決定に基づく売春など考えられない。実際、強制もしくは半強制的売春としては、人身売買とむすびついた形で、東南アジアなどから入国する外国人女性の問題はあとを断たない。自由な自己決定と見える選択にも、必ず現代世界の家父長制的な文脈が選択への強制力として働いているのである。そこにはグローバル化する資本主義と、その多国籍企業的な商業戦略やメディアの消費戦略の介在もある。多くの場合、それは国際的犯罪組織やその資金源の問題とも無関係ではない。そのような売春を、仕事・労働として位置づけることなどできようはずもないし、あってはならないことだ。経済的な事情で余儀なくそうした世界に身を置く女性も、一日も早くそこから足を洗い、更生し出直すべきなのだ。——以上が売春に対するフェミニストの中の多数者の見解であろう。

しかし近年、セックスワーカーを自称する当事者の主張が登場している。自らの仕事への誇りと自信を強調し、何よりも仕事の内容において人を喜ばせ和ませる「癒し」に関わる仕事であり、それに見合う金銭的な見返りも得ることのできる労働であると主張する。さらに国際的場面では自発的・自由意志売春をセックスワークとして位置づけ、労働権を確立していくことが、強制・半強制売春の状況下の女性の現実を変えていく契機となりうるとも考えられているようだ。実際、セックスワーカーの国際連帯は第三世界の女性との連帯という形を通して追求されていることが主張されている［青山 2007］。

さらにまた、セックスワークという「仕事」の福祉的な視点からの位置づけについては、臨床心理士などの「心の仕事」のケア的側面が注目されつつあり、国の各種の認定資格を得て専門職としての認知を受けつつあるのと同様に、セックスワークについても「癒す」という側面への評価と、「ケアという相互行為」の仕事という側面から医療介護的行為の一環として位置づけが与えられるべきであると主張される［河合 2004］。

目の前にいる自覚的なセックスワーカーに対してとりうる私たちの、感情的であり、能う限り寛容でもある態度は、おそらく「あなたの決定にとやかく言うものではない、でもやはり私にはできそうもないし／しない」というスタンスになるのではないか。要するに他者の自己決定の容認というありうべき態度と、自分自身の感情における忌避感、この理性と感情の間にこそ、セックスワーク問題の倫理的な課題が存在するのではないか。以下、この点に絞って考えてみたい。

†「おやめなさい」と「あなたの決めたことなら」との間にあるもの

私自身の経験に即して話を進めたい。ある年のゼミナールのことである。他大学を卒業し、セックスワークに従事しているという社会人女性がゼミへの参加を強く希望してきた。その彼女を受け入れて一年間ゼミを進めたことがある。当初、彼女がセックスワーカーであることについて介入的な対応もせず、排除的な感情も抱くことはなかったのだが、さらに今度は別の年度のゼミ生の中から就職氷河期の中での就活の苦しさもあってであろうか風俗関係への就職志願者が出たことがあり、それを知るに及んでの私は、「あなたの決めたことなら」とはとうてい言えないジレンマに立たされたのだ。

日ごろ、フェミニズム主流の立場の「売春＝悪」論よりは、むしろセックスワーカー当事者の運動へのシンパシーを寄せる、フェミニズム内での少数派のスタンスをとっていた私であるが、現実に自分の身近なところから、就職活動をやめて風俗関係に、という動きが出て、自分の中に相矛盾する感情が存在することに気づかされたのだ。「考えた上での自分の選択」だという学生との何度かのやりとりをへて、「卒業までは見合わせる／考えてみる」という言質を取るまでにこぎつけた。卒業していった学生のその後の状況についてはあえて聞かないというスタンスできている。知るのが怖いというのが正直なところでもあり、もうこの先は彼女自身の人生、なおそれを選ぶならそれは彼女の自己決定でしょう、という思いもなくはない。

このゼミ学生への対し方と、その際の私自身の感情のあり方は、自分の娘がブルセラショップ通いや援助交際に走っていることに薄々は気づいていても、あえて詮索しようとしない親の気持ちに通じるものがあるかもしれない。社会学研究者として十代の少女たちの周辺をフィールドワークする宮台真司は、ブルセラ少女の選択の背景には親の世代のモラルが解体しているという現実があるとみて、ブルセラ問題は親の世代のモラルの映し鏡なのだということを強く警告している［宮台 1994］。そういう一面も否定はできないだろう。

したがってここで考えたいのは、セックスワーク問題について、一般論としては、「あなたの自己決定なら」と言えてしまうのに、なぜ私自身のゼミ生の選択には「やめておくべき」というおせっかいな感情を伴いつつ、彼女の自己決定にパターナリスティックな介入をせざるをえないのかということである。明らかにここには人間関係について、ある感情的な線引きが行なわれている。この線引きは学生たちの間の「あなたの「売り」には口出ししない。でも私はやらないし／やれない」という対応にもあるだろう。セックスワーカーの非処罰化と、その労働権要求に異を唱えるものではないけれど、しかしセックスワークを正規労働としてみなすことにはどうしても抵抗感が残る。仮に自分の親友から相談を持ち掛けられたとすれば、もちろん反対するし、忠告もするだろう。それでもなお、というのなら、親友という関係は変わってしまうだろう。「おやめなさい」と「あなたの決めたことなら」の間の、この感情の線引き、つまりこの「おやめなさい」という介入的関わりの範囲が縮小の傾向にあることこそ、実は、倫理の基盤となる、ある種の規範的感情の変化をうかがわせるものなのではないだろうか。

「あなた」と私との関係の中に、親密さの距離を物差しにした内外の線引きがある。倫理の基準が、「相手の立場に立つ」と「自分の問題として相手のことを考える」という二つの機制からなる感情であるとすれば、リベラリズムの倫理は、独立した主体間の倫理であり、この個の独立性を超えるのがシンパシーであり自他同一視である。つまりパターナリズムも一種、相手を自分の一部と見るゆえの倫理だとすれば、この自他同一視の倫理からは、「私はしたくない／しないけど、あなたの自己決定なら」という立場は出てこない。そこにある感情的な冷淡さに、おそらくもっとも敏感に気づいているのはセックスワーカー当事者自身であり、内外の線引きにセックスワークに対する差別のまなざしとスティグマとが抜きがたく存在することを彼女らは敏感に感じ取っているはずである。誰しもがリベラリズム倫理と自他同一視的なパターナリズム倫理との二つの基準を持っていて、そのどちらにより多くの比重を置いているかで、問題への判断・態度の違いが生まれてくるといわねばならないであろう。

† 性的サービスと福祉的ケア労働

この問題へのもう一つの論点は、福祉的ニーズに対する「ケア労働」というセックスワークの位置づけに関わる。セックスワークは客への性的サービスの提供が仕事であり、「サービスの提供」という点では他のサービス労働と特に変わるところはない。看護や介護に関わる労働と近いイメージで捉えられうる、とてもやりがいと達成感を伴う仕事である。少なくとも彼女たちの働いている職場は、衛生安全管理も行き届き、労働条件も整備されている。セックスワーカーの労働権確立のための組合運動も世界的に存在し、その動きと連動しているのに、なぜネガティブに評価されたり、スティグマを貼り付けられねばならないのか。つとに障害者の当事者運動の中から出てきた性的権利欲求や、さらに高齢社会を超えた介護の現場で、これまでタブー視されてきた高齢者の性的ニーズの問題についても、もはや無視しえない形でさまざまな問題が起こっている。そんな中で、福祉的ニーズに関する「ケア労働」としての、売買春の位置づけの問題がにわかに顕在化してきているといわれる。

ここで思い出されるのは、『ナショナル7』というフランス映画である。障害者施設を舞台に、そこで働く一人の女性職員が、偏屈でわがままなため施設の中で孤立している男性から、セックスへの切実な要求を訴えられ、あまりに切実な要求のため抗しきれず、悩みながらもセックスワーカーに取り次ぐことを試みて孤軍奮闘する、というストーリーであった。最初、施設長と交渉するが、支持を得られず、職務規則と人間的感情の間で揺れ動き悩みつつ、最後は国道七号線沿いに立つセックスワーカーを一人で訪れ、その一人と話をつけて、車椅子の男性を送り届ける。思いを遂げ、女性職員に感謝の涙を見せるその男性は、その後、施設の職員でこれもまた周囲と折り合いのよくない一人の女性と、心をかよわせ合うにまでに変わっていく。

障害者の男の客なんてとんでもない、と最初は拒絶したセックスワーカーも、男性を受け入れて要求に応え、仕事を終えた後は自信と誇りに満ちた表情を見せる。これがきっかけで車椅子の障害者とセックスワーカーたちとの連帯が少しずつできてきて、施設周辺の村の人たちとの関係までもが変わっていく。そんな中で施設内の男性同性愛カップルの宗教の壁を越えた愛をめぐって、アラブ人男性のほうがイスラム教からキリスト教への改宗を申し出、またまた施設長と入所者との対立が起こり、入所者全員のハンガー・ストライキやデモによる抵抗の末にその洗礼式が認められ、なんとその立会人をセックスワーカーが務めることになるという展開など、さまざまな問題提起を含んだ映画であり、セックスワークという仕事の福祉的性格をめぐって、ケアとセックスの深い関わりを考えさせる作品であった。

†何がおつらいですか？——相手の切実なニーズに応えること

日本でも介助者の手を借りなければ行けない障害者が、風俗産業に通うことの是非がしばしば議論になる。しかし、この映画は障害者のセクシュアリティの権利と、その受け皿としてのセックスワーカーの存在について、金銭が媒介するというだけで一概に否定しうるのか、という問題を改めてクローズアップしている。映画ではトレーラーハウスの入り口を、車椅子ごと入れるように工夫する場面があった。もしセックスワーカーによるデリバリーヘルスサービスが社会システムとして福祉制度の一環に組み込まれるようになったら、障害をもった人にとっては、介助者をわずらわせることなく性的機会にアクセスできることにはなるだろう。障害者介助の現場から、障害者の性的ニーズと、「性の介助」の現実をレポートした河合香織の『セックスボランティア』〔河合 2004〕は、『ナショナル7』の主題とまさに重なり合う日本社会の現実を描き出したものである。介護・介助の場面で、目の前にいるその人の切実なニーズに応える、ということの中に含まれる性的ニーズへの対し方に関する倫理的問題を浮かび上がらせているのである。

現実には、すでに障害者を専門とするセックスワーカーの登場もある中で、障害者介助の場面だけでなく高齢者介護の場面でも、身体介助の中で否応なく直面する現実として、高齢者の性的ニーズの切実さに気づいて、「性的なお世話も黙ってしてあげてしまう」ような状況も想定されないわけではないだろう。「何がおつらいですか」と、相手のもっとも切実なニーズに応えようとするケア的な関わりの中で遭遇する「性の介助」という問題は、他者への配慮という倫理的問題において、もっともセンシティブな事柄に関わってこざるをえない。

ここで改めて、金銭の介在する性的サービスと、ボランティアとしての性的サービスとの間にある倫理的問題に目を向けたい。ボランティアとしての性の「お世話」は、もちろんケアワーカーのその場の臨機応変の対応の中にある、善意のホスピタリティからの行為であるには違いない。しかし同時にこの問題は、つとに看護の場面ではタブー視されてきた問題でもある。「黙ってしてあげますよ」という行為は、はたして個人の善意の発露としてのみ捉えることができるであろうか。これは同時に、ケアワーカーが日常的に直面しているセクシュアル・ハラスメントや性暴力の問題を予想させるものではないか。それは今日、介護実習経験を義務付けている教育実習の場面で、学生たちがどういう状況に立たされるかを想像すれば、もはやとうてい座視しえない問題としてあることも、一方で明らかであろう。介護現場でタブー視されてきたこの問題をめぐっても、やはり倫理は現実からの挑戦を受けているというべきなのである。

ケアワーカーや実習生が性暴力にさらされないで、しかしそこにある切実なニーズを切り落とさない倫理のあり方は有りうるのか。すでに看護の場面での性をめぐる問題に「ストップ・ザ・性暴力」のスローガンが掲げられている現実から考えれば、リスク管理的対応として、ニーズの受け皿としてのセックスワーカーとの制度的連携といった方向もありえなくはないだろう。しかしそこで問題に終止符が打たれるとすれば、「ためらいの倫理」の余地はないであろう。

そこにはまだいくつもの課題がある。まず、ニーズの受け皿として期待されているのは、現在ではまだ圧倒的に女性であろう、という性の非対称性の現実があり、またそこにおいて、女性を聖母と娼婦に分断する家父長制イデオロギーは今後もしぶとく存続するであろう。そうであるかぎり、セックスワーカーをスティグマ視する差別のまなざしも生き続けるであろうと予想される。しかし一方で、障害者や高齢者の性をタブー視し、生殖と愛情と性交渉を一体視し、婚姻制度の内外で性の制度的差別を温存してきた近代のセクシュアリティのパラダイムが限界にきている。

ピアジェ研究者にして、お茶の水女子大学学長も務めた波多野完治は、かつて齢八十をはるかに超してなお、自らのセクシュアリティと真摯に向き合い、高齢者の性をタブー視してきた文化を厳しく批判した。高齢社会を迎えた今、高齢者の性を社会がどのように位置づけるかは、文明のパラダイム転換にも匹敵する重要な課題であるとの認識を示し、「高齢者の性教育」の必要性を強く提言している［波多野 1993］。

こうした臨床現場の事情を踏まえるときそれでもなお、大文字の「倫理学」は、「性＝人格論」や禁欲的倫理の言説で現実を調整しうると考えるのであろうか。少なくとも障害者や高齢者の性的ニーズを「感情労働」とセクシュアリティの関係の中におく議論から、倫理の側の規範言説を構築しなおす必要に迫られていることを認識すべきではないのか。セックスワーク問題には、お金と愛情と倫理と身体、さらに福祉に関わる性的なケアのニーズといった問題が絡んでいるのだとしたら、その善悪価値判断をめぐる議論に倫理が関与せずにすませられるはずもない。

† 身体、セクシュアリティに関わる羞恥心

文化人類学的知見でも、排泄とセックスは人前で公然とすべきことではないというのは、ほぼ普遍的だとされる。私たちの人間的感情の遺伝子には、そうした長く習俗化されてきた人びとの慣習的行為の中で忌避されてきた振る舞いとして「人前で公然とできない行為」という感情が根深く存在していて、その倫理的遺伝子は私たち人間の感情には作動しているとみるべきかもしれない。しかし他方では、羞恥心の性別による差異化に関しても、これは近代に特異な現象で、前近代の日本では民衆の身体の羞恥心はジェンダー未分化であったともいわれる。「セクシュアリティの近代化」に際し、恋愛結婚や近代家族制度が新たに規範化される中で、「羞恥心の性別による差異化」も、実は社会的に構築されたのだという。それまでニュートラルだった女性の身体が性的身体として私的領域に囲い込まれていく中で、乳房の露出や排泄の公然化はしてはならないこととされ、野蛮で恥ずかしいこととされるようになったのだという。

とすれば、性に金銭が介在することへの抵抗感と、身体に関わる羞恥心のジェンダー分化とは区別して考えられるべきであるのかもしれない。と言うより、高齢化社会の介護の現場でも、異性介助に抵抗感をもつ女性高齢者が少なくないと言われるし、出産の場面での男性助産師への抵抗感もぬきがたく存在するが、そうした羞恥心も、女性の身体を性的身体視する近代のセクシュアリティの産物だとすれば、歴史的には変えうる感情ということになる。その感情のゆくえは、性や身体に関わる領域を私事性の領域としていかなる社会的権力の介入も排するべきものと考えるか、それとも社会に開いていく方向を選ぶのか。この問題はポスト近代のセクシュアリティのゆくえにかかっているというべ

きであろう。いずれにしても、性や身体に関する羞恥心が、今あるような感情とは違うものに変わりうる／変えうるということは確認できるであろう。残る問題は、「身体を売ること」の是非、性的コミュニケーションに金銭が介在することの是非についてである。

前述の障害者とセックスワーカーの交渉との違いは何なのか。障害者との場合には、まさにその福祉的要素において相手に性的癒しを与える仕事としての意味づけができ、セックスワーカー側の主体性が存在していると言いうるのに対して、金銭の介在したセックスにおいては、むしろ主導権が買っている側に移行し、売る側は相手の性的ファンタジーに付き合わざるをえない。その違いということはなかろうか。ある研究会への参加者の女子学生の一人の話で、時給の高さに惹かれてテレクラのアルバイトをしたことがあったが、ごく短期間でやめたという。その理由は相手の性的ファンタジーに合わせて会話をしていくのはけっこう疲れることで、けっして割に合う仕事ではないと思ったからだというのだ。

さて、いまだ女子学生の就職戦線はたいへんに厳しく、苦戦を強いられている。彼女たちから「もう就職活動は適当にして「セレブな主婦」狙いに変更しようか」という声も聞こえてくる。現実のジェンダー構造が女性の社会的自立を阻み女性の意志をくじくなら、その居直りの中で、「女性を売り」にして誰かの被扶養者の立場で生きたほうが楽かと考える。結婚するなら、できるだけ偏差値の高い結婚をして、子育てなど女のフルコースを楽しんだ上で、さらに趣味・特技を磨いて、いずれは小さなお店をもつなど自己実現も図りたいと、いわゆる「セレブな主婦」狙いに自らのライフイメージを求めていく［小倉 2003］。そこにも、セックスワークの肯定につながりかねない内面がありはしないか。女性の意志をくじき、萎えさせる現実の背後に「階層的・二元的ジェンダー秩序」が存在することは否定のしようもない。だとしたら「主婦というお仕事」と「セックスワークというお仕事」とが無関係であるとはいえないはずである。

もとよりこれは先にも触れたように、フェミニズムでは、ウーマン・リブ以来、「聖母・娼婦の分断」問題として議論されてきたことである［細谷 2002］。女性たちを「家族の中の貞淑な女／家庭の外の汚れた女」の二種類に分け、前者にモラルの規範とともに特権を与えていく。女性たちのセクシュアリティを管理し、支配するための家父長制イデオロギーによる政治である。その現実とフェミニズムは対抗し、女性を分断する、この家父長制から自立した女性主体を追求してきたはずである。セレブな主婦とセックスワーカーという今日的存在は、家父長制を攪乱する主体となる可能性も孕むが、そこでは依然として女性を聖母／娼婦に分断する構造は温存されたままなのである。しかしながら、他方であたかも女性の自己決定による生き方の自由度や多様性の実現でもあるような幻想を生んでいる。「リベラリズム」的自己決定の倫理と「パターナリズム」的共感の倫理。さらにパターナリズムの中に働く権力関係を「性の政治」として読み解いたフェミニズムが差し出した「自己決定」の倫理。セックスワーク問題をはじめとする、性と身体に関わるさまざまな難問に倫理が応答しようとするとき、一つのイズムで裁断して終わりにすることはできない。いわんや、倫理はそれを法や権利の言語に預ければ問題は終わりだとするわけにはいかないのである。

本稿では、当事者の切実なニーズへの受け皿として、セックスワーカーによるサービスが福祉制度の一環に組み込まれるという可能性について、やや容認的な言及をしたかに受け止められるかもしれない。しかしそれはあくまで当事者の側に立ってのことであって、ケアワーカーの側に立てば、そういった制度化は、たとえばケアワーカーの労働にセックスワークの要素が潜在的に期待されかねない状況をも導きかねないもので、きわめて危惧すべきことでもある。もし実際にそのような圧力がかかった場合、現場のケアワーカー（今も担い手の多くは女性である）は福祉的ケア労働の倫理と直面し、苦悩するのではないだろうか。これはけっして、とかく市場の「ニーズ」にはますます敏感に反応するようになってきている昨今の新自由主義化した産業界の動きを見れば、杞憂とも言い切れない。これは介護に関わる場面ばかりが過剰に「性化」された状況すら招きかねず、介護「市場」において、性的ニーズにこたえるかどうかでケアワーカーが二分化され、聖母と娼婦の対立構図が再現されかねない。とすれば、倫理はこうした現実にもいやおうなく向き合わねばならないであろう。

第三日　倫理と文学批評

――セクシュアリティの地殻変動を聴き取る臨床の場に――

† 大きな物語とさまざまな抵抗

制度化された性愛の「大きな物語」の中で私たちは生きている。女性が自らに抱く女性としての自画像、女性としてのライフイメージや女らしさという価値観は、この世界にある物語の「反復」を通して女性に内面化されたものだ。物語を支えている性別二元制、性別役割分業観、性差観、母性観、主婦像など、さまざまな「……らしさ」としての規範が織り込まれた物語である。物語はどこから来るのか。どのようにして個人に内面化されるのか。「ジェンダー」という言葉は、性の社会的構築性を担保する重要な概念として、「性は生まれか、育ちか」をめぐる議論に決定的な影響を与えた言葉である。同時に、性の構築性が階層的二元構造をとっていることにも、私たちの認識を拓いた概念である。しかも階層性をとっている性関係の差別性や抑圧性はそれと認識されずに、個々人に内面化されている。構築される性とは？　人はどう「ジェンダー化される／する」のか？　そもそも価値規範はどう個々人に内面化されるのか？　性の構築性と主体への内面化を「物語」という言葉で考えてみよう。

二元的性体制と異性愛中心体制という性愛をめぐる「大きな物語」と、個々人の生はさまざまなズレを孕まざるをえない。これらのズレは、ときに特殊な一つの物語として、文学的表象の中に形象化される。一人の作家の特異な感性に媒介され、その想像力が紡ぎだす物語として。文学的な領域で産出される価値は、現実の規範体系や価値観に対して、タブー破壊的で反倫理的でもありうる。そこにイマジナリーな領域の意味があるとも言えよう。

近代の性規範を規定したヴィクトリア朝期の性規範は、まず中産階級に受容され、つづいて一般庶民へと浸透していった。人びとの日々の営みの中でその大きな物語が反復されることによって、規範として定着していく。しかし、反復は単なるコピーでも消費でもない。そこにはさまざまなズレが生じ、小さな新しい物語が生まれ、大きな物語に対抗して主張しあう。拮抗しあう小さな物語群は、大きな物語の中のささやかな自己主張として、波紋を作りつつ「価値観の相対化」状況を生むであろう。性をめぐる問題状況は波状的に広がり、支配的価値規範のコードに亀裂を入れ、対抗する新たな大きな物語も不在なまま、大きな物語そのものの解体につながりかねないアノミーな様相を呈している。性愛規範の液状化した、過激なタブー破りのスキャンダラスな状況。間主体性が液状化すれば、内主体性の根拠は有意味ではなくなるはずだという、「「性に憑かれた／疲れた近代」の終焉」〔足立ほか 2004〕における竹村和子の発言は、倫理の今を考える上で示唆的である。正義や愛といった普遍的な価値や、普遍への意志などの諸概念が相対化され、さらにそうした倫理的感情を下支えする内的な力が、身体のレベルから萎えている現実を示唆するからだ。その意味で、イントラサブジェクティブ（内主体性）な傷を不問に付していては、現在のアノミーな状況から、新たな物語への出口を予見することなどけっしてできないであろう。文学的表象によって形を与えられた、主体の男性像／女性像のゆらぎ、大きな物語の解体、規範の液状化、インターサブジェクティブ（間主体性）の解体について、個々人の身体、つまりイントラサブジェクティブのレベルから、倫理は「なにものか」を聴き取っていかねばならない。

†「わいせつ」をめぐる倫理と文学の抗争

文学が表象する性愛と、現実界の大きな物語としての倫理的コードとの対立を考える上で、かつての『チャタレイ夫人の恋人』裁判には、実に古典的な問題構図が映し出されている。一九二八年にD・H・ローレンスの原作が発表されるやいなや、センセーショナルな話題を呼んだイギリス本国では、一部性描写削除を命じられ、フランスでは無削除で出版されている。日本での翻訳は一九五〇年のことで、原作発表からは二十年を経ている。不能の夫をもつ貴族の夫人と森番の男との情事をテーマにしたこの作品は、その性描写から訳書が刊行されるやたちまち発禁処分をうけ、それがまた話題を呼んだ。「芸術か、わいせつか」で争われた裁判は最高裁まで持ち込まれ、出版社と訳者の伊藤整〔1997〕に罰金刑の有罪判決が下り、完訳本が出たのはなんと半世紀近く経た一九九六年である〔ロレンス 1996〕。「表現の自由」対「わいせつ有害表現」の対立の構図で、憲法第二十一条「表現の自由」と刑法第一七五条「わいせつ物頒布罪」の解釈をめぐる論争が展開されたのだが、この作品に「わいせつ」表現の削除を命じた判決が、わいせつの根拠としたのは次の三点、いたずらに性欲を刺激する、正常な性的羞恥心を害する、善良な性道徳観念に反するというものである。以来、このわいせつ文書取締りの規準は、視聴覚メディアの多様化によって新たな問題状況に直面しつつも、映倫やアダルトビデオの性表現規制などの局面で、現在もなお基本的には各種メディアの性表現規制の根拠とされている。

「わいせつ」判断を通して示されている性規範は、要するに、愛情規範と家族規範と一夫一婦婚姻規範からなる、ヴィクトリア朝期の性規範に由来する近代のセクシュアリティ体制である。この作品が危険視されたのは、貴族の夫人が、ただ己の性欲のために使用人の森番の男と密会、情事を重ねるという、婚外性愛の物語であり、それも性を愛の物語から切り離し、性的欲望そのものを肯定するという内容においてであろう。当時の日本社会は、戦後改革の中でセクシュアリティの近代化へと向かい、恋愛結婚と核家族規範が新しい性道徳、家族規範としてモデル化され始めた時期である。以降、定着していったのは、恋愛を基礎とする結婚に正当性を与え、性的な関係を結婚した者同士の間でのみ行なわれるべきものとして、婚外性愛を禁止する、という性愛観である。これは個人の自由意志の尊重をうたう近代市民社会の倫理と連動しており、性は一対の男女の間のお互いの自発的な意志によって支えられるものであるとされる。ロマンティック・ラブ・イデオロギーとファミリー・ロマンス・イデオロギーの二つのイデオロギーに支えられた恋愛結婚規範と生殖家族規範であり、これが近代の男女の生き方と関係の規範モデルとして、性の制度的現実を構成する。

文学的表象におけるエロスの表現は、この日常化された制度へのさまざまな抵抗の試みを生む。ヴィクトリア朝期の性規範が登場して、すでに一世紀以上が経過した欧米社会では、この近代的性規範という大きな物語に対する反倫理的物語が、すでにさまざまな文学的表象として登場している。スタンダールやローレンスにとどまらず、SM的な世界も含めて、特異な個人の感性と想像力が紡ぎ出す文学的表象の世界は、しばしばタブー破壊的である。しかしそれは所詮、制度化され日常化された性の世界の退屈さにカンフル剤を注入するものでしかなく、先鋭な反時代性を持って表象されるが、やがてそれも制度の側に取り込まれる。その意味で『チャタレイ夫人の恋人』裁判は、まさに戦後初期における日本社会の性愛観における男性の性的幻想からのある種のリアクションとして起こった一つの判例・規準を示すものとみるべきであろう。日本社会は今、その戦後初期における日本社会の性規範の地点からどこまで来ているのか、それを測るメルクマールとしてである。

この判決が守ろうとした性道徳・倫理規範からすれば、『チャタレイ夫人の恋人』の文学的表現世界より、今日の私たちの目の前にある現実のほうがはるかに猥雑で、過剰に性化されている。にもかかわらず、そうした現実を前提にしてもなお、性にまつわる倫理の側の言説にはこの大きな物語がまだ居座っている。性の問題にはどうしても個々人の実感的な基盤が顔を出しがちである。伏見憲明は、そのことを以下のように言う。すなわちモラルマジョリティや倫理学者のみならず、実は戦後の良心的知識人の多くが、たとえばそれは戦後思想界のもっとも先鋭な批評家、吉本隆明のような存在であっても、こと「セクシュアリティーの領域においては、自分に染みついた感性から逃れられない」と述べている［伏見 2000］。

ジル・ドゥルーズの提唱する「n個の性」が日本の思想界に入ってきたとき、吉本が芦沢俊介との「対幻想」をめぐる対談で、「n個の性」が取りざたされるような状況とは「理想子供数がゼロへ向かう」「泥のようなニヒリズム」なのだという言葉で、当時の性をめぐる状況を憂えて発言しているのもその証左とすべきであろう［吉本・芹沢 1985］。こと男らしさ／女らしさの問題になると、この性別二元制への実感的信念が必ず男女特性論として顔を出し、性についての倫理的認識と価値判断に滑りこんでしまう。

しかしまた、文学的表象は規範的・覇権的性の現実に対する、個人のイマジナリーな領域からの抵抗であり、制度的性愛とのぎりぎりのせめぎあいの中でそれを可能とする表現の場でもある。倫理的な規範という大きな物語に対する、文学的表象の側からの対抗表現は、性的規範の変容と流動を映しつつ覇権的秩序に亀裂をつくる。その一部は制度の側に回収されながらも、やがては支配的秩序の根幹にゆらぎをもたらす衝撃力も秘めているのだというべきであろう。

† 暴力的性と身体改造への執念——自傷・自閉化する身体

さて、ローレンスの作品をめぐりわいせつか芸術かで争った裁判からは遥かに遠く、現代文学の作品世界は、過激でスキャンダラスで暴力的な表現にみちている。綿矢りさと一緒に、芥川賞受賞者の最年少記録を更新したことでも話題を呼んだ、二〇〇四年一月受賞の金原ひとみの『蛇にピアス』〔金原 2004〕は、ここに取り上げるにふさわしいだろう。描かれるのは、破滅への欲望が介在する自閉的・密室的で暴力的でもある性愛の世界であり、身体改造へのすさまじい執念である。ボディ・ピアスや入れ墨といった、肉体の装飾に象徴されるフェティシズムや、SM的性愛、ホモセクシュアル、バイセクシュアル、殺人への暴力的欲望さえも登場する、まさに「なんでもあり」のタブー破壊的な世界で、主人公の女性はスプリットタンという、舌に入れたピアスを拡大し続け、最終的には舌を切り裂くことに異様な執着をもっている。

この作品ばかりではない。前年、二〇〇三年七月の同賞受賞作、吉村萬壱『ハリガネムシ』〔吉村 2003〕の主題も暴力的・破壊的性愛を内容とする。こちらの主人公は高校教師の男性という設定である。風俗の世界のかなり危ない背景をもつ、社会の底辺を這いずりまわるやせた小さな女、手首に無数の「ためらい傷」をもつこの女を知って以来、高校教師の体の中のハリガネムシが動き出し、自虐／他虐的な世界に堕ちていく。

いずれの作品も、「世の良識ある大人」の感覚をもってしては理解不能な欲望のあり方であり、きわめて反モラル的・反倫理的と映じずにはいない作品であろう。事実、選考委員の一人である石原慎太郎は『蛇にピアス』に対して、「私には現代の若もののピアスや入れ墨といった肉体に付着する装飾への執着の意味合いが本質的に理解できない」という評を隠さなかった。石原ならずとも世のモラルマジョリティの感覚には受け入れがたいであろう異常な作品世界なのだが、にもかかわらず、受賞作として現在の文学界の前面に登場した。このことは、マジョリティの人びとの身体感覚ともどこかで共振する何かがこれらの作品に存在することを語っているのではないか。

作品が描く暴力と性への得体の知れない欲望、自閉し自傷する破滅への欲望は、そのような行為を取ってしか性／生の実感を確認し得なくなっている現代人の生きがたさと、生／身体の内奥に溜め込まれた言い知れぬ抑圧感や不安感とに、どこかで呼応するものがあるのではないか。描かれる世界には、いずれも規範的な性のあり方からすればひどく逸脱しているとしか言えない欲望が表出されている。これを倫理学はどうみるのか、いかに捉えることが可能なのか。おそらく文学が、倫理にとってもつ臨床的な意味はここにある。性愛をめぐる大きな物語が解体し、インターサブジェクティブが液状化するというアノミーな状況と、そこから生み出されたイントラサブジェクティブの傷を、すなわち内主体化における切実な問題を、現代文学の先鋭な表現が映し出しているという意味において。かつて戸坂潤が「文学は社会問題を描くのではなく一個の私の問題を描く」と言った言葉も〔戸坂 1936〕、ここでの議論と重なってくるであろう。

もとよりこれまでの倫理では、暴力を伴うセックスや身体改造、さらに自由意志売春については「愚かしいこと」あるいは「いけないこと」として愚行視・罪悪視するか、あるいは「身体の所有論」の文脈に置き直して、「身体は誰のものか」もしくは「親にもらった身体を傷つける行為の是非」を問うた。自由主義原則の下での倫理には「他人に危害を及ぼさない限り、個人の自由は侵害されるべきでない」とする、いわゆる「他者危害原則」があるが、これは「他傷行為」への戒めの倫理でありえても、「自傷行為」への適用は難しい。「愚行権」といった考え方で「他者危害原則」と「身体の自己所有」との調停を図る議論にとどまらざるをえない。自己決定売春論と、セックスワーク問題が浮上した現在においても、売春を労働と位置づけ、セックスワーカーの労働権を押し出したその主張に耳を傾ける以前に、性をめぐる議論の枠組みは、「性は人格と深く関わり、売春は人格の崩壊につながる愚行」とする「性＝人格論」から、売春を「愚行」視する見方を先行させ、性を商品化することは自分の人格を商品化・モノ化する行為であり、反倫理的な行為であるとする道徳的・啓蒙的言説にとどまるものでしかなかった。

† テクストから何を聴き取るか――文学作品という臨床

今問われているのは、こうした行為の是非を論ずる際の、倫理学の手持ちの概念が有効性を失いつつあることへの自覚ではないか。重要なのは、現実に登場している欲望の新たな形に何を読み取るのか、あるいはそこに表出されている「思い」や「魂の叫び」を聴き取ることではないのか。『蛇にピアス』は、作者自身の不登校の経験や、深い社会的不適応感が投影されている、きわめて私小説的な作品世界でもある。

中島梓は『コミュニケーション不全症候群』〔中島 1991〕において、この社会とうまく渡り合えない適応不全感を抱える者たちの内面にこそ、この社会が陥っている病理の深さが投射されているのであり、彼らの不適応にこそむしろ「まともさ」が映し出されているのだとして、「コミュニケーション不全症」に時代のパラドックスをみようとする。『蛇にピアス』が描く、過激な暴力や自己破壊と隣り合わせた性愛の感覚に映し出されたものを、倫理はいかに受け止めるべきなのか。

文学的想像力が描き出す、身体感覚や欲望の変容。大胆に過激になった表象が映し出す時代の現実。

その前では、従来の倫理が説く、あるべき性愛の姿など完全に乗り越えられてしまう。愛しあう一組の男女が結婚によって社会的に公認された性関係に入り、子をもうけ母となり父となり家族を形成する。こうした制度の外の性愛を不倫や浮気として断罪し、また非異性愛的性愛を病理化・クローゼット化することによって成り立ってきた基盤が大きく揺れている。性についての「ゼロからの論議」(伏見憲明)が問われている所以である。

しかし『蛇にピアス』は、ただタブー破壊的で暴力的であるだけではなく、ここにはむしろ排他的・二元的性愛への希求が、逆説的だが強く存在している。描かれている性現象は過激だが、しかしまた感覚は恐ろしく旧いともいえる。作家のこの矛盾した内面のありようと、自傷行為につながりかねない入れ墨や身体改造の行為によってしか自己を確認できない現代人の、身体性の場面での自閉化あるいは関係性の壊れ方にこそ、問題を読み取るべきなのではないか。人と人との関係と共同性によって拓かれる規範感情の回路の自閉化は、倫理の土台にあるべき共同体の崩れを意味するものであろう。それはもちろん、同時代を生きている誰しも例外なく、私たち自身の身体性のどこかで共振しあうものを感じざるをえない、そうした危うさへの警鐘としてもある。

文学と倫理学の関係について前記した竹村和子は、インターサブジェクティブとイントラサブジェクティブの関係の中で、大きな物語が個人に内面化されるという、その二つの一番重なっているところを見抜けるのが、倫理学なのではないかという指摘をしている〔足立ほか 2004〕。この場合の倫理学は大きな物語の規範言説ではなく、中範囲の理論である応用倫理学のまなざしという意味においてである。そして文学批判は、個別的な作品を現在の視点から見直して作品を取り巻く歴史テクストや記録テクストとの相関関係、系譜を分析して作品に形象化された表象を読解していく作業である。現在の状況ではインターサブジェクティブが液状化しているわけだから、それを内面化しているはずのイントラサブジェクティブの根拠は有意味ではなくなるはずだというのである。倫理にとって、文学作品が自らの思考の臨床場面と成りうると考えたい理由はここにある。

普遍的価値観や愛への意志という、倫理的感情を下支えする力はどこでいかにして育つのか。イントラサブジェクティブのメンタルな傷を不問に付していては、おそらく現在のアノミーな状況からの、新たな物語への出口を展望しようとすることも不可能であろう。文学的表象に形象化された主体のゆらぎと大きな物語の解体、規範の液状化現象をみているインターサブジェクティブの現実を、身体のレベルにまで降り立って受け止め、そこに起こっている変化から「なにものか」を聴き取る。倫理にとって文学は、そうした臨床の場を突きつけるものだ。作品に聴くという行為は、実はマジョリティとして自らが他者化し抑圧している欲望の発見につながる回路として、つまり私自身に対して「何がお苦しいのですか」と問いかける参照軸を作ることにもなるはずである。

第四日　性に憑かれた／疲れた近代人
――性からの自由／性への自由――

† 男の身体が覚えた「嘘」

近代人は、性を求めて／性に疲れ、自閉化したエロスと身体をかかえている。近代のセクシュアリティ体制と、そこに規範化されてきた人間像・男女像を生きてきた人びとの内面に、色濃い疲労感が漂い始めている。この事態は、倫理的関係を下支えする人間の間‐身体としての存在のありように変化をきたしていることを予感させる。近代のセクシュアリティ体制への違和・ズレの表明と見るべき発言が、さまざまな文脈から出ているのもその現われであろう。思いがけない深さと広がりで、出来事としてまた表現としてそれらが提出されていることを以下に取り上げたい。

まず次のことを確認しておきたい。男女同権や平等の価値規範がうたわれているにもかかわらず、性のダブルスタンダードがいたるところでまかり通っている。その前提にあるのが、性別二元制および男／女の性的差異をセックスとしての身体に還元する性差本質主義である。社会的役割規範の流動化など、規範のレベルでのジェンダーの壁は低くなりつつあるものの、セクシュアリティや身体に関わる局面では、いまだに性の神話は根深く存在する。男の性のアイデンティティにとっての、「男なら」や「男っていうものは」という言説に前提されている価値観には、男が身体で覚えた／覚えさせられた、たくさんの嘘があるのだが、男性が男の性にジェンダー化するとは、そうしたことを受忍し、身体・感覚ともに馴致されていくことを意味する。それができなければ男の「ホモソーシャルな社会」からはじき出されてしまう。

この性のダブルスタンダードがいかに社会に根深く存在するかは、少し前になるが某大学のスーパーフリーと称するイベント系サークルの起こした集団レイプ事件でも明らかである。某政治家が「（集団レイプする人は）まだ元気があるからいい……」といった発言で社会から顰蹙《ひんしゅく》を買ったが、男の性をセックスの身体に還元して、「攻撃性」や「能動性」を本質主義的に是認し、「男だったら」

「男なんだから」の論理でレイプ行為さえ肯定する言説は後を絶たない。もちろんその裏側には、女の性をセックスとしての身体に還元して「産む性」として規定し、「包容力」や「受動性」を女性の本質として立てて、その生き方を母性主義や女らしさの規範で縛る言説が張り付いているのだ。

だが男性の中からも、まだおよそマイノリティではあるが、自らの男としてのアイデンティティの虚構性に気づき、そこからの脱出を試みる発言が登場している。『男であることを拒否する』の著者、ジョン・ストルテンバーグもその一人だ。性はフェイクで実体はない。擬制であり、学習されたものである。彼の試みは、第一日目、蔦森樹が立てたこの性の構築主義的認識をもっともラディカルに突き詰め、男性の性について性の神話の虚構を徹底して解体する果敢な試みである。

> 男たちの身体は、たくさんの嘘を覚えてきた——ポルノ、売春、セクハラ、ＤＶ——虚構のうえに成り立つ欲望を解体し、新たな性アイデンティティを探らなければならない。〔ストルテンバーグ 2002〕

レイプやＤＶ（ドメスティック・バイオレンス）を通して映し出されたレイピストの倫理、すなわち男性至上主義的なエロティシズムを、性差本質主義のダブルスタンダードで容認するような風潮に真っ向から対立する言説として新たな倫理的視点が提示されている。男たち自身がレイプを是認するような価値観から自由になるためには、「ジェンダーを脱ぐ」ことの必要性が言われる。つまり男のジェンダーがその性的本質として、攻撃性において定義されるものではないことと、それが現実のジェンダー構造に内面化された男性至上主義的なエロティシズムの論理によって作られたもの／覚えさせられてしまったものであることの認識に立ち、脱ジェンダーのラディカルな表現として、「男であることを拒否する」ことが説かれているのである。

†ホモソーシャルな欲望

「覚えてしまった嘘」であっても、この世界では男の嘘は男自身には見えにくい。性別二元制のジェンダー秩序も、ミソジニー（女性嫌悪）とホモフォビア（男性同性愛嫌悪）を隠れたコードとして規範化されたホモソーシャル規範も、男性を優位項におき、女性や同性愛を他者化し不在化するシステムである。したがって、男性の位置からは、自らの身体が覚えさせられた規範の、男性自身にとっての抑圧性に気づきにくいのは当然であろう。蔦森の再ジェンダー化の困難を挙げるまでもなく、ストルテンバーグのような発言はまだまったく例外的少数派である。男社会から意識的にずれようとする「だめ連」的な男たち［だめ連編 1999］、フェミニズムへの理解と思い入れを通して男の解放を求める男たち、メンズリブや男性学にシンパシーをもつ変わり者、いずれもマジョリティの男たちの世界からは、落ちこぼれ視される立場の男性たちから出てきたものだ。一般にマジョリティの男性たちは、ポルノや売春に走ることを男が悪い嘘を覚えてきた結果だなどとはけっして考えないだろう。それは男の性にとって自然なもので、多かれ少なかれそういう欲望のありようを男なら身につけている、男同士なら当然分かり合えるものであって、男であれば男同士のこの感情的な絆を裏切ることはできない、と考えられているであろう。

こうした男性の間の感情的連帯によって成り立つこの社会的な関係を「ホモソーシャルな欲望」と名づけたのが、『男同士の絆』〔セジウィック 2001〕の著者イヴ・コゾフスキー・セジウィックである。家父長制社会は男たちの社会的連帯によって成立しており、この結びつきには潜在的にホモエロティックな欲望が入り込んでいる。しかし、家父長制社会では、同性愛的な欲望を隠蔽するために、男性間で女性の交換を行ない、なおかつ異性愛者としての主体を形成するために男性同性愛を排除する。

このホモエロティシズムは、男性同性愛に対する強い排除的・制裁的な規範が作動する形のホモソーシャリティの構造でなければならない。しかもホモソーシャルな規範には、ホモフォビアの感情にとどまらず、ミソジニー（女性嫌悪の感情）が組み込まれている。このような形でのホモソーシャリティの形成は、近代のロマンティック・ラブ・イデオロギーが立てた性と恋愛と結婚の三位一体規範と、異性愛規範のイデオロギーが強化される過程と連携し、異性愛の家族と再生産への関心が強まる国民国家秩序の過程と歴史的に関係している。

ホモフォビアとは、まさに、ホモソーシャルな関係を維持、再生産するための権力作用であり、その機能にほかならない。河口和也は、ホモセクシュアル（同性愛）は実体ではなく、異性愛でないものを外部に押し出す「記号論的ゴミ捨て場」にすぎないと、デイヴィッド・ハルプリンを引用しつつ説明する。（異性愛に対する）想像的な「他者」として、「本来は明確には引けない異性愛と同性愛のあいだの境界を維持するために、異性愛は同性愛を必要としつつ、異性愛内部に生じる矛盾をいっきに同性愛に放逐して」しまうゴミ捨て場だというのだ〔河口 2002〕。ホモセクシュアルは、自然種につけられた名ではなく、投影である。同性愛とは（異性愛と同じように）一定不変の性質をもつものではない。同性愛というシニフィアンは存在しても、それがどのような意味をもつか。つまりシニフィエは固定化されていない。同性愛の定義の困難性は異性愛の定義の困難性も暴露してしまう。にもかかわらず、同性愛／異性愛という記号により、これらの性愛が差異化されているのだ、と。

ホモソーシャルという概念が明るみに出すのは、ジェンダー・家父長制支配の奥にある女性排除的なシステムと規範感情の存在である。ジェンダー・家父長制秩序における女性の他者化は、女性を男性にとっての想像的な他者として男性社会から周辺化し、男性同士の交換の対象とすることで男性間の絆の形成に寄与していることを、ホモソーシャルという関係の規定は明らかにした。セジウィックやハルプリン、さらにバトラーらにより、セクシュアリティ研究、クィア理論による理論構築は、近代倫理学が依拠している主体や自我や自己、アイデンティティと自立と自律、二項対立的な男／女といった概念すべてに、根底的なゆさぶりをかけずにはおかない深さで展開されている。

†「恋愛」から「性愛」へ――戦後女性作家のセクシュアリティ表現の変化

女性の場合は男性と比べて、この世界の嘘に敏感である。ホモソーシャル社会の構造的他者である女性は、高度成長の波に乗った日本社会の戦後近代が、いかに女性たちに明るい文化生活と戦後的家族が規範モデルである「専業主婦」像を現実のものとしたとしても、そこに繰り広げられる「女のしあわせ」が、所詮「かごの鳥の自由」でしかないこと、その自由と引き換えに失っているものに、内的空虚感の大きさに気づいてしまっていた。一九六三年にベティ・フリーダンの『新しい女性の創造』［フリーダン 1986］の出たアメリカ社会よりは二十年遅れで、日本社会では一九八二年に斎藤茂男の『妻たちの思秋期』〔斎藤 1982〕が、専業主婦規範のゆらぎとして起こった日本の女性たちのアイデンティティ・クライシスを描いている。

規範的女性像としての主婦規範のゆらぎは、今日の日本社会の最大の緊要課題となっている少子化の現われ、合計特殊出生率一・二九（二〇〇四年六月発表）という数字にも如実に示されている。「非婚・シングル・晩婚・晩産・少産・少子」として起こっていることがらの背景に、女性たちの内面での規範的女性像の液状化という現象がある。この事実世界の変化に、倫理は何を聴き、何を読み取るのか、そして何を語りうるのか。これらの出来事が、近代的性規範に深く貫かれたジェンダー規範とホモソーシャル規範によって他者化されている生きがたさが、女性たちによって直感的にではあっても感じ取られていることの現われである面は否定しえない。現セクシュアリティの構造的「他者」である女性の内面に溜め込まれたルサンチマンの深さを物語るマンヘイティング（男性嫌悪）の感情も、ホモソーシャル社会への密やかなる反撃とも理解しうるのではないか。

一九八〇年代のこの主婦シンドロームに見られる女性たちの反乱にまさにシンクロする形で、戦後日本文学では七〇年代から八〇年代にかけて「セクシュアリティ表現開花」の文学の登場をみる。アメリカで始まったウーマン・リブが日本に定着した七〇年代からさらに八〇年代にかけてのフェミニズムの展開は、女性作家たちの小説に、その影響を色濃くとどめている。長谷川啓は、フェミニズム時代の作家として、森瑤子・津島佑子・山田詠美の批評を試みている。その中で長谷川は、小説というメディアに表現されたセクシュアリティの決定的地殻変動を、「恋愛」から「性愛」への変化と捉えている〔長谷川 2003〕。フェミニズムの洗礼を受けた女性作家たちの作品には、近代家族のゆらぎと崩壊、近代婚への疑義、セクシュアリティの過激な変革が描かれ始めていたというのだ。六〇年代世代の作家である森瑤子や干刈あがたが近代家族のゆらぎと崩壊を作品化し、七〇年代世代の増田みず子はカップル幻想から解き放たれ、近代家族ならぬシングルを生きる女性たちを活写している。これらに見られるのは、家父長制に基づいた性別役割分業からなる一夫一婦制と、女性のみに課された良妻賢母の否定にほかならない、と長谷川は言う。

戦後民主主義教育と良妻賢母思想（エクステリアとしての民主主義と、インテリアとしての家父長制を支える分業的性制度の二重構造）の崩壊過程と近代家族の地殻変動に連動して、女性の性愛が語られ始めている。戦後、ようやく一般的になった「恋愛」の物語にも登場しなかった女の性愛が、語られるようになった。それが一九七〇−八〇年代である。ところが一九九〇年代から二〇〇〇年代に至ると、もはやこの性愛の幻想もすっかり剥ぎ取られ、変革のメタファーですらなくなっている。私もこの変化に留意しつつ、「性愛」でなく「性」「愛」の間に「／」を入れて「性／愛」としているのは、まさに、長谷川が「恋愛」から「性愛」への変化のもう一つ先に予感的に見ているセクシュアリティの現在の、次にみるような、近代恋愛規範そのものからの自由・解放を表現する宣言につながっていると考えるからである。

ここに「恋愛からの自由／への自由」をうたう文章がある。

私たちは、ラブ・ハラスメントに反対していくことを、ここに宣言する。ラブ・ハラスメントは、恋愛に関する「自由」を求める人全てにとって問題となる事柄である。なぜなら、あることをする「自由」には、それをしない「自由」が伴って初めて「自由」だと言えるからである。あることをしない「自由」の無い「自由」は「自由」ではない。それは「強制」である。恋愛をする「自由」には、恋愛をしない「自由」を。恋愛感情を抱かない「自由」を。カップルを作らない「自由」を。セックスをしない「自由」を。それが確立することで、やっと「自由」になったと感じることができるだろう。そのとき、今よりもずっと生きやすくなっていることに気づくはずだ。私たちは、ここで、アンチ・ラブ・ハラスメントという立場を明確にしよう。恋愛をする「自由」に並列されるべき、恋愛をしない「自由」のために。

関西の若い女性研究者による「アンチ・ラブ・ハラスメント宣言」の前文からの引用である。これはインターネット上に流れた文章で、メディアの性格を考慮しても現在の若い女性たちの先鋭的な（しかしまたマジョリティの中にも潜在する）内面が映し出されていると思われる。実際、私が大学内の講義で取り上げ、紹介した感触によっても、思いがけないほどの共感を集めたと言える。「宣言」の文章はこのあと、「恋愛という名の列車」のイメージを使って説明する。いかに多くの人が恋愛という名の列車に乗り遅れまいとして焦り、列車に乗らないなんてことがあるとは考えてみようともしないか。たとえ気分が悪くても乗っているだけで幸せなのだと思い込んで、とにかく列車を降りようとはしない。さらには誰もがこの列車に乗るのは当たり前だと思い込んでいる人の中には、列車に乗ってない人を強引に乗せようと善意のおせっかいをやく者もいる。乗っていないのはおかしいこと、不自然なことだと、馬鹿にしたり、非難したり、異常視することさえままある。

ラブ・ハラスメントとは、このような恋愛をしない人に対する嫌がらせである。ラブ・ハラスメントの生じる前提条件となっているのが、恋愛の「社会規範化」である。「皆恋愛規範化」によって人の幸・不幸を決めつける、恋愛・セックス・生殖の三位一体視による恋愛を自然視する、はては恋愛を「本能」視して、恋愛しないことへの「病理視」するところにまで行き着く。この「皆恋愛規範」は、近代のセクシュアリティ体制において、同性愛を病理と見、クローゼット化してきた歴史とまさに重なるのである。

†〈ヘンタイ〉宣言

ぼくは〈ヘンタイ〉が好きだ。自分のことを〈ヘンタイ〉って言えちゃう人が好きだ。だってそれは、自分を基準に近づけようとしたり、規格化されることから降りちゃった人のことだからね。……ぼくはゲイと呼ばれるマイノリティーだけど、「ぼくだって〈ふつう〉なんだ!」と叫ぼうとは思わない。それよりは「あなたもあなたであろうとすれば、〈ヘンタイ〉なんだ」とメッセージしたい。〈ふつう〉って言葉はその向こう側に、永遠に〈ふつう〉でないものを用意し、差別していくような気がするんだよね。目指すところが同じでも、ぼくは〈ヘンタイ〉という言葉を選び取りたい。……ぼくは今、捜しているんだ。多様な人間ができるだけリラックスしながら、寄り合って生きていくための、〈関係〉のありようを。［伏見 1991］

一頁に満たない短い文に、〈ヘンタイ〉と〈ふつう〉の二つのキーワードで、実に簡潔に、自分らしくあることの意味するものを表現しきった文章である。近代的性規範に対するラディカルな批判的問題意識が、近代的性規範のもとでの不自由さ、生きがたさをかこつ人、抑圧感を抱く人の側から出てくるのは当然であろう。日本のゲイ・ムーブメントを作ってきた伏見憲明が『プライベート・ゲイ・ライフ』に収められた「ヘンタイ宣言」を発したのは一九九一年であるが、以来、日本社会でもセクシュアリティ研究において一つの系譜を形成しつつある。

フーコーの『性の歴史』〔フーコー 1986〕は同性愛の脱病理化を、近代のセクシュアリティの装置を言説分析によって明らかにし、セクシュアリティの系譜学を打ち立てたものである。そのポスト・フーコーの第一人者、ジェフリー・ウィークスは『セクシュアリティ』〔ウィークス 1996〕において、性をめぐる議論を徹底して歴史の内側に据え直すことを提唱している。そして、そのウィークスの紹介者でもある赤川学が『セクシュアリティの歴史社会学』〔赤川 1999〕や『性への自由／性からの自由』〔同 1996〕で、同性愛研究を日本近代のセクシュアリティ研究として手がけてきており、伏見が依拠したクィアからのヘンタイ宣言も、セクシュアリティ研究のこうした文脈に位置づけうると思われる。非ヘテロの自らに向けられた「ヘンタイ」という差別的他称詞を「〈ヘンタイ〉宣言」として引き受け、ヘテロセクシュアルの性の覇権体制が封印してきた人間の性的欲望の「なんでもあり」的なありようを拓いていこうとするきわめて野心的な試みである。これらが、アンチ・ラブ・ハラスメント宣言の「恋愛からの自由／への自由」へと結実していることは疑いえない。

性の世界に始まっている地殻変動は、マジョリティの内面に食い込んでいる。これらの動きと無関係に、性をめぐる新たな倫理的規範の地平が拓かれようはずもない。

第五日　両義性の倫理へのまなざし
――「状況がつくる女」の内的葛藤へ――

†「女性・知識人」ボーヴォワールの葛藤

時代の支配的道徳や価値観に抗して、エリート知識人としての主体を引き受けて生きている女性の内面にひそむ葛藤と分裂はどんなものだろうか。トリル・モイがボーヴォワールという女性知識人の思想全体の系譜学的記述を通して捉えようとするのは、二十世紀のもっともセレブな女性のモデルともいうべき知識人が抱えた闇の部分であった。それは、知識人であることと女性であることの間の深い葛藤の中で、さまざまな矛盾や不合理を生きたボーヴォワール像であった。その作品と言葉と内面生活を詳細に照合しつつ、自由で自立的な主体として世界に屹立しているかのようなボーヴォワールが、「人間としての」知性や能力と「家父長制的な女性性」との間の葛藤から自由であったわけではないことを、モイは、作品研究だけでなく、周囲の証言や膨大な資料を通して描き出している［モイ 2003］。家父長制のもとで、女は葛藤と内的闘争に引き裂かれているとボーヴォワールが論じるとき、実は、他のどの女性よりも、その言葉は彼女自身によく当てはまる。ボーヴォワールの著作の深層は、そのことを明らかにしている。

ボーヴォワール自身、「女の状況」を次のように捉えていた（以下、引用はモイによる）。

さて、特に女性の状況を規定するもの、それは女が――あらゆる人間と同様に自律し自由な存在であるにもかかわらず――自分を〈他者〉として位置づけるように男たちから強いられている世界のなかで、自分を発見し選択しなければならないということである。男たちは女を客体に変え、内在にとどめようとする。女の超越は、本質的で主権をもつもうひとつの意識によって絶えず超越されることになっているのだ。女のドラマとは、つねに自分を本質的なものとして措定しようとする主体の基本的な野望と、女を非本質的なものとして構成しようとする状況の要請とのあいだで繰り広げられる葛藤なのだ。

女性がこの世界において、いかにして「性化された存在」に「主体化するか／されるか」、女たちが男よりさらに深く分裂し両義的であるかについて、さらに女たちが根本的に二重の、存在論的ならびに社会的な両義性と葛藤に徴《しるし》づけられているかについて述べられている。人間は誰もが分裂していて両義的であるとしても、女が男よりさらに分裂していて両義的である、という『第二の性』［ボーヴォワール 2001］の有名な箇所である。

二十世紀女性論のバイブル、『第二の性』においてボーヴォワールは、女らしさの規範がいかに深く女性の主体を拘束しているかを明らかにし、女らしさの神話に対する哲学的格闘を強靭に展開する。まず、今日、性をめぐる議論において必ず前提となる「ジェンダー」の次元を取り出した（もとより彼女はジェンダーという言葉は使っていないが）。そして、この社会において人間が性的存在として

「性化」されるという、主体化・隷属化（subjection）の神話と女のドラマを、そして「状況としての女」を解明し、現代の性についての社会構築主義の出発点を置いたのだ。

モイは、このボーヴォワールの思想を二十一世紀の「ポスト・フェミニズム」の思想の中に位置づけなおそうとする。つまり、モイは、女性主体を立てるフェミニズムがもつ本質主義的側面への批判意識や、アイデンティティ・自我・主体を否定し、女性主体をあくまでも言説構造と歴史の内側に位置づけようとするポスト・フェミニズム的な問題意識を介在させて、文学批評と伝記の境界を越えたボーヴォワールの「個人の系譜学」を作ろうとする。そこからの作業を通して、一人の女性知識人の、「状況としての女」の内的葛藤と矛盾を描き出しているのである。ボーヴォワールの知識人としての限界を明らかにしようとするのではない。むしろ逆で、現在の女性たちの、矛盾し錯綜した内面の葛藤と彼女の問題提起が重なっているところにこそ、二十一世紀にボーヴォワールを蘇らせる意味を見出しているのだ。

サルトルとの関係において制度婚に捉われない自由な関係を貫き、家族を作らず、生涯ホテル住まいというボヘミヤン的知識人のライフスタイルを貫き通した彼女にしても、いま風にいうところのキャリアと自由恋愛を手にしえた女性知識人のうちの「理想的な勝ち組」であったわけではないのだ。ボーヴォワールは次のようにも言っている。「自分の身体であるのだが、しかし彼女の身体は、彼女自身とは別の何かである」と。女は自分の身体であり、また同時にそうではない。女性の身体をもつことで彼女は女になるが、まさにその事実が彼女をその身体から疎外し引き離す。「それでは女とはなんなのか」と。

† フェミニニティ／女性身体

一九七〇年代の日本のウーマン・リブの場面で、まさにリブの顔というべき田中美津が、次のような発言をしていた。女たちがあぐらをかいて車座になって議論している場面に好きな男が現われ、あわてて足を組みなおしている自分に気づくといった類の女たちの取り乱しぶりである。家父長制的女性性を内面化した女の行動なんて、こんなもんよ、と田中は言う。しかしこの「とり乱し」がリブなんだと、このとり乱しの自分を受け入れる居直りの強さこそ、リブなんだと［田中 2001］。

「状況としての女」の矛盾と葛藤。この世界では、女（Female）の身体をもつ人間はそれだけで女性（A Woman）であると規定されるが、その上に規範性に従わない女性性（Femininity）の実現を図る自由をもつことにおいて、女性は自由な主体への可能性を築きうる。そういうメッセージを力強く発したはずのボーヴォワールだが、しかしそのボーヴォワールですら、一人の女性に働く家父長制的女性性の縛りと内面化された女性規範から自由ではなかったのだ。

このことが意味するのは、「女とは誰か」「私とは誰か」という問いと向き合うためには一定の「普遍的人間像」から立てるのではなく、内面化された「家父長制的女性性」や、それに対する抵抗の多様なあり方を含めた、具体的な個々の「女性」から出発しなければならないということである。これはポスト構造主義における主体をめぐる政治が、「女」という主体のアイデンティティを解体し、身体を脱構築で切り刻み、空っぽの器にしかねないという状況に対するモイの批判である。モイは、「女の身体を持つ女性としての」抵抗の政治理論の探求という課題を、ポスト・フェミニズムに投げ返すために、ボーヴォワールを参照し、女（Female）／女性（A Woman）／女性性（Femininity）の概念を再審しているのだ。自律的・主体的な自己に至る上で「性化された存在」として、特殊歴史的な呪縛をどのように負っているか。女性性（Femininity）が開示するものは、女たちの存在論的ならびに社会的な両義性と葛藤から、矛盾し錯綜した内面の葛藤から立ち上ってくる新たな倫理的境位にほかならない。「両義性の倫理」（モイ）に寄せたボーヴォワールの問題意識から救い出すべきことは、ここにあるというべきではないか。

† アン・シャーリー／モンゴメリの憂鬱、そして私自身の内的葛藤

ところで、日本では松本侑子がモイの手法とも重なる形で、『赤毛のアン』シリーズの作者、モンゴメリの作品世界と作家の内面を詳細に後づけた研究によって、アン・シリーズの主人公、アン・シャーリー、およびモンゴメリ自身の女としての内的葛藤と憂鬱を明らかにしている。第一作『赤毛のアン』で作家としての成功と名声を獲得したモンゴメリであるが、人生航路にあっては当時の女性規範から外れることは難しく、その後、牧師の妻となっている。アン・シリーズは結婚後も書き続けられ、一定の社会的評価と支持を受けつづける。しかし第一作と二作目以降との間には主人公のアンに明らかに変化が見られる。もはやアンは、作者モンゴメリが幼馴染の牧師の妻となる前のアンではなくなってしまう。モンゴメリの「女としての状況」が作品世界に影を落とし、自らの状況を主体的に切り開いていく第一作のアン像とは明らかに違うアン・シャーリーになっている。そのことをモンゴメリ自身がもっともよく気づいており、女の真実を描けていないという作家としての悩みとジレンマ

の中で、自己欺瞞への苛立ちや憂鬱をずっと引きずって生きざるをえず、最終的にはこころの病に追いこまれ、神経を病んで死んでいる。

まさにこの「アン・シャーリーの憂鬱」は、女の真実を描けなかったモンゴメリの「卑小な自らへの絶望と悔い」にほかならない。松本はモイと同じく、作品の時代背景や作家の周辺を全作品に即して捉えようとする系譜学的な研究によって、その内的葛藤を明らかにしていくのである［松本 2000］。またそれは、松本の作家としてのスタートのきっかけとなったノンフィクション『巨食症の明けない夜明け』［松本 1988］の世界ともつながっているだろう。現代社会の女性主体の危機、拒食や過食・嘔吐などの摂食障害やさまざまなアディクション（嗜癖）行動に追い込まれる姿に浮かび上がる現代の女性性の危機と内面の闇へのまなざしと「アン・シャーリーの憂鬱」は重なるはずである。

モンゴメリとボーヴォワール、十九世紀末と二十世紀前半に女として自己形成をした二人の女性知識人、二人の女としての生き方の内的葛藤と憂鬱とが、時代を隔てて、戦後の日本と重なる私自身の自己史にも確認できる。大学院まで進み、社会的発言の機会や自己表現の場をもちうる職業上のキャリアを手にし、かつ結婚し家庭を作った私の生き方は、キャリアも女性性も手に入れた「勝ち組」と見られるのかもしれない。しかし私を悩ませ続けた苛立ちの原因は、私自身に内面化し、身についた「主婦性」であった。主婦規範こそ、私の内的自己矛盾であった。研究者としての方向も定まらない院生の身で結婚生活をスタートさせたとき、私淑していた恩師からこう言われた。「鍋の底を磨きたてておきたければ、どうぞ女性としての人生を、でも研究者でありたいなら、鍋底磨きはほどほどに」。「ほどほどに」という言葉は、生きていく上で基本的に必要なことを否定しているのではなく、それを自分で賄うことは男でも女でも当然のこと、という考えに基づいていた。その言葉が、結婚生活にある女にとっての落とし穴、ボーヴォワールのいう内在と超越との分裂、すなわち主婦規範に絡めとられることを見通しての忠告であったのだ、ということは後になって気づくのだが。

当時としては特権的知的位置にあったというべきだろうが、しかし戦後間もない日本社会の女性に求められていた女性規範は、私の中にしっかり内面化されてもいた。特に戦後の混乱期、まだ戦争の傷をさまざまに抱えていた機能不全家族の長女という立場が、私の自己形成にもたらした影響は少なくない。この「女の状況」が作った私の中の過剰な主婦性は、哲学科に進み、抽象的思弁の世界の知的高揚感を知るにつけ、私の内面に分裂を持ち込むこととなる。内的感情を二つに引き裂かれて、知的エリート意識からも女性としての充足感からも落ちこぼれ、疎外感を抱かざるをえない中で、常に感じていた自分自身への苛立ち。私の内面に巣喰った生の不全感や不充足感、そして葛藤が、家族や親密性の関係に影と傷を残したという悔いも否定できない。キャリアと結婚を手にした勝ち組どころか、深い憂鬱と内的葛藤・分裂の意識を引きずって生きてきて、いまだそこから自由ではない。結局、戦後民主主義教育と良妻賢母思想が私の内面を分断していたのだ。それは私に限らずの、同時代の一般的な「女の状況」でもある。

もちろん私の世代はウーマン・リブとの出会いがあり、その後、女性学・フェミニズムの洗礼を受けてもいる。女としての自らの状況を読み解く、ジェンダー・家父長制という概念も手にした世代である。しかし、実はそこにも両義的に引き裂かれる自分の姿がある。女性学・フェミニズムに出会って楽になった自分がいる一方で、出会ったことによって不幸になった自分もいる、といってよいかもしれない。知的に背負うことになった女性学・フェミニズムが自分の規範となるると、どうしても自分の状況をフェミニズムの価値観で裁断し、沿わせようと現実に性急に対することになる。そのあまり周囲との軋轢を招き傷つき、その苦しさをより身近なものに抑圧委譲してきた一面も否定できないからだ。

思わず「私」が顔を出してしまったが、それは両義性の倫理へのまなざしが、私自身にまず向けられるべきことに気づいたからだ。フェミニズムの洗礼、そして私自身もその一翼を担ったフェミニズムの時代的・状況的制約が、私自身の生き方と理論にどのような内的葛藤や矛盾を作り出していったのか。「私」自身が臨床の現場となることの意味に、モイや松本の系譜学的研究を通して気づかされたからだ。

女（Female）／女性（A Woman）／女性性（Femininity）の関係において、女を「非本質的なもの」として構成しようとする「状況の要請」、すなわち身体である女（Female）と社会的存在としての女性（A Woman）との間にある「家父長制の陰謀」に抵抗しようとするあまり、自らの「女性性」に関わるところの内面、エロス性の部分については無頓着にならざるをえなかった、というのが私の現実である。身体、セクシュアリティが深く関与する「女性性」の問題領域への問いは、結局のところ棚上げせざるをえなかった。

しかし、そうした形でしか自分というものを守れなかった／立てられなかった、私たち戦後世代の女性の内的葛藤と憂鬱感は、この社会の「次世代」の内面にさまざまな問題を投げかけ、傷と影を落としてはいまいか。性的行動の問題状況は取りざたされるが、実はもっと深くにひそむ問題はメンタル危機ではないか。自傷行為や他傷行為をとった暴力の表出、さまざまなアディクション行動、社会的引きこもりや心の病など、身体感覚の深いところでの自閉化をうかがわせる状況は、そもそも倫理を下支えする感情を育てることが困難になっている状況を予感させる。それは女性の状況の内的葛藤と憂鬱感の、世代間連鎖としてみるべき問題状況でもあるのではないか。両義性に引き裂かれた女性の抱える内面の葛藤を見つめ、そこを臨床の場とするところから倫理に課題をさしむける。ここに働いているまなざしは、フェミニズムにも倫理学にも、取り落とせない課題を投げかけているというべきではないか。「女の状況」が作る女の内的葛藤と矛盾は、ひところの日本社会を席巻していた「負け犬論争」なるものにも、通底していないはずはない。

† 「負け犬論争」から――家父長制的女性性に、マイナスに同一化するジレンマ

「負け犬論争」について最後に触れておこう。これは酒井順子の『負け犬の遠吠え』［酒井 2003］が引き起こした論争で、三十代・未婚・子なし女性を負け犬と定義し、これらの条件を満たしてしまうと、男社会が定義した女性性の不適格者・敗北者のスティグマを張られてしまうというものだ。ならばそれを先取りして、自らを「負け犬」と宣言し敗北を認めてしまおうという、いわば自らの女としての状況の「再定義権」を行使していると見ることもできるものである。この本に呼応するかたちで、「セレブな主婦」像を新しい主婦像に記号化した小倉千加子の『結婚の条件』［小倉 2003］が刊行され、また一段と論争の輪は拡大している。

女としての「負け犬」という記号に表象される、女性たちの意識は何なのか。他称詞としてではな

く、自称詞としての「負け犬」を、女としての負け組を宣言してしまう戦略に込められた思いは何か。そこには、両義性に引き裂かれた女性たちの内面が映し出されているのではないか。「負け犬論争」とは、近代的セクシュアリティの「たが」がゆるみ、非婚やシングル・マザーなど、制度化された性規範から逸脱する選択肢が広がり、生き方の自由度が増した現在を生きる女性たちの、内面の深いジレンマを表わす現象だと思われる。男女雇用機会均等法で総合職の道が拓かれ、女性の生き方の社会的選択肢は増えたかに見えるけれど、しかし実際のところは、仕事の上でのキャリアコースを選べば、結婚も子どももあきらめざるをえない。かといって、普通の女性としての生き方を選べば、男女共同参画が奨励する女性像は共働きカップルであるから、仕事と結婚両立型の無難な人生は考えられるが、そこでは仕事、結婚両方の条件を引き下げざるをえない。これに対して、女性のもう一つの選択肢がセレブな専業主婦というコースであるが、これは結婚で出身階層の偏差値を上昇させるというこれまでの女性のコースの現代版というべきもので、女性の新しい自己実現のあり方である。しかしこのコースも、仕事の上でのエリート出世コースに劣らず、相当の自己努力も必要とされる狭き門であり、相手次第というリスクも避けられない。

「エリート」「男女共同参画」「セレブ」という、さしあたって三つの女性の人生コースが考えられるとしても、しかしまだ社会が良しとする女性のあり方、つまり結婚・出産を女性性とする通念を踏まえれば、その女性性を捨てなければやっていけない職業生活の現実と、女性の内面化されたジェンダー規範とのジレンマからまだ多くの女性は自由ではない。だから、どんなに仕事で成功しても恋人がいないわけでなくても、結婚してない女性、子どもを産んでいない女性は、家父長制を内面化した女性性においては、選ばれていないことを意味する。女としての評価においてマイナスに価値付けられていることへの敗北感、これは拭いがたく存在する。ならば、「負け犬論争」は、「負け犬」を自称することで、家父長制的女性規範から外れてしまおうという女性の戦略として読むことができるであろう。

また恋愛結婚規範の強いこの社会では、一方では結婚した女性には子どもがいることが当たり前とされる。不妊の経験が女性にとってどのようなものなのかについて、不妊の女性の当事者の語りから、その内面の深い葛藤を析出する松島紀子の研究に興味深い発言がある。「子どもができても不妊は癒されない」「子どもがいてもずっとひどい」といった語り——従来の不妊の語りではけっして出てこなかった語り——が意味するものについて、不妊のつらさが、子どもができたら終わるのではなく、不妊のその後をも含んだつらさであることについて、松島は、ジェンダーの視点に立ったライフストーリー研究から明らかにしている。中には、苦しい不妊治療の末に、妊娠が分かって中絶を選択する女性がいるという。一見不可解な行動ではあるけれど、子どもがどうしても欲しかったわけではなく、妊娠できたということで、身体・セクシュアリティの上での自分の女性性の確認ができればいいという気持ちの表現とも取れる［松島 2003］。身体・セクシュアリティに対するこの屈折した意識と行動の中にも、性／愛や産／育に関わる女性たちの内面の変化を読み取ることができるのだとすれば、家父長制的ジェンダー規範から救い出すべき女性性・フェミニニティの問題圏は、「両義性の倫理」という新しい普遍を模索する一つの挑戦と深く関わっていると言うべきであろう。

第六日　性の議論の新しい土俵づくりへ

――パターナリズムか自己決定か――

†性愛規範をめぐる新人類・旧人類の断絶

もはや若者世代は、旧世代の性愛観とは別の感覚をもち始めているようだ。性愛感覚と身体性における両世代の距離は、新人類と旧人類の対立に匹敵する深さで存在するのかもしれない。「近代的性規範の禁忌のタガが完全にはずれてしまった」、いわば「なんでもあり」の現実を、また「対関係における性的排他性原則の弛緩」という状況を前にして、規範倫理学が立ててきた「性＝人格論」から導かれる道徳主義や自由主義・自己決定原則は、現実との関係においてその理論パラダイムをほとんど維持しえなくなっている。

こうした状況を前にして「性についてのゼロからの議論の土俵づくり」が課題となっている。伏見憲明が『性の倫理学』〔伏見 2000〕で、若年層の性行動、売買春、結婚制度、同性愛、性同一性障害、障害者の性、生殖の未来、ＨＩＶ－エイズ……など多岐にわたるトピックスを取り上げ、各研究・運動諸領域の識者との対論を通して提示している「ゼロからの議論の土俵づくり」と、その背後にある状況認識、とりわけ伏見がそこでとっている次のようなスタンスに、基本的に賛同するということを、ここでの議論の出発点におきたい。

すなわち、そのスタンスとは、「性」について、お互いにとっての「真実」を押し付けあうだけの応酬が、結果的には互いの感情の爆発に終わるというパターンではないとするものである。さらにまたその議論は「なんでもあり」という甘えた態度から発せられるのでもなく、かといって、現在をゆるぎない自明のものとするのでもない。問題を問題として注視し、現在から未来への展望を射程に入れた「性」の問題の議論の土俵づくりに向けて議論を開始しようという姿勢である。

しかし、倫理は現実の変化に対する危機管理力がもっとも弱い領域である。互いの実感的信念を押し付けあう不毛な感情的対立に陥りやすい。娘の性行動やボディ・ピアスに烈火のごとき怒りをもって対応する親の感情を参照するまでもないだろう。人間の現実と倫理との関係においては、倫理が現実世界の変化を受け入れて規範をそれにふさわしく変容させるという対応はまず見られない。むしろ「規範の安全性」を求めて、現実世界の変化にさまざまな規制をかけ、現実を規範に合わせる形で、現実と規範との整合性を図ろうとするのが一般的だ。

性をめぐる議論は一般に、「モラルマジョリティ」対「性の自由化派」の対立構図をとる。いわゆる守旧派のモラルマジョリティは、いつの時代にあっても変化や改革を回避し、現存する秩序の遵守にまわる。当然ながら、今日のような性のアノミーな状況に対しては、倫理の危機管理的対応は、必ず個人の自由よりも家族や共同体的な価値を優先し、近代の価値である男女平等や人権理念へのバックラッシュ的な動きにすら与する。しかし、今日のそうした対立構図の背景には、「女性」や「障害者」や「高齢者」、さらに「性的マイノリティ」など、「当事者」グループの意識高揚が存在する。当事者側の意識高揚と権利要求、それに対抗する守旧派モラルマジョリティとの政治的緊張関係は避けがたく、諸外国では対立が宗教原理主義派グループの動きとも連動して、厳しい抗争的状況に発展することもある。さらにまた、女性や障害者、さらにマイノリティなどのグループ内部も一枚岩ではなく、ジェンダーの軸に、国民国家や民族的アイデンティティの分離と多様化の軸、近年のグローバル化による差異の再配置など、さまざまな分断軸が加わることによって、同一カテゴリーの当事者運動内部にも亀裂や対立をもたらしている。もはやモラル・マジョリティ〈対〉当事者運動、守旧派〈対〉改革派といった構図では捉えられない。そこでは具体的な個々の場面での対立構図の「よじれ現象」も起きている。中でも、女性の身体と性の自己決定権に関わる問題は、現代の倫理的難問が集約的に現われる場であり、女性の身体と性が現代倫理のアリーナ（闘争場）となっていると言っても過言ではない状況がある。

† パターナリズムか自己決定か

しかし現在にかぎらず、女性の身体と性は、これまでも生殖の管理と人口政策との関係で、国家による操作と管理の対象とされてきた。第二派フェミニズムが最大のイッシュー（争点）とした「中絶の権利」と「リプロダクティブ・ヘルス／ライツ（性と生殖に関する健康／権利）」が政治的な課題となり、それによってようやく女性の性と身体に対する自己決定権が問題として定着した。しかしながら、今もって米国では、一部の過激な宗教原理主義派グループがプロ・ライフ（生命尊重）派のモラルマジョリティとつながり、プロ・チョイス（中絶の選択）派の中絶クリニックに爆弾を仕掛ける、といった事件も絶えない。プロ・チョイス派にとっても、胎児の中絶可能時期をめぐる生命の線引き問題は、いまだ決着しない重たい課題としてある。

さらに、出生前診断技術の発展が、障害胎児の中絶の是非という倫理的問題を新たに引き起こしている。すなわち、中絶の自己決定権を獲得した女性が、逆に、優生的・選択的中絶への「自己決定」を強制されかねない、という問題が現実のものとなっている。ここで、先端技術と女性の身体をめぐる自己決定の間に深いジレンマが生まれているのである。他方、不妊治療と体外受精技術などの生殖技術は、女性の身体をテクノロジーにさらし、外部化した子宮をはじめ、市場化の波をこうむらざるをえない局面に置いた。科学技術の進展の結果として、ヒトの「産」のあり方が根本的に書き換えられかねない状況も現出している。そこでは生命の誕生の様式、妊・産・育の営みのみならず、家族の形や関係をめぐる感情の変容などを伴いかねない。科学との関係においても、まさに女性の身体は「現代倫理のアリーナ」となりつつある。

さて以下に、現代倫理の課題に関わって発生している、保守・革新の対立の「よじれ現象」について、いくつか実例に触れつつ考察しよう。

第二波フェミニズム以降の対立は、女性運動・フェミニズム〈対〉モラルマジョリティという構図であり、前者による女性の自己決定権要求に対して、後者がその抵抗勢力となる、という関係をとるのが一般的である。しかしセックスワーク問題では、守旧派モラルマジョリティとフェミニズムの性暴力反対派が共闘関係を形造り、当事者の運動と対立するという「よじれ」が生じる。ポルノグラフィの法的規制に関しても同様に、主流派フェミニズムは法的規制を求める「反ポルノ派」としてモラルマジョリティと共闘関係を作り、フェミニズム内少数派である規制反対論の「アンチ反ポルノ派」の動きと対立しあうことになる。

「反ポルノ」の急先鋒にある理論家といえば、アメリカのキャサリン・マッキノンとアンドレア・ドウォーキンである。彼女たちは米国の女性運動の場面でポルノグラフィにもセックスワークにも反対の立場から、反ポルノグラフィ公民権条例（結局、施行はされなかったが）を起草したフェミニストである。売春サバイバーの当事者を巻き込んで、女性蔑視に基づく性の商品化が、性差別であり、女性の市民としての権利を侵害する、とする立場からラディカルな運動を展開してきている。その一方、彼女たちはまた、法規制に向けた「反ポルノ運動」において、保守派のモラルマジョリティの支持も取りつけるという戦略をとる。そのため、そうした運動手法に対する批判と、条例によるポルノ規制が公権力によるわいせつ性問題への規制的介入の強化につながることへの危惧から、フェミニズム内部からもポルノ規制に反対する「アンチ反ポルノ」の動きを招くことになってもいる［マッキノン 1993］。

反ポルノ派フェミニストたちと鋭く対立する立場を代表する一人にフェミニスト法哲学のドゥルシラ・コーネルがいる。コーネルの発言でここで取り上げたいのは、セクシュアリティの問題を個人のイマジナリーな領域におき、ラディカル・デモクラシーの立場からそこにいかなる公的な規制が入ることも拒否し、「イマジナリーな領域に対する権利」を打ち出して、セクシュアリティにおける自由を求めていることである［コーネル 2001］。規制による保護ではなく、しかし自己決定権の主張でもなく、カント的自由主義における自己決定主体の登場と再構築に至る前段階として現在を捉え、その実現を保障するものとしてイマジナリーな領域に対する権利を立てているのである。

たとえば主流のフェミニズムであれば、シングル・マザーに対する公的・福祉的援助を政策として打ち出す。これに対してコーネルは、法的な権利の要求が、シングル・マザーに対する社会的なスティグマ貼りと差別の再生産につながりかねない、との認識から反対論に立つこともある。新たなセクシュアリティ像や家族像を模索する観点から、私的領域へのいかなる公的介入も排するという、徹底した無政府主義的性差別批判の考え方をとる。女性の自己決定権と、法と道徳の問題との関係の考察において、フェミニズムと国家との関係の再考を迫っているのである。

「子どもの性的自己決定権」の問題では、子どもの性行動や、結婚に年齢制限をおくことの是非が一つの争点となる。性情報の氾濫と性的規範におけるタブーの崩壊、さらに性行動の低年齢化が社会問題化する中では、「子どもをセックスから守る」という観点から「子どもの性的行動に一定年齢まで法的な縛りをかけるべき」であるとする性道徳保守派側からは必ず出てくる規制論と、フェミニスト側の性暴力反対派の主張とは共鳴しやすい。特にＨＩＶ－エイズ問題以降は、人身売買と結びついた「子ども買春」が人権問題として大きく浮上することによって、「子どもを性的被害から守る」という主張は、議論の余地なく正義の命題となってしまった。

しかしこれも、肉体的成熟の加速化と性情報の氾濫という子どもを取り巻く現実を直視し、性的自己決定権を子どもの権利として認め、子どもの性的行動の自由化・規制緩和を図るべきと主張する、もう一つの動きとは真っ向から対立することにもなる。性愛というものをいかに捉えるかという問題がそこにはある。パターナリズムによって対応すべきか、あくまでも子どもの自己決定尊重と、そのためのエンパワーメントに拠るのか。選挙権など政治的権利における年齢制限の根拠とはまた別の、性や身体の「自己決定権」をめぐって年齢の線引きを図る合理的根拠をどこに求めるかという問題は、現代倫理の根幹に関わり、しかも答えを出すことの困難な問題として、現実に対応を迫られている課題の一つなのである。

† グローバル・スタンダードと「対立構図の新たなよじれ」

資本主義的市場経済を前提とする近代社会は、経済合理性に土台を置く、資本の平準化作用によって、近代的人権理念の浸透拡大を推進してきた一面ももつ。しかし、今日のグローバル化する資本主義は、近代の人権と自由・平等の理念が、まさにその人権概念の残した余白に、すなわち性・人種・民族などの差別問題にはたして届くのか、という問題を改めて露出させている。グローバル化は人権概念の浸透・拡大をさらに加速するのか、それとも差別を再配置するだけなのか。グローバル化の進展と、グローバル・スタンダードの席巻は、新たな対立構図のよじれと見るべき事態を発生させている。グローバリゼーションと新自由主義の支配のもとで、近代的人権理念と近代の倫理的価値が真っ向から挑戦を受ける場面がいくつかクローズアップされてきているのである。

フェミニズムはもともと近代の落とし子であり、自由主義・個人主義原理に立つ。家族の価値や共同体主義との関係では、リベラリズム〈対〉コミュニタリアニズムの構図の中で、リベラリズムの側に立つ。他方、一九七五年以降、四半世紀以上に及ぶ国連女性年の取り組みでは、たとえば世界会議ごとに繰り広げられてきた光景を取り上げても、この対立構図の新たなよじれが見られるのである。先進国〈対〉第三世界、あるいは西欧世界〈対〉非西欧世界の構図をとって現われる対立が先の二項の対立に重なるのである。特に後者の「西欧〈対〉非西欧」の関係においては、一九九五年の第四回世界女性会議の北京行動綱領採択の場面において、次のような問題として現われた。

女性のリプロダクティブ・ヘルス／ライツや中絶の自由、ライフスタイルの自由・自己決定、さらにセックスワーカーの権利や同性愛カップルの家族形成権要求までを含む、多様なライフスタイルと家族のあり方を会議での合意文書に盛り込むことを主張する西欧先進国側と、それに真っ向から対立し、合意文書作成においては総論賛成・各論反対の態度をとるイスラームやカトリックなどの信者の多い国々の側との間で議論が紛糾したのだ。現代版・女性の権利章典ともいうべき一九七九年採択の「女性差別撤廃条約」から「北京行動綱領」にいたるまでの女性の、人権をめぐる国際水準に対し、宗教・伝統文化の固有性と文化相対主義の立場からの抵抗、という対抗図式は、二十一世紀の現在も繰り返されているのである。

西欧フェミニズム〈対〉第三世界フェミニズムの対立として顕在化した「反FGM運動」を取り上げよう。アフリカ北東部から西アフリカの諸地域にかけての共同体で施されている女性生殖器切除の外科的手術、この風習をめぐる議論が発火点である。人権の普遍性の立場から西欧フェミニストが強く廃絶を訴えているのに対して、これを西欧フェミニストの自民族中心主義による第三世界へのレイシズムであり、植民地主義であるとする、厳しい批判が第三世界フェミニストの側から提起されたのだ。日本のフェミニストの中では、アラブ文学研究というバックグラウンドをもつ岡真理が、もっとも敏感にこの対立に反応して精力的に取り組み、日本のフェミニズムの中にも抜きがたく存在する「自民族中心主義」（その内実は、「西欧・先進国中心主義」なのであるが）への警告を一貫して発信してきている。

伝統的な習俗への批判を、誰が、誰の名において語っているのか。その語りの中に「他者化」する作用は働いていないか。フェミニズムが家父長制批判の文脈において告発してきた「女性の他者化」の問題を、エスノセントリズム批判の文脈に導き、価値観の多元化する現代社会における他者表象や他者理解のセンシティブなポリティクスの問題を取り出しているのである。普遍や正義を語る者の「発話のポジショニング〈位置〉」への自己批判的なまなざしに強く留意を促す、重要な視点を提起するものである。岡は、人権普遍主義〈対〉文化相対主義といった二項対置構図そのものがすでに安直な図式化であり、そこに滑り込んでいる、普遍の立場から伝統文化をまなざすという視点に含まれる前提自体の覇権性、「ポジショニング〈位置〉の政治」への問題意識を日本のフェミニズムに喚起し続けている［岡 2000］。

人権理念の水準は、各国ごとの国内事情やナショナリズムに阻まれて、その理念が要請通りに達成されているわけではなく、さまざまなバイアスは免れがたい。特に近代的自由主義が、今日のグローバリゼーションの下で市場原理主義を取り込んだ新自由主義〈ネオリベラリズム〉に傾斜する中では、むしろ現状維持の守旧派側が人権の国際的水準や男女共同参画の理念も一定程度組み込みつつジェンダー規範の温存を図る、という現象が生まれている。前出の箇所でも言及したが、この新保守主義〈ネオコンサバティブ〉の路線は、新自由主義に対抗するという構図も担っており、ここにもよじれがある。単純な性の解放・自由化〈対〉現状肯定派という関係ではなくなっているのである。人・モノの移動のボーダーレス化と国際分業体制は、ある局面ではジェンダーの脱・領域化をもたらすが、しかしまたそれとは逆の「ジェンダーの再領域化」にも向かう。資本主義のグローバリゼーションの下でのネオリベラリズム〈対〉守旧派の対立構図と、市場化原理を組み入れつつ浸透するジェンダーの再配置・再領域化を、土佐弘之は次のように描き出す。

……むしろ、グローバリゼーションの反動でエスノ・ナショナリズムが噴出しているように、政治的共同体の再領域化の動きも進んでいる。同じように、ジェンダー秩序においても解体化と併行してバックラッシュと呼ばれる再編・再強化の現象が生じている。システムの中心部における〈ジェンダー／セックス〉の解体も、ゲイ・マーケティングの例に見られるように差異の商品化という形で再回収されているし、またネオ・リベラリズム的なビジネスカルチャーにそった形でジェンダー秩序は再編されている。［土佐 2003］

こうしたジェンダーの再配置、女性やゲイの再配置が、近代のセクシュアリティをどのように書き換えようとしているのか。ジェンダー秩序の解体とそれに併行したバックラッシュによる再編・再強化――これに対抗する新たな倫理的主体の登場をどこに見出すことができるのか。さらに言えば、西欧世界の人権理念に対抗する新たな人権理念の非西欧世界からの登場を期待するとしたら、そこでも自由主義的自己決定論とパターナリズムに代わる当事者のエンパワーメントと自尊感情への、またアイデンティティと自己決定の倫理への視点が課題となってくるというべきであろう。どちらかの議論ではなく両方の議論が課題になっているのである。

さらにもう一点付け加えれば、グローバル化による人・モノの国際的移動の中でもっとも焦眉の課題となっているのは、難民化の問題である。競争と紛争と内戦が繰り広げられるこの世界において

「グローバル化とセキュリティの強化の二つのプロセス」［渋谷 2003］が絡み合って進行する。そして、国境の狭間で、また国家の周辺に、またその内部の最底辺部に難民が大量に生み出されている現実がある。排除されコントロールされる人びとの生活には、戦争、飢餓、虐殺、疫病、経済危機が直接的な脅威となっている。ヒューマニズムをまったく無力化してしまう、この難民化する世界は「生の安全保障」という言葉すら生むにいたっている。「飢えた子を前にして文学は可能か」と問うたサルトルの言葉にならって言うならば、この「難民化の現実」が倫理につきつけてくる問いに、倫理の言葉は何を語り答えうるのか。

第七日　フェミニニティ・母の領域へ

――倫理を下支えする感情――

† 六日間のレクチャーを終えて

性の世界に未聞の地殻変動が始まっているのだろうか。この予感から本稿を始めた。六日間のレクチャーを終えて、いま私たちはどこにいるのか、その位置を確認するために箇条書き的整理を試みよう。そこから倫理にどのような問いが差し戻されているのかを改めて考えてみたい。

①どこからその地殻変動は始まったのか

性の制度・規範の中で「他者化」された存在である「女性」や「障害者」、さらには「性的マイノリティ」の諸当事者主体の運動の場面からであった。

②どのように始まっているのか

社会から求められる生き方との葛藤の中で、「らしさの規範」へのズレや違和感を覚えながら。また、個々人の内面に溜め込まれた「生きがたさ」にいやおうなく気付くようにして。あるいはパターナリズムによって保護の対象とされ、身体やセクシュアリティについての自由や自己決定を奪われている自らの状況を確認することと「生きがたさ」の感情を確かめるようにして始まっている。

③それはどのような現象・現実を導いているのか

「らしさの規範」への違和が生むさまざまなアイデンティティ・クライシスを。またその集合的現象としての「主婦シンドローム」、摂食障害、アディクション行動、「うつ」など、さまざまのメンタルな危機。さらに言えば、タブー解体的な状況や、性における対関係の排他性の弛緩などを表わす、性をめぐるスキャンダラスな問題状況。あるいは、出生率一・二九の数字に表象される女性の身体意識や、「負け犬論争」にもどこかで通底していく問題を。

④どのような言葉や概念で、起こっている事が理解されつつあるのか

ウーマン・リブ以降、第二派フェミニズムの理論戦線やクィア理論において獲得された、家父長制、ジェンダー、異性愛中心体制、構築主義／本質主義などの諸概念によって。これらによって女性の状

況、性的マイノリティの状況が、読み解かれつつある。

⑤どのような物語がまだ居座り続けているのか

倫理的価値観をめぐる大きな物語は、まだ依然として「恋愛・セックス・生殖の三位一体観」に支えられている。生き続けているのは、性差と性役割をセックスの自然性に基礎付け、ダブルスタンダードを温存した性別二元制と、パターナリズム的言説である。

性において起こっていることは、まさに地殻変動という言葉をもってしか語れない深さをもつものであり、それは倫理にとっては人と人との関係性に働く文法の根本的な書き換えを促さずにはおかない事態である。「性をめぐるゼロからの議論の土俵作り」が必要とされている所以でもある。しかし他方で倫理の側ではまだこの地殻変動に対する状況認識が共有されているとは言いがたい。ポスト構造主義のジェンダー論をくぐったセックス／ジェンダーの認識論的転換があり、女性運動やゲイ・レズビアンの当事者運動が提起したアイデンティティ・ポリティクスと、それに対する「アイデンティティ・ポリティクス批判」を通ったクィア理論などからの、差異の記号論的認識に関わる議論が登場している。これが現在、倫理の前に広がっている風景である。いずれも、倫理の存在《ザイン》と当為《ゾルレン》をめぐる議論にとって、けっして等閑視しえない問題に違いない。

† セックス／ジェンダーの認識論的転換

「セックスがジェンダーに先行するのではなく、セックスはジェンダーによって意味づけられた差異である」。セックスの自然とジェンダーの文化構築性を転倒させてしまった、セックス／ジェンダーの認識論的転換を宣言する命題である〔スコット 1992〕。人間の性においては、ジェンダーの基礎にセックスがあるのではなく、ジェンダーがセックスに先行する。セックスのレベルでの自然的差異も、ジェンダーのレベルからの、つまり性の文化的・社会的意味づけの結果にほかならない。セックスが性の二元制の基礎になっているのではなく、逆にジェンダーの二元制が、セックスのレベルの性の持続的に転移する連続性に、恣意的な二分割線を持ち込んだのだとする認識である。

性差の生物学的基盤主義への素朴な確信に基づく、性や家族に関する伝統的倫理学の体系には、ジェンダー・セクシュアリティ研究の最先端での、性差をめぐるポスト構造主義の議論は、もっとも浸透しにくいものであるのかもしれない。しかしセックス／ジェンダーをめぐる認識論的転換は、存在と当為をめぐる伝統的倫理学の問題構成の基盤にゆさぶりをかけずにおかない提起を含んでいるはずである。

一方、クィア理論からは、差異と差別の記号論的産出に関わる、これも重要な問題提起がなされている。クィアとは「変態」を意味する蔑称であるが、この蔑称をあえて引き受け、「アイデンティティ・ポリティクス批判」に鋭く切り込む。そして、「ヘンタイ（クィア）」とは、自然の種差への名づけでもなく、何らかの対象を指すものですらなく、「規範に対して対立関係にあることに意味を持つ」ものにほかならないとする視点が、そこでは提起されている。ホモセクシュアルは自然に名づけられた呼称ではなく、異性愛が作り出す「想像上の他者」でしかない。したがって、同性愛とは実体ではなく投影でしかないものにすぎず、異性愛でないものを外部に押し出す「記号論的なゴミ捨て場」である。第四日目の講義で触れたハルプリンのこの言葉とともに、性差や種差に関わる自然的概念を、産出の場の系譜学的解明によって捉えようとする認識論的転換が、倫理に投げ返している課題は少なくないはずだ。

そもそも異性愛中心体制のセクシュアリティ空間において、非異性愛の側が発言の場をもつことそのものが困難である。クィアからのこのような問題提起は、彼らの存在とアイデンティティが賭けられた問いの中から出ている。そうした公共空間にカミングアウトすることの困難さの背景にあるものが、異性愛を標準化する規範の覇権的イデオロギーであるとすれば、これと対立関係にあることを通してしか非異性愛者の場もありえない。それは「寛容の倫理」ではなく「承認の政治」をめぐる不断の倫理的闘争の場であるはずだ。「規範に対して対立関係に立つこと」、この世界の秩序を秩序たらしめている標準や規準からの「意識的なずらし」の行為のもつ意味こそ、クィアが提起していることにほかならない。

「倫理と性」の主題にとって、このクィア理論やポスト構造主義ジェンダー論が推進してきた知的格闘を無視しては、もはや議論を進めることはできないであろう。視野に置くべき現実の問題群がある一方で、それをいかに論ずるかをめぐる理論レベルでは、少なくとも、フェミニズム理論の〝ポスト〟フェミニズムにいたるまでの次のような三つの水準を無視することはできない。一つは、第二派フェミニズムにおけるジェンダー概念の導入による性の構築主義的認識の成立、二つ目には、フーコーの言語論的転回とミクロ権力理論の切り拓いた領域、三つ目にはクィア理論を背景に、バトラーが構築主義をさらに言説構築主義として徹底し、ジェンダーとセックスの関係を逆転させた議論である。これらに関心が向けられないとすれば、知的怠慢のそしりは免れないであろう。

†「愛」という物語の中での、〈愛〉の不可能性

性をめぐる規範的言説は、倫理の大きな物語としてまだいたるところに根を張っている。女性のリプロダクティブ・ヘルス／ライツの主張とジェンダーフリー教育への反発、さらに障害児教育の場面での性教育へのバッシングを見れば、それは明らかであろう。女性や障害者の性的権利の前に立ちはだかる抵抗勢力の性愛観は、つまるところ性差をセックスに還元し、性愛を生殖のメタファーで語ろうとする本質主義の言説にほかならない。それは女性自身にも内面化された感情として語られる。女の欲望のあり方、男の欲望のあり方が、子どもへの欲望として、すなわち生殖を中心とする比喩によって性欲望が物語られ、通俗的には女性の側の「彼の子どもが欲しい」、男性の側の「オレの子が欲しい」といった非対称性の構図を取って語られたりもする。

竹村和子は、近代社会のセクシュアリティのもとで、私たちがどういう愛の物語の中にいるかについての、精神分析論にも踏み込んだ周到な分析を通して、「愛の不可能性」という事実を炙り出している［竹村 2002］。「愛」と言うときに、私たちがすでにあらかじめ思い描いてしまうものを明るみに出す。たとえば「愛し合う」とか「セックスする」という場合にも、それは一つの言語的実践にほかならず、私たちがあらかじめ投げ込まれている、法と言語によって編成されたこの世界における愛に

ついての物語は、例外なく近代のセクシュアリティ体制というイデオロギーなのである。そして、この性体制は、ミソジニーとホモフォビアを内在させたヘテロ・セクシズムからなっている。私たちの社会の集合的意識において、愛の物語を構成する言語と法を支える「正当さ」のイデオロギーがいかに執拗なものであるかについて、またそうした「正当さ」のイデオロギーの中にあるジェンダー規範のもとで男や女として行動してきたことが、結局のところ、女や男のように感じ行動しているにすぎないことについて、竹村は明らかにしているのである。したがって個別的な物語の中で経験される、大きな物語との「ずれ」は不可避である。個々の生きられたモラルと女の欲望との葛藤は、ヴィクトリア朝期の性規範へのヒステリーの病理としてであったり、さらに現代の若い女性たちの自立不全を映し出すシンデレラ・コンプレックスや、ファミリー規範のゆらぎの中での主婦シンドロームであったりといった形で、さまざまな「ずれ」を生んでいる。

もとより非異性愛の側にある性的マイノリティにおいてこそ、もっとも鋭く規範的性愛に対する、この「ずれ」は看取されているはずである。さらに女同士の愛は、「近代の正しいセクシュアリティから排除され、語りえぬものの世界に棄却され、他者化されるか、ロマンティックな友情物語に回収されるかである。性器的セクシュアリティへのエロスの切り詰めは、同性愛への「擬似的」性器的関係性の投影に帰結する」［竹村 2002］。

この「愛の不可能性」からの出口をどこに見出すか。「愛の不可能性」とは倫理を下支えする感情的な基盤が液状化していることをも意味すると思われる。この講義がセクシュアリティの地殻変動を聴き取る臨床的な試みから問題として取り出したかった倫理の危機的な側面とは、この倫理を下支えする感情の脆弱化であった。

† 何がお苦しいのですか——他者の切実なニーズと、そして自らのニーズと

「何がお苦しいのですか」。他者の語りに寄り添おうとすること、そこで聴き取られた他者のニーズに応えようとすること、こうした態度から拓かれるケア的関係は、人と人との共同性のもっとも倫理的な場面であろう。社会関係が複雑化し、人びとの価値観も多様化している現在、他者のニーズは実に個別的で多様で、わがままでもある。現代において多くの人は、人生のある局面で国家の福祉の給付を受けて生きることになるが、しかしその人たちは、「権利は満たされているのに、魂は恥辱にまみれている」。現代の福祉国家の機能に関わるもっともデリケートな問題に問いを差し向ける、マイケル・イグナティエフの言葉である［イグナティエフ 1999］。人間のニーズには、衣食住や暖かさなどの生存維持にとっての基礎的必要より以上のものがあり、それは何かが問われているのである。

それは端的に言えば、愛情と尊敬をもって遇されたいという欲求や、精神的慰撫や帰属感に対するニーズである。このようなニーズの実現は、どのような場でどのような関係の中でなしうるのか。「何がお苦しいのですか」、その問いかけは現代においては、その人の思いを満たすための「性の介助」という問題まで含むものとして、のっぴきならない形で私たちの前に差し出されている。ケアの場面での人間としての遇され方として、高齢者や障害をもつ人の「性的ニーズ」という、かつては語られなかった臨床的現実が、今さまざまな形で、当事者からの切実な要求として聴き取られ始めている。そのとき、倫理はこれらとどういう向き合い方ができるのか。あるいは、福祉国家はこれにどの

ような制度的な対応が可能なのだろうか、とあえて問うてもいいかもしれない。

他者への配慮の倫理は、同時に自己への配慮の倫理に差し向けられているはずである。私はどう苦しいのかと、周囲や規範とのズレや葛藤による自分の中にある苦しさに問いを向けるまなざしの深さにおいてしか、他者のニーズとは関われないといってよいかもしれない。自分の倫理や正義の物差しで、他者のニーズに価値善悪の判断をさしはさんでしまえば、他者の痛みや切実なニーズも切り落とされてしまう。他者の痛みを誰が表象できるのか。

『サバルタンは語ることができるか』［スピヴァク 1998］で、ガヤトリ・C・スピヴァクが鋭く提起したこの問題は、介護関係というミクロな関係性にもそのまま重なってくる。ケアという関係にある「する者／される者」の、する者の苦しさもまた、「何がお苦しいのですか」と問いかけられねばならないだろう。介護保険導入によって、制度的には、家族介護（介護労働の女性への排他的割り当て）を社会的介護に、という方向転換が曲がりなりにもなされたからといって、それではすまない問題についても、ほんとうは聴きとられねばならないはずであるからだ。介護の場面での公然の秘密である介護虐待や、さらに現代の子育ての場面での子ども虐待や育児放棄なども社会問題化しており、虐待の加害者の側の苦しさにもようやく目が向けられ始め、介護の社会化や子育ての社会的サポート体制の整備といった制度的対応はなされ始めている。もとよりそれは必要なことではあるのだが、しかし問題がそういう形で解決済みであるとされるのならば、ケアという関係の中にある、もっともセンシティブな、人のニーズの切実さに関わる倫理的問題は等閑視されてしまうであろう。

† フェミニニティ、母の領域へ——倫理の立ち上がる場へのまなざし

女性の身体・セクシュアリティを「生殖のメタファー」「母というメタファー」に封印してきた近代のセクシュアリティ体制、その家父長制・ジェンダー支配に対して、女性たちはこの「制度化された母性」に「ノー」を表明してきた。社会的自我の自己実現という内なるニーズと、規範としての「女らしさ」の内的矛盾を自己調整するためには、母のメタファーに託された「無私の自己犠牲・献身の美徳」なる倫理規範に拘束された身体・セクシュアリティのありようからは、とりあえず自由になる必要があったからだ。母性を虚偽イデオロギーとする構築主義による、母性の本質主義的認識の否定が理論的に後押ししたことも否めない。しかし、女性は本当に自由と自己実現を手にしえたのか。また、自己への配慮を倫理的実践として生きえているのだろうか。「何がお苦しいのですか」と、女性自身に改めて問うてみれば、女性主体はもっと深く苦しさと両義性に引き裂かれた自己矛盾に向き合わざるをえないのではないか。

そこにあるのは「女性性」と「母」に関わる問題である。これらの言葉を提示することに、私自身ためらいがないわけではない。しかしモイがボーヴォワールの言葉を引用しつつ、「状況としての女」の矛盾と葛藤に言及していることを再度引用したい。「この世界では、女（Female）の身体をもつ人間はそれだけで女性（A Woman）であると規定されるが、その上に規範性に伴わない女性性（Femininity）の実現を図る自由をもつことにおいて、女性は自由な主体への可能性を築きうる」［モイ 2003］。

女性の選択肢が増えた現在、制度化されている女性（A Woman）の規範性に従わない女性たちは

たくさん登場しているといえるかもしれない。しかし、彼女たちが自らの「女性性（Femininity）」の実現に至りえているのかといえば、けっしてそうではないはずだ。多様化したように見える女性の選択肢も、実際には、妥協的に「女性（A Woman）」の規範を受け入れるか、自らの女性性を否定してキャリアという社会的自己実現に向かうかのどちらかでしかないと思われるからだ。

その意味で現代を生きる女性も、ジェンダーを着せ掛けられ、「自己ではないもの」を生きている「両義性」から自由ではない。両義性を抱えこまざるをえない女性の身体・セクシュアリティへのまなざしが、倫理を問う上でとても重要に思える。なのに、この「現代の女の状況」が女性の内面に引き起こしている葛藤や自己矛盾に向き合うことは回避されているのではないか。

女性の身体・セクシュアリティの中での「母」のもつ意味について、母の世話労働のもつ意味について、ここにあえて提起し、そこに問いが向けられるべきであると主張したい。母性を否定的に捉えるあまり、そこにある課題に注目されずにいるために、女性性・母のあり方とそこにひそむ問題が見えてこない。そのため、女性たちの身体・セクシュアリティの自閉化を導いているのではないかと思われるからである。そうした状況においては、「間主体性」の倫理は育ちようもないのではないかとも考えるからである。

「制度化された母性から母の領域へ」という私の課題設定の拠って立つ問題意識は、およそ以上のようなものである。フェミニズムの構築主義的言説が棚上げしてきた感の否めないフェミニティと母の領域への問いを、女の身体の謎へ、母の身体という謎も含みつつ、「倫理への意志の立ち上がる場」へと編成したい、という願望を、私はこのフレーズに託している。

この「母の領域と倫理」の課題には、個体としての類の継承性、いのちの連続性への責任の感情が編み込まれている。しかもそれは一般的ないのちの連続としてではなく、家父長制的な家や血の継承性ではもちろんなく、のっぴきならぬ関係を背負ってそこにある存在として具体的な他者の、それも一方的にその関係を切断することの難しい関係性への配慮と、そのことに向かい合うところから立ち上がる倫理へのまなざしが含意されている。

「「性に憑かれた／疲れた近代」の終焉」〔足立ほか 2004〕の議論の場で、最後に私がもち出したこの母の問題に、竹村和子が、「それは生物学的な母か、それともN・チョドロウの言うような、一般化された母親業を担う者なのか」と念を押している。そうなのだけど、しかしそうとは言い切ってしまえない関係性の拘束とは何か、という問題はどうしても残ってしまう。足立眞理子は、それを時間軸の問題として捉えようとし、構築主義でぎりぎりまで説明していった涯に最後に残る《本質なるもの》というべき何かを見ていくことではないかと言っている。私もおそらくそういうことなのだと考えている。ただし、いのちの係留点としての女性の身体性を捨象しない、いのちの時間軸が関わってくる身体性を組み込んだテーマとしてである。

おそらく阿木津英の発言や〔阿木津 2004〕、三砂ちづるの「産む」ことと主体性・自由についての発言はそれとは無関係ではないはずである。三砂は、女性にとっての「産」の経験、その場面と時間を体験することが、女性が「主体」を確立する重要な契機になっていることに着目している〔三砂 2004b〕。母性主義イデオロギー批判で「産む」ことの意味を肯定的には位置づけてこなかった、これまでのフェミニズムとはまったく別の側面を彼女はそこにみようとしている。「胎児はウンコ、出産は排泄の快楽」という言葉で、女性にとっての出産の経験を母性や愛の言葉で美化する粉飾を削ぎ落として語ったのは詩人の伊藤比呂美であった［伊藤 1992］。そこには徹底して「生理」の言葉に切り詰めて産の経験を語ることによって、胎児を宿した母体の身体感覚をリアルに見すえたまなざしがあった。これらに着目することは、けっして母性の賛美や女性性の本質主義的規定に与することではない。展開筋道はあくまでも、近代リベラリズムの倫理とパターナリズムの倫理がせめぎあう隘路を越えて、倫理の新たな地平を拓くという問題意識からの、そのための新たな場のメタファーとしての「母の領域」という課題設定である。

Ⅱ　ジェンダー

第一章　身体・差異・共感をめぐるポリティクス
——理解の方法的エポケーと新たな倫理的主体——

1　性差に還元された差異

西ドイツの女性運動や女性研究においては、「差異」の概念は、長い間ほぼ完全に「性差」に還元されたため、「他者存在」をめぐる一般的な議論と結びつかなかった。このような貧弱な「差異」理解によって、「差異」概念のもつ解放的・社会批判的ポテンシャルがほとんど議論されず、このため、西ドイツにおいては、「差異」の概念をあまりに性急に用済みなものとみなす傾向が生じた。［マイホーファー 2001　訳文を改めた］

以上の引用文は、ドイツのフェミニスト、アンドレア・マイホーファーが、自らが難聴者でありかつバイセクシュアルで「有る」という位置、女性内部の「他者」の眼を通して換言すると、女性であるだけでなく身体障害者で、かつ性的マイノリティであるという、自己自身のこの重層的な「差異」の位置から、フェミニズムの「差異」概念に鋭く疑問を呈しているものである。

この場合、「バイセクシュアルで「有る」(Haven)」という表現に留意したい。一般に人の本質的属性としての「である」(Sein) ではなく、「有る」というのである。マイホーファーが障害者女性であるだけでなくバイセクシュアルで「有る」ということによる、異性愛中心体制の世界においてマイノリティであるというこの「他者性」の契機が、その批判的な視点の獲得に重要な意味をもっていることに留意すべきなのである。このマイホーファーの位置に立つことによって初めて、主流の女性研究のもつ偏向、その健常者中心、異性愛中心主義を脱中心化する批判的視座が析出されうるからである。

日本もこのドイツときわめて似た状況にあるのではないか。男女共同参画やジェンダーフリーのスローガン、さらに性別役割分業批判の議論が活発に飛び交う日本のフェミニズム・女性学の言説空間に私自身がかなり深くコミットしてきていながら、実は内心苛立ちを禁じえないできたので、そのような思いに強く響いたのが、マイホーファーのこの発言であったのだ。「個人的なことは政治的である」のテーゼとともに始まった第二波フェミニズムの「ジェンダー・ポリティクス」とは、はたして日本の前述のようなフェミニズムの言説空間に回収されてしまう程度のものなのか。一九七〇年代後半から活発化した女性学、その女性学からさらに近年はジェンダー研究へのなしくずし的な移行。そこにまたジュディス・バトラーのポスト構造主義を通ったジェンダー論がすっと上乗せされ、これもまたなしくずしに部分的には取り入れられ、あるいは身体を否定する危険な思想家として退けられていく。バトラーもまた、日本社会の外来思想受容の例外ではなく、ポストモダンの一意匠として、流行の思想として、消費されて終わりかねない。そうした状況に危機感すら禁じえなかったのである。

「差異を性的差異に還元する」思考からは「性差は解消すべき差異」という認識が導かれ、その結果、性的差異に還元しえない人種や民族、さらに性的指向性などの「差異」や「他者性」の問題は、議論の俎上にのせにくくなってしまう。性差を構築主義で捉える認識枠組みの中では、結局のところ、「性差とは何か」「差異とは何か」あるいは「身体とは何か」といった本質論的問いは、議論以前に本質主義という理由で退けられてしまう。日本の思想的シーンでは、後藤浩子がその著『〈フェミニン〉の哲学』〔後藤 2006〕においてまさにこの問題に踏み込む発言に及び、フェミニズムの発見したジェンダー概念のイデオロギー性を批判し、「(定冠詞をつけられ／名詞化された) フェミニン」の地平に踏み込む議論を展開してきている。その問題意識は、マイホーファーや筆者の企図と重なっている。

そうした意味では、本章は、後藤が現代哲学の側から「マイナー哲学としてのフェミニズム」のテーマのもとに考察している試みを、フェミニズムの側から差異、身体、他者、理解、共感といった概念からアプローチしようとするものであるというべきかもしれない。フェミニズムのジェンダー・ポリティクスあるいはアイデンティティ・ポリティクスが今、差異のポリティクス、身体のポリティクス、他者表象のポリティクス、共感のポリティクス、ポジショニングのポリティクスへと転換する、一つの重要な局面にあることを意識しつつ、フェミニズムから倫理的問題として差し出されている課題を確認しておくこと、それが本章の課題である。

2　社会構築主義とジェンダー・ポリティクス
——「身体」の棄却——

改めて言うまでもないであろうが、「ジェンダー」は、第二波フェミニズムを運動・理論両面から推進してきた重要な概念である。ジェンダー概念がフェミニズムの性差をめぐる議論と認識にもたらしたパラダイム転換ともいうべき功績は、まず何よりも、性・性差のセックス（Sex）という生物学的・身体的次元とは区別されるジェンダー（Gender）の言葉によって性・性差の社会的・文化的構築性の側面を顕わにし、「社会構築主義」の視点を引き入れたことにある。「性の社会的構築性」に加えてさらに性差が非対称性と階層性の関係をとっていることを明らかにしたことにある。これらの認識、すなわち性の「構築性」と「非対称性」さらに「階層性」の認識から、性差が構築されたものであるならば、差異を差別に構造化しているジェンダー秩序は廃絶しうるはずであるし、廃絶すべきものという政治的信念をフェミニズムにもたらしたということができるからだ。こうしてフェミニズムにおいて、性差をめぐる問題は、性差間差異のミニマイザー化、あるいは無化、すなわち「差異の廃絶」がジェンダー・ポリティクスの第一義的課題として立てられることとなった。

しかし他方で、ラディカル・フェミニズムが「個人的なことは政治的である」の命題をもってフェミニズムの課題として引き込んだものは、「女・私の自己解放」にとって、身体・セクシュアリティの問題が不可避のテーマとなっているということであったはずだ。ここで留意すべきは、社会構築主義の視点から問題になっている「性」がジェンダー概念における性であるとすれば、「女・私の自己解放」の場面における「性」は、生物学的性としての「セックス」つまり身体の次元の性を含む性であるということである。この後者の側面からの課題を担保する概念としては、第二波フェミニズムがジェンダー概念とともに発見した「家父長制」概念にむしろ求めるべきかもしれない。というのも、性抑圧の文化的、社会的、心理的、生物学的等の背景の読み解きに向けてフェミニズムの認識を拓くことが、この概念に託されていたのではないかと考えるからである。しかしこの家父長制概念は、始めからややブラックボックス化した概念であった印象も否めず、結果として第二波フェミニズムは「ジェンダー」概念の課題に焦点化した「ジェンダー・ポリティクス」を中心的に推進してきたというべきではないか[1]。

このようにみるならば、ジェンダー概念を獲得した第二波フェミニズムにおいて、身体・セクシュアリティのテーマはフェミニズム問題の主軸を構成するまでに至っていないということが了解されるであろう。少なくともメインストリームのフェミニズムにおいては、そのように言いうる。なぜなのか。「パーソナル・イズ・ポリティカル」の命題においては、身体・セクシュアリティのテーマ、とりわけ女性の身体の〈他者性〉に関するテーマがその主軸になってくるはずである。それを「ジェンダー・ポリティクス」と区別して「性・身体の政治」と名づけるなら、「ジェンダー・ポリティクス」の理論的・政治的中心課題はまさに「ジェンダー」であって「身体」ではなかったというべきなのである。「性の政治」によって担保されるはずであった課題はどこかで「ジェンダー・ポリティクス」のカテゴリーの政治に回収されている。女性の身体の他者性、「いま現にこの状況を生きている」身体の個別性、女性の実存的契機に関わる身体の問題であったはずの課題が、どこかで棚上げされることになった。つまり「ジェンダー・ポリティクス」が問題にしてきたのは、「ジェンダーとしての身体」「ジェンダー化された身体」ではあったかもしれないが、「セックスとしての身体」ではなかったのである。セックスの次元、身体の物質性の次元での差異、さらにその身体の経験のリアリティから「差異」や「他者存在」をめぐる議論を拓いていくことは棚上げされてきている。

　もちろん、中絶や不妊の問題、リプロダクティブ・ライツのテーマなどを通して、シングル・イッシューとして身体は一貫してテーマでありつづけている。しかし、フェミニズムにおけるジェンダーの政治的課題は、基本的には「ジェンダー」カテゴリー、「カテゴリー間差別」の問題に焦点化されてきたのである。それゆえに「平等」や「同一性」、「性差の無化」、「ジェンダーフリー」といった言葉が理論的にも政治的にも支配する言説空間が作られたというべきなのである。

　このことを明示化するために、「ジェンダー・ポリティクスが不在化させた性の政治」あるいは「ジェンダー・ポリティクスが不在化させたボディ・ポリティクス」というふうに問題を立てておきたい。そしてそのように問題を立ててみれば、マイホーファーがドイツにおける主流の女性運動と女性研究に向けた批判が、「ジェンダー・ポリティクス」に対してであること、またそのラディカルな批判的視点が、マイホーファーの実存的・身体的位置とその性指向の性的マイノリティとしての位置を通して出てきていることの意味も理解しうるであろう。第二波フェミニズムにおいては、身体・セクシュアリティのテーマはフェミニズムの認識の外部に棄却されてきたのである。

　しかし他方で、いま身体は、科学・技術の場面で徹底して「脱自然化・脱身体化」され、スキャンダラスに前景化され、その場面からは逆説的に「身体とは何か」の問いが突き出されてもいる。しかもそこには、先端生殖技術をめぐる福祉国家と優生思想の新たな局面が登場していることもみないわけにはいかない。さらに、今現在の私たちの社会には、これまでのフェミニズムやジェンダー論のセオリーでは捉えきれない問題が多々存在しており、それがフェミニズムのジレンマを作り出している。

　たとえばそれは、性的自己決定権を盾とする「セックスワーカーの権利要求」問題をめぐって、「性権利論」と「性道徳論」との対立構図として立ち現われている問題にもいえるであろう。さらにトランスセクシュアルを「性同一性障害者」と認定することで拓かれた性別適合手術への道について、その評価・選択は、トランスジェンダーをライフスタイルの自由を主とする立場（蔦森・三橋）と、トランスセクシュアルへの権利を「裸の素のままで」自らが望む性にみられることとする考え（虎井まさ衛）との間にある対立もある。あるいはポルノ表現規制に対するフェミニズム内からの「アンチ・アンチ・ポルノ派」の主張においては、ポルノの性表現をめぐる「ファンタジー・イマジナリーの自由」と「性差別表現の法的規制要求」との対立がある。さらに言えば、「援助交際」という名の少女売春の問題も挙げられよう。

　いずれも主流のフェミニズムのセクシュアリティや身体をめぐる言説基盤を掘り崩しかねない問題として私たちの前にある。これらの問題状況に対抗するとき、主流のフェミニズムが立てる主張は、ポルノ問題にしても、性の商品化問題にしても、どこかでモラルマジョリティの法的規制論や性道徳遵守の主張に与しかねない危うさとジレンマを抱え込んでいる。その意味でいま私たちの世界においては、「身体」、とりわけ「女性身体」が「倫理の闘争場」となっている。とりわけそれは、先端生殖技術のもとで女性の身体に起こっていることにおいて、もっともやっかいな形で倫理的問題を浮かび上がらせている［金井 1995a］。

3　科学に差し出された身体
――生殖の欲望と政治――

倫理が「およそ人として」あるいは「人間として」という規範意識や感情のあり方に関わる人間の共同性の問題領域であるとすれば、人間の身体性や家族のあり方が、医療テクノロジーや遺伝子技術の進展の場面でまさにドラスティックなといえるほどの変化を遂げている現実は、倫理の価値規範の内容に大きな影響を与えずにはおかないであろう。科学によって徹底して客体化・物質化され切り刻まれ、完全に科学の操作技術の対象となった身体のスキャンダラスな状況は、とりわけ女性身体においてその極みにある。

さてイギリスの生物学者にして科学ジャーナリストであるロビン・ベイカーがその著『セックス・イン・ザ・フューチャー』で描く近未来の生殖の状況は以下のようなものである。この場合「近未来」といってもそこで取り上げられる技術の多くは現在すでに登場しているものであり、ベイカーはそれが一般化している状況を想定しているのであるが。まず生殖とセックスの完全分離によるセックスの解放と「生殖の経済行為化」ともいうべき状況である。代理母や卵子売買、子ども税など「母性で稼ぐ」といった事態の登場がある。さらに核家族から単身家庭への家族形態の変化がある。卵管や精管を結紮《けっさつ》し、卵子や精子を冷凍保存するブロックバンクと呼ばれるシステムをその手段として、体外受精や胚の凍結保存による「更年期を越えた生殖」や「死後の生殖」の現実化も進んでいる。さらに人間の生殖手段の一つになったクローンの幅広い利用が可能にする「同性愛の子作り」、「同性間での生殖」もありうるだろう。さらにそれらから帰結する「近親生殖」や「複雑化するリネージ（親族体系）」や「遺伝子でつながった大家族」の存在がある。他方で、あらゆる生殖技術のメニューの中から好みの要素を集めて「パーフェクト・ベビー」を作る「デザイナー・ベビー」も夢ではない「生殖レストラン」の登場ともいうべき状況であり、それがもたらすのは「優生思想の日常化」というべき現実であるかもしれない［ベイカー 2000］。

これらはベイカーが実に「楽観的に」描き出す生殖の近未来像である。しかしそこに現出する世界は、優生思想の日常化といった面からばかりでなく、いずれの技術の水準からもたらされる事態をとってみても、それが倫理的問題に不関与であることは考えられない世界である。ただここで一つ興味深いのは、ベイカーの場合、その基本的な立場は前著『精子戦争』から一貫していて、男の性本能の生物学的決定論の立場をとっていることである［ベイカー 1997］。したがってベイカーが描く生殖の近未来像には人工子宮の普及した状況というのは想定されていないようだ。第三者の子宮を借りる「代理母」の利用はありえても、どこまでも子どもは女性の身体を通ってこの世に出てくるものという信念があるようで、この点が、ベイカーが描く世界では身体の自然性への信頼としてある種の倫理的歯止めとなっているようにも思える。まさにそこにベイカーの男性としての願望が色濃く反映されているというべきなのだが、しかしまたそれは皮肉にも、女性たちがひそかにもつ「科学への欲望」とは見事にすれ違っている。

もとより、これらの生殖技術は、不妊のカップルおよび女性にとっての福音であり、個人の生き方の選択肢の幅を広げることに繋がることは否定できない。さらに、全女性を生殖という身体的な与件から解放する条件ともなりうる。技術のもたらすこうした状況とフェミニズムが親和的な関係にある一面もまた否定できない。もともと女性の身体に対する技術の操作的介入は、出産の近代化が「出産の病院化」として推し進められたところからすでに始まっているように、女性の「産む性」という身体的与件が、社会参加の完全実現を阻む足枷であるという認識からすれば、女性のこの身体的な負荷をテクノロジーで軽減することを是認する「科学への欲望」は常に存在しうる。それはファイアストーンがかつて一九七〇年代に、試験管ベビーの誕生に女性の産む性からの全面的解放を託した発言以来のことで、フェミニズムの中には一貫してある考え方ではあるからだ［ファイアストーン 1972］。

しかし、出産のリスク管理としての病院出産や、不妊治療としてのそうした生殖補助技術への「ささやかな欲望」が行き着いた先にある光景は、あまりにもスキャンダラスである。すなわちいま女性の身体を舞台として起こっていることは、性交なしの生殖・出産を可能とする体外受精技術であり、受精卵の優生学的選別や遺伝子操作を可能とする技術の登場である。それは不妊のカップルの、子をもつことへのささやかな欲望をはるかに越えて、「パーフェクト・ベビーへの欲望」を掻き立てずにはおかないであろう。そこからの「生殖レストラン」の現実化への距離は、もはやほんの数歩というべきであろう。そしてその究極には、クローニングの法規制がまったくない状態での予想される狂気じみた可能性として、女性の単性生殖による男性の種としての完全なる淘汰ということもありえてしまうということである［アトランほか 2001］。

こういった現実をどう考えるべきなのか。こういった現実の先には、ミソジニー（女性嫌悪）とホモフォビア（男性同性愛嫌悪）を内面化した文化のもとで、「他者化」あるいは「不在化」されてきた「女性」や「同性愛者」という存在の側からの、その密やかな「共闘」が生み出す解放戦略に、家父長制支配・異性愛中心体制への「逆襲」として、「女の帝国への欲望」が滑り込まない保証はないと言うべきではないか。しかもまたそれは、ジェンダーの男女軸ではない、新たな階級軸の登場を予感させもする。

4　身体への新たな統制と優生的選択への欲望

「医療テクノロジーと遺伝子技術、新たに強化されつつある進化生物学、そしてメディアの根本的な変化とそれによって「ヴァーチャルな身体」が可能になった状況」［ゲアラッハ 2001］においては、女性の身体に対する社会的統制が家父長制的言説やジェンダー規範の形をとってだけ存在するとは考えにくい。いまや技術による身体の操作は、DNA遺伝子情報にまでミクロ化され、それがまた他方で技術に対する欲望を内面化した女性自身の主体的選択の形をとって行なわれることになるであろうからである。こうした状況においてはラディカル・フェミニズムが立てた「女《わたし》の身体は女《わたし》のもの、産む・産まないは女《わたし》が決める」という女性の身体に対する自己決定権もまったく空文化しているというべきであろう。出生前診断による選択的中絶が優生的選択への強制を招く状況においては、女性の自己決定権の前提にある「自己」なるものの根拠は、すでに科学によって掘り崩されており、「強制されたい自己決定」という深いジレンマを抱え込んでいるとみるべき事態なのである。

したがって今日のそうした技術のもとでは、国家が採る人びとの生の管理は、保健・健康・福祉政策ともっとも親和的な形で行なわれるのであるが、それとともに、ソフトな優生的問題が生起してくる。これがまた今日的な倫理的問題の一つの背景ともなっている。市野川容孝が指摘するように、「福祉国家という装置の内部で作動する優生学は過去のものでは」なく、「不妊手術は優生学の手段として時代遅れのものとなった」が、それに代わって優生学が当初から夢見ていた「人間の淘汰を出生前の時期に移行させることが可能となっている」といわねばならない［市野川 1999］。ここに女性と福祉国家をめぐるジレンマの新たな局面が存在することになる。出生前診断による選択的中絶を女性の自己決定権の範疇に入れるかどうか、胎児の状態を事前に知りうる技術の水準によって導かれた「いのちの質の選別」をめぐるポリティクスが、改めて女性と福祉国家との間の抜き差しならない重たい課題を突きつけているのである。

現に今、出生前診断が政治問題化している状況もある。政策的に推進されているリプロダクティブ・ライツ／ヘルス（性と生殖に関する権利・健康）に関して、日本社会でもようやくこれを根拠とする広義の女性の健康権と人工妊娠中絶の自己決定権の樹立を図る法律が追求されている中で、しかしその一方でこの法律が「障害者の発生予防」につながる「選択的人工妊娠中絶」の是認になりかねないとして、障害者解放運動側からの強い危惧が表明されているからだ。人工妊娠中絶をめぐる女性側と障害者運動側との間には、かねてよりの根深い対立が存在しているが、それがまた出生前診断の問題をめぐっていっそう厳しさを増しているのである。

ところで、この問題をめぐる女性の自己決定権のジレンマについて、今私たちが依拠しうる倫理的立脚点はどこに求めうるのだろうか。おそらくそれは現時点では、女性の自己決定権についての二段階論をとる「立岩テーゼ」ではないか。身体の所有と自己決定、他者の関係について立岩真也によって考え抜かれた立場である。すなわち、胎児を「他者」たらしめるかどうかの決定権は胎児を宿している女性に委ねるしかないという意味で、中絶の自己決定を含む女性の性と生殖の権利を認めていくという前提を立てつつも、しかし出生前診断については、生まれ出てくるであろうすでに「他者」となっている「胎児の質の決定に関与しない、選択をしない自己決定」、「出生前診断・選択的中絶をしない」という自己決定権を積極的に立てていく必要があるという主張である。女性の中絶権と性と生殖の自己決定権を法的に確立する、しかし「選択的な」それについては法的な規制をかけていく、というところまで踏み込むことを含めて規制を主張するものである(2)［立岩 1997］。

さしあたって私たちがとりうるのは、このような倫理的立脚点であるかもしれない。しかしこれでジレンマがすべて氷解するわけではない。というのも、一方でこのような論理に立ちつつも、なおまた他方では、「障害胎児の中絶は生きている障害者の否定ではない」という言説が、女性の自己決定権のジレンマの中からは立てられてきているからだ。これは出生前診断という明らかな生命の質の管理と障害者の生きる権利との間の調停を図るために立てられた一種のダブルスタンダード的な言説と言うべきものであろう。つまりこの立岩テーゼの論理をもってしても、福祉国家の優生思想と遺伝子工学に裏付けられた今日の技術の水準が女性一人ひとりの生きている場面での決断・選択に強いてくる優生的選択への圧力に対抗するには十分ではないのである。

ここには、福祉国家の優生思想と対峙しうる思想的原理の模索と言うべき、まさに倫理と科学とジェンダーのテーマが交錯する新たな思想的な課題が差し出されているといわなければならないのである。女性の身体を磁場として、近代社会の自由・平等概念とともに自己決定の概念の根底的な問い直しを図っていくという課題である。私の自己決定権と他者の権利が拮抗しせめぎあう一つひとつの場面での技術との対峙、権利と権利とをつなぐミドルレンジの権利概念を積み上げていくことが問われているのであり、この困難な作業を回避しては新たな優生思想との対峙もありえないとすべきなのである。生殖の欲望と政治、その優生的選択と自己決定権のジレンマは、今日的倫理問題の焦点課題として、生命倫理にフェミニズムから差し向けられた課題とすべきものである［金井 2001］。

5 ドイツのバトラー論争
——女性の身体を「脱構築」で切り刻むな！——

テクノロジーによって身体が徹底して切り刻まれ「脱・自然化」されているそうした状況に、フェミニズムのポスト構造主義の場面から、これまた過激な言説をもって登場したのが、ジュディス・バトラーであった。ポスト構造主義のジェンダー論の、その構築主義の極北において、セックスの自然的差異を言説実践の内側に回収してしまうという言説構築主義による一元論がバトラーによって提示されたあとのフェミニズムは、よくも悪くも、バトラーを無視しては語れない。その著『ジェンダー・トラブル』の衝撃がいかに大きかったかは、ドイツで以下に見るようなバトラー論争が起こったことや、またギブソン松井が、まさにバトラー理論をその議論の俎上にのせて「倫理の脱構築を通して新たな倫理的ヴィジョン」を展望するというたいへん野心的な展開をしていること［ギブソン松井 2002］、さらに後藤浩子も、イリガライ解釈への批判を含む文脈ではあるが、〈女性〉というカテゴリーの解体戦略に賭けたバトラーのフェミニズムへの貢献に言及していることからもうかがえるであろう。

ただここでの筆者の主たる関心はバトラー理論そのものに対してではなく、ドイツで起こったバトラー論争の方にある。「女性を「脱構築」で切り刻んではならない！」［ドゥーデン 2001］のタイトルからもその怒りのほどがうかがえるであろうバーバラ・ドゥーデンの論文が火付け役となって始まった「バトラー論争」、そこから帰結したドイツのフェミニズム内の議論の着地点が、本質主義対構築主義をめぐる一九八〇年代のフェミニズムが完全にアカデミズムの関心の外においてきた「身体」の問題、「身体の物質性」をめぐる議論を土俵にのせることになったということである［ゲアラッハ 2001］。

バトラー論争を通して、身体の差異が記号的差異に還元されるところまで徹底して身体の本質主義批判が突き詰められたことによって、逆に「身体」への関心を呼び込んでいるということ。ここで留意したいのは、バトラーとバトラー批判の急先鋒に立ったドゥーデンの二人の立っている位置、つまり身体・セクシュアリティの対極的な位置からの、それぞれの身体の直感に起因する身体に対する信念の違いである。レズビアンとしてカムアウトし、アメリカ社会のクィア理論の場面から「女性」という概念と「性の二項対置図式」の解体を図るバトラーに対して、十八世紀の女性たちの身体史研究から『女の皮膚の下』を書き、女性の身体の歴史的実体性に確信をもつドゥーデンは「女性の身体の自然決定性は変更できない」とする信念を強くもつ。「女性」概念も「性の二項図式」も、むしろそこを発言の根拠としている。両者とも、近代的身体が技術による操作的支配と言説的統制でますます囲い込まれている状況へのラディカルな批判的視点を提起している点では共通していると思えるのに、ドゥーデンからみれば、バトラーが構築する女は、結局のところ、「下半身のない女」であり、歴史を回避しているにすぎない、身体の実体性も女性の身体の歴史性も否定してしまうのは、脱構築で女性の生身の身体を切り刻む以外の何ものでもないのだという、罵倒的な批判になるのである。

この両者の間にある「身体」に対する信念の違いがこの場合思いのほか重要であるように思えるのである。ドゥーデンの頑迷なほどの「身体の自然」への関心と、同時にまたバトラーのレズビアンという身体の位置からの「セックスの脱自然化」にかけた信念という、互いの「身体性」の契機である。そこではジェンダー概念から導かれた「社会構築主義」の立脚点が、バトラーとドゥーデンの両方の側から批判的に問われていると思われるからだ。性の社会的構築性の議論が中心としてきたのは、〈女〉という性差を組み込んできた身体がどのように構築されたのかを論ずる議論であるというべきであろうが、ドゥーデンからは、この社会構築主義が結局は身体や肉体的差異の問題を生物的基盤論に押しやってしまい不問視してしまっていることが看破されている。他方、バトラー側からすれば、

「性は生まれか育ちか」をめぐって一貫して存在した議論において、社会構築主義の主張を受け入れれば、非異性愛の性的指向性の権利付けの根拠が危うくされかねない。自らの性的指向性が「再ジェンダー化」可能なものとして医療的な矯正の対象にされかねない。「セックスの脱自然化」という言説にバトラーを導いたのは、異性愛の性差の境界そのものを脱自然化するところまで構築主義を徹底化することなしにはその性的指向性を権利付けることはできないということにほかならない。それはある意味で戦略的本質主義批判としてみるべき「セックスの脱自然化」なのである。

いずれにせよ、今日、身体をめぐるもっとも先鋭的な倫理的挑戦を含む問題意識は、身体の自然性やセクシュアリティと欲望の場面で生起している。つまりそのような問題意識は、一方で、出生前診断を挟んで対峙する障害者の生きる権利と女性の自己決定権とがせめぎあう場面から出ている。また他方でそれは、異性愛中心体制のもとで不在化されその欲望をクローゼットに封じこめざるをえなかったゲイやレズビアンの身体・セクシュアリティをめぐる言説の中で育まれている。すなわちどちらも、自らの実存的身体の存在の存否に関わる権利づけが賭けられた場面からだということである。

科学技術とグローバリゼーションの要素が、近代のセクシュアリティの体制を塗り替えつつある中での、異性愛者、非異性愛者、障害者それぞれの身体の布置を通して、まさに「ポジショニングのポリティクス」がせり出してくる。それぞれの身体の欲望のあり方と経験の違いに起因する信念が激しくせめぎあい、互いの身体のリアリティを賭けて対質しあう主体の間で、互いにとって「他者」の契機が拓かれていくという意味で、バトラーとドゥーデンの二人の立っている身体的位置の差異を無視することができないというべきなのである。それは当然ながら、「他者理解」と「他者表象」の問題にも関わっていくはずである。

ひるがえって日本ではどうであろうか。日本の状況においては、ドイツのバトラー論争が導いたような「身体」の主題化は期待できるのだろうか。この点で言えば、産む性や母性といったテーマを問題提起すること自体が女性の身体の自然性への実体視につながりかねないとして、必ず「母性主義イデオロギーの〝罠〟」への警戒心とともに、それを主題化することを牽制してしまう傾向が、日本のフェミニズムの状況にはある。その傾向は依然として根強くあり、「差異」をめぐる議論のしにくい状況であることに変わりはない。

ただそうした中でも、バトラー理論を受容する一定の条件はできていると思われる。それは、フェミニズム内の他者の契機、フェミニズム内のさまざまなフェミニズム理論を担う多様な主体、主流のフェミニズムが他者化してきたマイノリティの側からの発言がようやく顕在化しつつあるという意味からである。つまり日本のフェミニズム・女性学の中にも、内側からの「他者」の批判の契機として、「在日」女性、「レズビアン」「障害女性」など、日本社会において「他者化」されマイノリティ化されてきた女性たちの声を通して、日本の主流のフェミニズムにも内在する「自民族中心」の傾向や、主婦層の女性問題に傾斜した「主婦フェミニズム」(3)と評される側面への自省的批判的意識が見え始めている。これは日本の主流のフェミニズム、ジェンダー論を異化する重要な契機とみるべきもので、今その場面から出されているマジョリティ/マイノリティの関係性における差別の問題や、他者への「共感」や「理解」あるいは「表象」をめぐる課題、そして倫理的責任といった問題のもっとも内面的でデリケートな課題が関わってくる場面が見落とされてはならないであろう。

たとえばそれはいま現実的には、「慰安婦」問題の場面で、当事者として同じできごとを体験していない者が、他者の苦痛に対して「共感」するとはどういうことであるのか、その「共感」がいかなる「共感」でありうるのかという問題としてもあるといえるだろう。マイノリティの問題に対するマジョリティの側の解釈図式に関わるところでも、「他者表象」「他者理解」に関わる問題が鋭く突き出されている。すなわちマイノリティの側の問題を「あなたの問題」「彼女たちの問題」として自分たちの側にある問題と並列して語ってしまうそのことのもつ政治性、それが実は「彼女たちの問題」としてその存在を他者化してきてしまったマジョリティの側の「他者表象」の問題であるといったことの問題性が気づかれている。そこから「同じ女として」という同一性の論理に立つ「共感」や「理解」のもつ他者への抑圧性の問題が、すなわちまさにその解釈図式が、そこにある差異を抹消して語る解釈の暴力性という問題が、マジョリティ側に突きつけられている。

障害者や性暴力の被害をうけた女性への関わり方においても同様の問題構図が存在する。

岡真理は、慰安婦問題の場面での「できごとの分有と「共感」のポリティクス」を論じて次のようにいう。

他者に対するわたしの「共感」を、「彼ら」の「共感」とはむしろ絶対的に共約不可能なものとして語ること。わたしの眼前に突きつけられた他者の苦痛に対する同一化による「共感」ではない、それとは異なった「共感」の言葉を捜すこと。元「慰安婦」の女性の「身体の深み」からわきあがる痛みの声に打たれながら、しかし、だからこそ、できごとの暴力性は、彼女たちのその苦痛とそれに対するわたしの「共感」は、彼女たちの「身体の深み」においてではなく、むしろわたし自身の徹底的な非力さにおいて語られなければならないのではないか。［岡 1997］

かつて一九七〇年代に、パターナリスティックな愛と正義の欺瞞を鋭く突いたのは、脳性マヒ障害者の「青い芝の会」グループの活動であり、そこから障害者解放運動の反差別運動の決定的な転換が導かれたように、フェミニズム内部から立ち上がりつつあるそうした「他者の声」も、まさに愛や正義の啓蒙的言説の欺瞞と抑圧性を鋭く突いてきているのである。セックスワーカーに対する「同情的な犠牲者視というまなざし」に対する当事者たちからの異議申し立てとしての「セックスワーカーの権利」要求に象徴されるように、他者の「理解」や「共感」のポリティクスがそこには浮かび上がっているというべきなのである。

6　「状況を生きる身体」、それぞれのリアリティへ

少なくともいま女性にとっての「産むこと」の身体の経験をめぐっても、それを女性の普遍的な経験として一義的には語れない現実がある。「産む女」と「産まない女」の関係だけではない。「産まない女」の内部には、不妊の「産めない女」を含み、さらに不妊の「産めない女」の内部にも、生殖補助技術を使って「産めた女性」と「技術に頼ってもなお産めない女」といった具合に、それぞれの身体は分断され、女性の産む身体をめぐる言説状況とテクノロジーの拓く現実とのまさに「状況を生き

る身体」としてある。そうしたことからもようやく、不妊の、女性の、語りに耳を傾けることを通して、不妊の女性が抱える問題の深さが、「日本社会という一つの具体的な状況に生きる身体」からの声としてようやく可視化されつつあるのである。(4)

一人ひとりの生身の女性は、言語、慣習、制度、技術の諸要素が交錯する空間の、さまざまなレベルで働く身体を統制する力の政治的状況を生きている。当然ながら、「産む身体」と規定されてきた女性の身体に対する女性自身の身体性のリアリティは、相当に変化・多様化している。しかもそれは並列的な関係にある多様性としてあるのではなく、言語、習慣、制度、技術をめぐって、あるいは産むことをめぐって（あるいは働くことをめぐっても）重層的に差異化・差別化されせめぎあう身体としての、生きられた経験がそこには存在するはずである。たとえばそれは、生殖技術への対し方の一つの態度として、ヘテロセクシュアルの健常者に対してならば言えるかもしれない「倫理的規制」が、レズビアン・カップルの生殖技術の利用や、障害女性の産む性へのアクセスにおける技術利用といったこととなると、一概に、技術へのアクセスを女性の身体の自立性や主体性の観点から否定的にいうことはできないということとしてもあると思われるからである。

さらに、自らのセクシュアリティをクローゼットの奥深く押し込んでこざるをえなかった「非異性愛者」にとって、この世界の異性愛中心体制とその身体統制の文化の下での自らの身体は「他者」以外の何ものでもないであろう。クローゼットの扉が押し開かれ、自らの身体の欲望と現実世界の規範との「違和」に深い目が向けられることによって、この世界のホモフォビアを内面化したホモソーシャル文化の抑圧性が鋭く抉りだされてくる。しかし非異性愛内部の抑圧の経験や欲望の差異もまた多様で重層的な関係をとって存在する。たとえばそれは、男性支配文化の中でゲイ男性が自らのホモセクシュアルとしてのアイデンティティを作ることの難しさとして、さらにミソジニーとホモフォビアを内面化した文化の中で「レズビアンである」身体・セクシュアリティを生きるその生きがたさとして、同じ平面で語りえない経験としてあるはずである。

それゆえに、伏見憲明が、「お互いにとっての「真実」を押し付けあうだけの応酬ではなく、異なる立場や感性をもった者どうしが、了解にたどり着けるような言葉をいかにして紡いでいくか」［伏見 2000］というような提案をすることに対しても、そうしたクィア的言説に対しても、内部の差異のポリティクスを相対化してしまいかねないことへの危惧が表明されてくるのも当然であろう。セックスの差異をパフォーマンスに還元するバトラー的言説の「軽さ」に自らの身体の経験とのずれを感じざるをえない先行の世代の「痛覚」に対して、しかしまた同時に、若い世代のレズビアンの身体感覚には、先行世代のそうした深いルサンチマンは希薄化していて、ゲイやクィアと経験や文化を共有することに抵抗を感じないという状況もあるようだ。

あるいは、ＤＶ（ドメスティック・バイオレンス）やレイプなど性暴力の被害を受けた女性の無力さがどのようなものなのか。その自己回復はどのようにして可能なのか。そしてまた被害を受けた女性に寄り添い理解するとはどういうことなのか。「サバイバー／サポーター」という関係の中からも「愛と正義の欺瞞」は鋭く突き出されている。さらに男性から女性にトランス・ジェンダーしてきた人の身体の経験の中から、たとえば、その「女性」が満員電車の中で痴漢にあう体験を通して初めて「女性」としての自分の身体感覚として「恐さ」を実感したということ、など。それぞれの「身体」

のとる位置において、抑圧の経験や欲望のありようは実に多様でありうる。「自らの身体の痛み、その闇の深さを通った者でなければ他者の痛みの深さにつながることはできない」。田中美津によって一九七〇年代のウーマン・リブ運動の中で紡がれたこの言葉の重みが再確認されるべきだろうか。「身体の政治」のもっともラディカルな問いかけはここにあるというべきか。

女性の身体の経験だけでなく、当然ながら、「男性の身体とセクシュアリティ」のリアリティも語られていく必要があるだろう。買売春やレイプ、DV問題において、常に告発の対象として加害の性の側におかれる男性のセクシュアリティも、男性自身の身体のリアリティを通して、その「射精する身体」の他者性を基点として、男性自身の身体のリアリティに即して、男性の身体に働く社会的統制と自らの身体のずれが問われるべきではないか。男性のセクシュアリティと身体感覚において、男性にとってポルノのもつ意味は何であるのか、といった問いや、「男性の妊娠感覚」といった課題が、男性の身体のリアリティからもっと語られなければならないであろう。レイプやDVについてもその加害者の側にある男性の身体のリアリティから、語られるべきことが語られないかぎり、性暴力の問題の本質や、買売春の問題の根っこにある事柄も掬い取れないのではないかという意味で、そう言うべきなのである。

7　身体へのまなざし
――理解の方法的エポケーとエクリチュール・フェミニン――

さて、冒頭で引用したドイツのフェミニズムの動きについて言えば、マイホーファーやゲアラッハたちの問題意識の根底にあるのは、ドイツのジェンダー・スタディーズをカルチュラル・スタディーズの中に据えなおそうということのようだ。そこからフェミニズムに差異概念の解放的・社会批判的ポテンシャルを取り戻そうということのようだ。

あらゆる視点における差異と多様化が、今日のカルチュラル・スタディーズ的なジェンダー・スタディーズのきわめて大きなテーマのひとつになっている。民族的、地理的、社会的、性的差異のテーマ化が、性差は構造化する差異のうちのひとつにすぎないという認識に繋がった。こうしたカテゴリー・スペクトルは、原理的には恣意的に拡張可能であるが、その際に決定的に重要なのは、その都度のカテゴリー相互のヒエラルキーに関わる問いであり、その答えは、状況ごとに異なったものになり得る。ジェンダー・スタディーズにおけるそうした差異化についての省察の決定的刺激は、いわゆるクィア・スタディーズからやってきた。〔ゲアラッハ 2001〕

日本ではどうであろう。「カルチュラル・スタディーズ的なジェンダー・スタディーズ」へというこの方向付けに同調することができるのか。それがグローバリゼーションのもとでの差異の平準化に対抗する問題意識からのものであるとしても、日本の状況ではおそらくそうした方向にはただちには与しがたいというべきであろう。ここ数年の間に、日本でもカルチュラル・スタディーズへの急速な関心が広まっており、「国民国家批判」や「植民地主義の批判／反省」、「マイノリティの政治学」を研究する理論として一般化している状況が顕著にみられるがゆえに、むしろそうした動きにフェミニズムが与してその問題群に還元されてしまうことに自制的であるべきかと思われる。そうでなければ、ようやく日本のフェミニズム・女性学の中に芽生えかけているいくつかの重要な課題を取り落とすことになりかねないと考えるからだ。

いま問われているのは、フェミニズムがリブから女性学へ、さらにジェンダー研究へときた流れを、そこからさらにまたカルチュラル・スタディーズ的なジェンダー・スタディーズへ方向付けることではなく、むしろ、女性学からジェンダー研究に移行してきたそこにおいてフェミニズムが踏みとどまり、そこから、すなわちリブから女性学において主題化されてきたこと、性の政治の原点について捉え返すことではないか。むしろ今ようやくジェンダー・ポリティクスにおいて棚上げされてきた「身体」のテーマが差し迫った形で出ていることをふまえるならば、まずそれらの課題と丁寧に向き合うことであろう。「身体」を問題化するそのまなざしにおいては、もっともミクロな場から、自らの身体を磁場とする問いの中からこそ、生命倫理や環境倫理のテーマ、さらに自己決定権の問題や共感のポリティクスにも深い課題が差し出されていくのではないかと考えている。

この点ではむしろドイツのマイホーファーたちが、フランスの差異派フェミニズムのエクリチュール・フェミニンにも強い関心を寄せていることの方に留意しておきたい。自らの身体の経験を「書く」ことによって、自らのうちに封印してきた「他者性」を引き出し、さらにまたその経験を語る語りと身体へのまなざし、表現の新しい文体実践を提案したのがエクリチュール・フェミニンである。「あなたの痛み」「あなたの経験」と「私の痛み」「私の経験」は違うのだから、所詮「分かりあおうとするのは無理」という互いの距離の確認に留まるのでもなく、しかしまた「同じ女として」という共通項を性急に立ててしまうのでもなく、互いの「隔たり」を確認することを含めた対話的コミュニケーションを成り立たせるために問われていることは何か。それぞれの身体の欲望のあり方と経験の違いを「同じ女として」という理解図式に回収していくのではなく、お互いの身体のリアリティの「ずれ」を双方から詰めていくようなエクリチュール実践、せめぎあう身体として、それぞれが自らの身体を「書く」ことが問われている。まさにそうした意味でのエクリチュール・フェミニンが課題になっている。

そしてもう一点、この他者理解の態度のあり方・作法として、花崎皋平が「理解の方法的エポケー」という言葉で提起していることに留意しておきたい［花崎 2002］。それぞれに共約不能な個別的な経験をもつ他者を前にした場合に、そこで私たちがなしうることは、他者を理解することはひとまず棚上げして、その存在と向き合うこと、他者との距離を縮めようとして一方的に自分の解釈図式で理解しようとするのではなく、まず他者の居場所を自分の中に作るという態度のとり方である。そこから、他者の言葉・語りに耳を傾けること、あるいは寄り添う。理解や共感的関係はそうした関わりの先にある。

しかし考えてみれば、実はこれこそが女性たちのリブ運動の原点にあったこと、リブのCR（コンシャスネス・レイジング）の場面から編まれた他者理解の方法であったはずである。小グループの中で、一人ひとりの女性が自分の経験を語る。他のメンバーはけっして口をさしはさまない。聞き手の解釈図式を押し付けない。沈黙も含めてその人の語りとしてうけとめる。そうして一つひとつの語りが重ね織りあわされていく中で、それぞれが、自らの問題を認識していく。同時に一つの状況を生きる女性としての共通する問題背景にも気づいていく。そうした自らの身体を通った言葉とエンパワーメントによってセルフエスティームと共感力を回復していく。

近年、「臨床哲学」や「臨床社会学」といった領域が提唱されてきているところでの問題意識、さらにナラティヴ・セラピーの手法の中にも、それらの原点がリブのCR実践にあったのだということに留意するならば、フェミニズムと倫理が交錯する場面からうけとめられるべき課題は少なくない。

そのような意味においても、現在シェルター・ムーブメントなどの場面で、自己回復のさまざまな物語が紡がれていることはたいへん貴重なことと言うべきであろう［平川 2002］。新たな倫理的主体、倫理的ヴィジョンの登場は、そうした臨床知の場面での、一人ひとりの自己回復を通してのセルフエスティームを抜きには考えられないことであるのだから。

（1） 第二波フェミニズムにおける家父長制概念の検討は割愛せざるをえなかった。金井［2003］を参照いただきたい。

（2） 二〇一二年夏、出生前診断については妊婦の血液から胎児のDNAを調べダウン症か確認できる新型の検査法が開発され国内の医療機関十施設でも取り組みが始められることが大きく報じられた。これまでの羊水検査や結成マーカー検査よりはるかに簡便で精度も高く、かつ検査が受けられる時期も十五－十七週というこのような新検査技術の導入は、人びとの「産む事」に対する意識にどのような変化をもたらすか。二〇一一年三・一一東日本大震災と東京電力福島原発事故によってもたらされた放射能災害の深刻な被害の只中にある日本社会で、放射能の危険を問うことが、障害＝不幸の神話のもとで障害や病気への恐怖をあおる形になっている現実を見るとき、こうした出生前検査技術と社会がどう向き合うかは、改めて大きな問題を差し出していることに留意しておきたい。

（3） 女性政策研究者の塩田咲子が、日本社会の「主婦優遇政策」批判の文脈で、日本のフェミニズムが女性の自立を阻む壁となってきた政策批判の視点を欠落させていることへの批判として、女性学講座の場面などで発言する際に使う用語である［塩田 2000］。

（4） たとえば、柘植［1999］、お茶の水女子大学生命倫理研究会編［1992］、家田［1999］など。

第二章　自然から浮遊するジェンダー

——性差の本質論的還元主義批判のアポリア——

1　フェミニズムの困惑・倫理学の困難

現在、私たちは社会的意識全般にわたる大きな転換局面にある。しかも、その変化の深さは家族の感情、産むこと、育むこと、生きること、あるいは老いや死の様式にまで及んで、人間としての存在様式の本質的なあり方にまで関わるところでの変化をもたらしていると予想される。とりわけ、人間の性的感情・意識・行動様式全体に及ぶ変化は、現行のジェンダー規範の存立基盤にゆらぎをもたらさずにはおかない深さで進行している。現下のそうした性をめぐる問題状況を概略的に示し、それが倫理学、フェミニズム双方に投げかけている課題の所在をみておきたい。

第一に、メディア・セックス化、情報セックス化の進展と、性のオナニズム化というべき状況。そこには関係性としてのエロス的性の衰退とナルシズム的心性の蔓延、あるいは身体感覚そのものの自閉化、さらには「人工身体化」ともいうべき現実がある。(1)

第二には、生殖テクノロジーの発展と「産」や「育」の様式の変化。身体に内属していた妊娠・出産過程が完全に外部化され、体外受精、代理母出産、試験管ベビーの誕生を可能にしている現実があり、そこからは、近代社会が自明視してきた家族規範や家族の感情、さらにまた女性が自らの身体に対して抱く身体感覚の変容が起こっていると推測される。(2)すなわち個々の女性自身の内的感情面での、産むことや育むことの意味づけや価値観が大きく変容していると同時に、女性の高学歴化による社会的場面での自己実現欲求を強める女性たちがその内面には身体性をめぐるジレンマに満ちた感情が生み出されている。この状況は、また以下のような問題にもつながることとなる。

つまり第三には、合計特殊出生率一・三九（二〇一一年度）という少子化の数字、非婚の母の数と離婚率の増加の現実と、その背景と、その背後にある女性たちの非婚・シングル化・晩婚・晩産・少産・少子化といった全体的問題状況である。(3)これらは婚姻制度や家族制度の基礎を危うくする現実であるが、しかしすでに部分的には、そうした現実を法が担保する動きとして、家族法改正に象徴的な結婚の規制緩和ともいうべき状況がある。しかしそれは、家族制度への危機管理からの対応という側面もぬぐいがたく、個を基準とする社会への家父長制の規制緩和はまだ課題として残されている。(4)

第四に、テレクラ、ブルセラ、ＡＶなど、性の商品化体制の全面化と性の自由化・開放状況の進行、さらにボーダレス化。とりわけ、十代の若年層の間でのブルセラ問題や援助交際にも発展した問題が映し出した性意識。(5)他方で、それらと重なる動きとして出ている「セックスワーカー」の問題。(6)つまり自由意志・自己決定売春を主張する「セックスワーカーの権利」要求の登場は、私たちの社会のマジョリティの売春に対する倫理的価値観や道徳的感情に大きくゆさぶりをかけるものである。いずれも、フェミニズムにとっての難問としてあり、倫理学にとっても不問視できない問題としてある。

第五は、女性の性やからだについての女性自身の意識高揚が押し出してきた新しい権利概念に関わっている。もとより妊娠人工中絶の自由化・自己決定権は、戦後の女性運動を画する第二波において中心的な要求軸をなしたものであるが、今日これは、女性の性と生殖全体に関わる健康権の考え方の中で、リプロダクティブ・ヘルス／ライツという新たな権利概念を導いている[7]。同時に、反セクハラ権や反ポルノ権といった権利意識と、女性への暴力を人権問題として捉えるなど、女性の身体への権利侵害に関わる人権論の新たな水準が問題になっている［金井 1994］。

第六は、ゲイやレズビアンの運動からの提起として、いわゆる性的マイノリティとして位置づけられる側からの性的自由。性的自己決定権の要求が、人間の性行動や性的アイデンティティの多様なありようへの認識を拓きつつある一方で、この世界のヘテロセクシュアル（異性愛）強制社会の問題の側面を浮かび上がらせてもいる。同時にまたそうした状況を商業主義的に回収し、既存のジェンダーからの逸脱的な動きを風俗化・ファッション化する問題の側面をもみていかねばならない。

ごく概括的に列挙しただけで、これだけの問題がある。これらはまた大きくは、性の商品化体制の全面化、性別役割関係の流動化、ジェンダー規範のゆらぎ、性意識や家族の感情さらに身体性の変容、といった問題に括りうる。要するに、社会全体に個人主義・自由主義が浸透し、自己決定権の名のもとに「人にとくに迷惑を及ぶことでなければ何をしても私の勝手」の原則が独り歩きしている状況といってよい。しかもこの状況が、ジェンダーからの解放と女性の性的自立や自己決定権を主張するフェミニズムの要求とも重なり合う一面をもち、さらにそれが商業主義ベースでのあらゆることを商品化してしまう現実の後押しを強力にうけた結果の、いわば「何でもあり」の世界だということである。社会的役割からセクシュアリティの世界までわたるあらゆることの〝脱領域化〟の進行であるといってよい。

もとより、さまざまな社会的しがらみや規制から個人を自由にすることは近代社会の価値であり、自由主義と個人主義の意味もそこにあるのだとしても、このような形で現出した「何でもあり」的状況を手放しで容認しうるとは考えられない。特に、セックスというお仕事も臓器の売買も、自己決定であれば構わないと言い切ってしまうわけにはいくまい。女性の軍隊参加要求から女性にも銃をもつ平等をという主張も自己決定権を根拠とするものであった。結局、問題は自己決定権の範囲、あるいはその権利根拠を何におくかというところに行き着かざるをえない。しかも商品化体制の全面化のもとでの、この自己決定権をめぐる問題は、それへの反論が、共同体主義による個人主義批判という議論の蒸し返しに終わるのでは意味がない。問題は、もはや個人主義対共同体の二項対置的図式で対応できないところにこそあるというべきで、個の倫理と種の倫理を調停しうるような新たな第三の倫理的軸を不可欠としている。

特にセックスワーク問題がフェミニズムに巻き起こした深い困惑は無視しえない。自由主義の自己決定原則と商品化体制のこの社会において、自由意志によるセックスワークがなぜ悪いのか。この疑問に、フェミニズムがこれまで立ててきた売春否定論で答えることは難しい。売春は基本的に悪であるという前提（性の商品化への倫理的批判）と、売春に自由意志売春などありえない、強制ないし半強制売春であるという前提（自由意志売春の否定）とでは、現在起こっている問題には対しえない。フェミニズムの〝困惑〟はここにある。現にフェミニズム内部にも、「性の商品化批判・批判」の論陣が登場し、あらゆるものが商品化されている中で性の商品化だけを罪悪視することへの疑問が呈されてもいる。それに対する反論としては「悪いものは悪い」「いけないことはいけないことだ」でいいのだというトートロジー的な応答という構図をフェミニズムは突き抜けているとはいいがたいからだ(8)。

このような性をめぐる問題状況にいかに対すべきなのか。何がそこでは新たな倫理的支柱として立てられるべきなのか。自己決定権といえども、たとえ自分のものでも自分の自由にならないものがある。世の中には商品化しても良いものといけないものがあり、性や臓器は絶対に商品化してはならないものなのだ。たとえ自分の身体に所属するものであっても、身体領土権の不可侵性とでも言うべき権利に照らして、自らの尊厳性へ自ら自身による権利侵害は悪であると。性や身体の商品化・モノ化批判をとりあえずこのように立てることはできる。しかし金銭の授受さえ存在しなければ、性や臓器の贈与はよしとされうるのか、等々、残された問題は多々ある。

これらは、目下のフェミニズムの〝困惑〟、はたまた倫理学の〝困難〟というべき問題ではないだろうか。自己決定や自由意志の名目で中高生の下着売りからセックスワーカー論まで登場する「何でもあり」のこの現実と、フェミニズムと倫理学がいかに向き合うかである。フェミニズムとしても、女性の要求を一部取り込んで進んできたといえなくもないこの状況を手放しで是認してしまうわけにはいかない。

2 「女は女に生まれない。女に作られる」
——ボーヴォワールのテーゼが投げかけたもの——

フェミニズムは、「近代」に対して次の二つの点から本質的な問題提起をしている。第一にそれは、女性を「遅れてきた近代人」の位置においた近代の制度的未成熟を批判したこと。つまり「man（男性）／woman（女性）」のジェンダー（Gender）概念を通して、近代的な性別編成が前提視するジェンダー的二項対置的主体像の自明性をも批判的に問題化したこと。すなわち、近代的啓蒙思想が前提化するジェンダー的二項対置構図の中に働く力関係、性的関係に働く権力問題を提起したのである。「性の新しい思想・価値」をつくることにおいて、フェミニズムが獲得したこのジェンダー概念と、「近代」に対してなした二つの問題提起を不問にすることはできない。特に後者のジェンダー概念の本質的な問題提起がフェミニズムにもたらしたことがらは、フェミニズム問題そのものを書き換え性差別へのフェミニズムの認識論的パラダイム・チェンジを導いたといいうるほど大きなものであった。

もとより、「ジェンダー」とは、社会・文化的性（もしくは性差）として、生物学的与件としてのセックスから区別される人間の性の次元をいうために立てられた概念である。「女性である」のか「男性である」のかといった、性別についての人びとの自己認知から、動作、態度、服装、言葉づかいなど、男女の違いとして私的な日常生活に直接みられる現象、「男は学歴・収入・身長、女は若さ・美しさ・素直さ」といった男女別の評価基準までも含む、私たちの生活の諸局面に構造化されている性別の事象を指して言うものである。つまりジェンダーとは、生殖器官の差に代表される生物学的性差としてのセックスから社会の合意による取り決めとして社会的性差を切り離すことによって、社会的性差を生物学的決定論から救い出し、その可変性を論じることを可能にしたということができる。つまりジェンダー概念によってはじめて、社会的に割り当てられた性差や性役割といった事象が、決して普遍的でも生来的なものでもないという認識に立てるのである。それゆえに、このジェンダー概念は、戦後の第二波フェミニズム以降の、特にウィメンズ・スタディーズの理論実践にとっての中核的概念となっているものである。

ひるがえって、フェミニズムやウィメンズ・スタディーズにおける今日のこのジェンダー概念のルーツを問うならば、それは戦後女性論の金字塔的位置にあるボーヴォワールの『第二の性』に遡りうる。「女は女に生まれない。女に作られる」というボーヴォワールが立てたこのテーゼこそフェミニズムにおける女性問題認識の決定的な転換点であり、女性の性役割はけっして運命でも本質的特性でもないことを明らかにし、生物学的決定論の運命から女性の性を救い出す道をつけたものである。男性中心的な価値序列のもとでの、男性に支配された世界での女性の内面がいかに形成されるか、女性の生活の内的・外的現実を肉体的・心理的・経済的・歴史的にわたるあらゆる側面から分析した『第二の性』は、その意味で今日のウィメンズ・スタディーズがなさんとしていること、すなわち既存の諸学問に貫かれる男性中心主義の偏り（ジェンダー・バイアス）に対する知識批判として諸科学の内在的批判とそれを横断する学際的視野から「女性であること」の〝再定義〟を図らんとする理論的実践をまさに先どりしていたのだと考えられる［村上 1967］。

ただ、女性の劣位性神話批判を性差の自然的還元への批判として展開するボーヴォワールのこのテーゼも、最初から、その理論的課題の深さ、ラディカルさがフェミニズムに気づかれていたわけではない。初めはむしろこのテーゼは、現実の性の文脈で、女性抑圧や社会的地位の低さについての女性の側からの異議申立ての批判的根拠として取り上げられていた。この書が書かれた一九四九年という時代的文脈からすれば当然であるが、このテーゼが発したメッセージは、最初は、母性主義の否定に立つ女権思想の徹底化に与する形で、女の男並み化平等、女性の地位向上、社会参加の要求根拠となったのである。それが逆に、リブ運動登場以後は、つまり女性の男並み化平等要求のフェミニズムにとってのアポリアに気づかれたところからは、ボーヴォワールのこのテーゼは、性別役割分業批判の有力な理論的武器として援用されることになる。すなわち、ジェンダー的規範が社会的・文化的構築物だとするならば、社会的に作られた性意識や役割意識またその上に立つ役割関係は当然ながら変更可能なものであるとする認識に行き着くことになるからである。その意味でボーヴォワールのテーゼは第二波フェミニズム以降の、性別役割分業批判を軸とする性差別批判の現実政治においても、影響力を与えてきたといえる［金井 1989］。

この点で確かにボーヴォワールの女性論とそこで立てられた「新しい女」への主体像においては、近代社会の「man（人間）＝man（男）」の虚構性と「woman（女性）／man（男性）」のジェンダー秩序の中にある「女性劣位化」の罠は、鋭く看取されている。しかしながら女性の自立化戦略においては、まだ啓蒙主義的認識論の根は断ち切られていないどころか、一面ではJ・S・ミルの女性論の議論ともまさに重なってしまうものである。つまり、女性の仕事は男性のみのはずの超越を達成することにあるとする主張に顕著なボーヴォワールの考え方は、世界との関係における男性の「超越」的主体に対する女性の「内在」の位置からの脱却が本来なら「新しい主体像」という方向に向かうべきであるのに、それが必ずどこかで男性の「超越的主体」への同一化として語られてしまい、社会的場面の女性の自立戦略という第一波フェミニズムの女性確立の主張の延長線上に描かれることになるからである。

ここにおいてボーヴォワールの限界というべき側面が露見する。職業自立によって男性中心世界への女性の参入を目的とする自立化戦略も、結婚拒否によって一夫一婦婚姻制からの解放と女性の主体性の確立を図ることも、これはひとえに「女性の劣位化」神話からの女性の脱却を目的とするものではあるが、「新しい女性主体」といいうるものではない。これは、ボーヴォワールの『第二の性』における「内在」と「超越」をめぐる議論に付着するある根本的な矛盾であること、ボーヴォワールが求める「新しい主体」と彼女が保持する「サルトル的な主体」の要素との矛盾であり、この矛盾がボーヴォワールの中で女性の二つの違った定義を作り出しているということが、今日のフェミニズムのポストモダン論的議論から、たとえばスーザン・J・ヘックマンによって明確に指摘されてもいる[ヘックマン 1995]。

ただボーヴォワール自身もこのジレンマに気づいていないわけではない。そのことは、『第二の性その後』においてアリス・シュバルツァーとの対談の中で、『第二の性』から三十年後の女性運動が、かつてのボーヴォワールのようにエリート女性化する道を否定していること、男性にとっての「アリバイ」となるような女性であることを拒否するところから出発して「新しい女」の主張を立てていることに、ボーヴォワール自身教えられる側面が少なくなかったことを表明し、結局のところフェミニズムは二重戦略に立つべきといっていることにはっきりとうかがえるところではある。(9)

ボーヴォワールのこの書が提起されてから半世紀以上がたった現在、フェミニズムの中では、男のアリバイにされないで女性がこの世界に女の居場所をつくること、しかも女性のからだが女性に新しい価値を与えるなどという馬鹿げた「対抗ペニス」像でそれをなすべきではないということの共通認識はかなり浸透しつつあるといってよいだろう。つまりいかなる意味でも女性の性についての本質論的な定義に足をとられることなくこの世界で女性が主体の位置を確立しうる道はいかにして作るか。構成される主体としての女性から構成する主体へ、女性性の再定義をいかにして図るか。性差の本質論的還元主義を越えて、女性を、男性を、あるいは性そのものをいかに定義するか。この問いこそフェミニズムのもっとも現在的な問いであり、出発点の問いが最終章で提起することとなる「フェミニンの哲学」「女《わたし》／母」の問題意識につながっていくものである。

3　モダンの原理

——「男と女を分ける」ジェンダー・ヒエラルキー——

ボーヴォワールのテーゼは、女性の性の社会的構築に関する側面と、この世界の女性の劣位化との二面を明らかにしたのであったが、特に後者の女性の劣位性への認識に関してのフェミニズムにおける決定的な転換点は、ウーマン・リブの登場にある。リブの中での「性の政治（ジェンダー・ポリティクス）」として気づかれた問題である。つまり「女と男を分ける」というこの近代の性別による領域化が、男性優位・女性劣位のジェンダー・ヒエラルキーの背景となっているというものである。フェミニズムの中では、ラディカル・フェミニズムによってこの問題はもっとも中心的な課題とされ、「男と女を分ける」そのことにすでに作動している権力関係、ジェンダー的線引きそのものに働く力の不均衡への理論的関心が向けられ、これがウィメンズ・スタディーズ（女性学）の登場を導いた。

　ここでモダンの平等原理をジェンダーの視点からみておけば、モダンには、男／女の平等・差異関係についての、次の三つの原理があることが確認できる。一つは、社会の公私二元領域化と「男と女を分ける」ジェンダー秩序が前提されていることであり、これは、男／女、文化／自然、主体／客体といった二項対置的差異の階層秩序と深く関わっているものである。ここではジェンダー軸に働く男性優位／女性劣位のヒエラルキーが認識されている。第二は、近代社会の自然権思想に由来する「男と女の平等」を原理におく考え方にある。等しく配分された理性に基づく近代的人権思想・啓蒙思想の成立を背景とするものである。そして第三は、第二の近代の平等論へのロマン主義的反動として至る所でみられる「男と女の特性を前提とする平等」論であり、性差の本質主義・生物学的決定論に基づく「男と女の差異の絶対化」を支持する立場である。

　一般的には、近代における平等をめぐる対立・論争は第二と第三の立場の間で展開されてきている。しかしこの第二と第三は性差の縮小化と極大化という正反対の路線に見えるが、両者は実は近代平等観の陽画《ポジ》と陰画《ネガ》の関係にある。性差をゼロないし極小とみる「男女平等」と、性差に上下はないがその差異は極大化しうるとする「男女の差異の絶対化」とは、対立しあうものではない。男女の特性神話を認めない平等論と、男女の特性を前提として「異質なれども平等」の主張に立つ機能平等論は、近代啓蒙主義的人間像のもとでのJ・S・ミルの平等論とJ＝J・ルソーの特性論の二つの立場に象徴される。戦前来のフェミニズム内における女権・母権論争に一貫して存在する対立でもある。しかしこの二つの男女平等思想の土俵では、第一の、男女の二項対置的差異の階層秩序は不問視されており、その結果、平等主義へのロマン主義的反動としての第三の性差極大論が、母性主義・自然回帰・共同体指向を呼び込み、きわめて日本的なエコロジー・フェミニズムが主張されることにもなる［金井 1998a］。

このように、近代啓蒙主義的平等論に内在する性差特性論とその本質主義的還元論の問題に気づかれるところで、フェミニズムが性差別認識の新たな視軸として立てたのが、第一の「男と女を分ける」ジェンダー性分割への批判的視点であった。一九七〇年代以降の新しいフェミニズムにとって「ジェンダーからの解放」こそが第一義的課題であると同時に、「男と女を分ける」ジェンダー性分割の無意味性・無根拠性を主張することが最大の政治的かつ思想的課題であった理由はまさにここにある。

4 フェミニズムにおける〝ジェンダー〟の発見

『第二の性』から半世紀以上を経た今日、フェミニズムにおいてもポストモダン・フェミニズムの誕生をみている現在地点から、とりわけウィメンズ・スタディーズの理論実践の中で、ボーヴォワールが立てた視点、人間の性の社会的・文化的に構成される側面、社会的な作り物として性を捉える社会構成説は理論的にどのような展開をみたのか。ジェンダーという概念を軸として既存の性的秩序を批判的に問う第二波フェミニズムは、性の問題にどのような自己認識を開拓したのか。以下、六点ほどにわたる側面からそれを確認してみたい。

一つには、ジェンダー間差異と個体間差異をめぐる問題についてである。まずジェンダー間差異は、それが考えられるほど大きなものではなく、逆にジェンダー内部の個体間差異のほうがジェンダー間差異よりも大きいということは、すでに今日、性差論のさまざまな研究レベルから明らかにされてきている。一般的には、性に捉われない自分らしさの価値の追求という主張で表現されるが、こうした主張は、性差や性役割を生物学的性差から根拠付け、それを自明視し絶対化することの根拠をゆるがすものである。現実の労働の場面の社会的条件をみても、ハイテク化が労働におけるジェンダー間差異を無意味化しつつあるように、男女の性差間差異をミニマム化する方向にあることを踏まえるならば、理論・現実双方から、脱・性別役割関係への新たな規範提起が問われている状況にあるといってよい。

二つ目には、女／男という人間の性自認、性的アイデンティティの心理発達過程について、フェミニズムが現在提示しうる重要な視点に関するものである。ジェンダー・アイデンティティは、生得的なものではないが、しかし生後三歳ぐらいまでの初期段階での文化的刷り込みによる性自認のソフトがいったんできてしまうと、そこからの後戻りや修正はきわめて困難であるらしいという所見である。

三歳というのは、母国語の言語ソフトが大脳に組み込まれる時期でもあるが、女である／男であるという性的自己認識、ジェンダー・アイデンティティもほぼこの頃までに決定され、それからの修正が難しいというものである。であるとすれば、個体発生的にみて、人の性自認は、子どもを取り巻く周囲の大人（医者や親）が子どもの外性器的特徴などからまず男／女の性の署名をし、それを強化するという過程を通して形成されるものと考えうる。

ここで留意すべきは、ジェンダー化の過程には、幼児期初期の刷り込み的文化過程に対応する心理的性自認のソフトの確立、さらにそれ以降の社会化の過程でのジェンダー強化を通しての、しぐさや服装、役割行動など社会的・文化的に組み込まれたジェンダー規範の受容、という二つの社会化の過程があると想定されることである。ジェンダー・アイデンティティ形成が単純に文化決定論で論じきれないやっかいさは、ジェンダー化の過程のこの二つの側面の、特に前者の刷り込み的学習側面によると考えることもできるのではないか。このような性自認形成の文化的決定と半生得的側面を立証するためにしばしば援用されるジョン・マネーたちは、その著『性の署名』で、半陰陽児の性アイデンティティ形成に関する多くの事例を研究・紹介し、性差の認識に関する重要な知見を提示している(10)［マネー／タッカー 1979］。

それによれば、出産時に外性器的所見からは男女性別の判定がしにくい半陰陽児の場合、最初に医者なりから受けた「男／女」という性の署名のどちらかによって養育されると、その後に外性器の発達から最初に署名された性とは別の性であることが判明しても、多くの場合その修正が難しく、むしろ社会的に署名された性に合わせて身体的条件を変えるほうが当人のジェンダー・アイデンティティの混乱は少ないという。

人間の性自認が、社会化のきわめて初期段階で形成され、いったん性自認のプログラムができるとその後の修正が困難であるというマネーたちが明らかにしたこの事実は、性的事象を考える上できわめて重要な問題提起であると同時に、それはまた今日、同性愛の権利根拠づけをめぐって出ている、同性愛性指向がはたして自然かジェンダーなのかの議論にも、重要な示唆を与えるものである。前言語期の反省的自己意識形成以前の時期になんらかの形でプログラム化された性自認のソフトとしてのジェンダーは、人為的修正の難しいジェンダーであるということ、すなわち社会的構築物でありながら半ば自然的拘束力をもつ面があるということを、マネーたちの研究は提起しているからだ。四章で改めて言及することとなるが、性の構築主義をめぐるマネー仮説については二十世紀末になって激しい批判にさらされることとなる。

三つ目には、「女性の劣位化」の普遍性神話について、「女は劣った性」とされることへのフェミニズムの読み解きに関わることである。この女性の劣位神話についても、フェミニズムはウィメンズ・スタディーズ（女性学）が蓄積してきた豊富な知見からはその反論のためのいくつか重要な仮説的前提を立てうる［アードナーほか 1987］。

まず、これまでの社会科学や自然科学における性差や性に関する研究は、研究主体においても、研究対象のモデル的指標においても、男性中心的偏り（ジェンダー・バイアス）の批判を免れえずその結果、「女性の経験」は不在化されざるをえなかった。たとえ女性の経験が考察の対象にされても、常に「男性イコール人間」を参照軸としてその位置が評価されてきた。当然ながら、社会的場面での男女の能力的達成度や、職業的活動などの布置における性差は現実に存在する。これまではまずその事実をもってして、つまり現実の性差が、心理的・道徳的な男女の間の本質論的性差の是認と特性論の主張と性差別を正当化する議論の根拠とされてきた。しかし今日これに対するフェミニズムの反論は次のようになる。そうした差異（女性の劣位化）はなんら本質的なものではなく、どこまでも文化や教育の結果によるものであるが、特にそこには社会的期待度など心理面に働くジェンダー的条件づけが重要な要因となる。

これは、黒人解放運動が「黒の劣位神話」を乗り越えてブラックとしてのアイデンティティを確立する上で重要な視点となったものである。白人中心社会における黒人の歴史的位置（教育・生活等の条件における機会の均等・平等からの排除）と、黒人に対する社会的期待度の低さと、黒人自身がまたそれを価値内面化する結果として、期待度までの達成しか図らなければ、現実の黒人の劣位性は統計的数値によって実証されることになる。こうして（さまざまな実験的科学的統計値を駆使して）黒人劣位の神話が作り上げられ、黒人自身がそれを信じてもきた。この神話崩壊からしか黒人の真の解放の道筋はないことを確認したとき、「ブラック・イズ・ビューティフル」のスローガンとともに黒人解放運動の新局面が始まる。ブラック・スタディーズ（黒人学）もまさにそこから登場する。「女性の性の劣位性神話」を越えて女性のアイデンティティを確立するために、ウィメンズ・スタディーズが登場してくるのもまさに、黒人解放運動のそのような展開とパラレルな関係にある。

したがって四つ目には、学問研究領域にウィメンズ・スタディーズやブラック・スタディーズという新たな「当事者研究」が登場していることが挙げられなければならない。もともとそのスタディーズの複数語尾が示すように、学問的な対象領域や方法論上の課題よりは、既存の学問知への女性あるいは黒人の研究主体からの批判的な実践であることに特徴づけられる。ウィメンズ・スタディーズが具体的に推進している理論成果の一端に触れれば、そこにはたとえば社会学において「女の経験」を主題化することの困難を徹底して問題にするドロシー・スミスがいる。スミスは「女性の経験の不在化」が「論壇の世界による生活世界の支配」という知の構図と無関係ではないこと、社会学的言説空間において取らされる女性の「客体化された主体」の位置がそれに関係していることを徹底的に読み解き、社会学などの知識生産の場が必然的におびてしまう傾向としてある学問や専門知識の「イデオロギー」的性格、「論壇の世界」の「男性中心主義」を析出してみせたのである［スミス 1987］。

もう一事例、倫理学の展開に少なからぬ影響を与えることとなった女性研究者の成果を挙げれば、それはキャロル・ギリガンであろう。彼女にあっては、コールバーグの「道徳判断の発達」に関する理論における女性の発達段階の位置付けへの疑問が出発点となっている。つまり、ギリガンの『もうひとつの声』は、心理学の発達研究の「男性中心主義」に対する批判であって、直接的にはコールバーグの説が依拠する「公正さに関わる道徳の概念」とは異なるもう一つの道徳を前提することなしには、女性の道徳判断の発達をみることはできないことを提言したものである［ギリガン 1986］。

もう一つの道徳発達の概念としてギリガンが立てる「責任と人間関係を中心とする道徳」や「責任と思いやりの道徳」は、もちろんこれが女性の道徳的な資質を本質的に男性とは異なる普遍的なものであることとして主張するためのものであるなら、結局は、男性／女性の道徳的心理的特性の本質論に与するものということになる。しかしギリガンの企てをより正しく解釈すれば必ずしもそうはならない。

ギリガンが女性の道徳を特徴づける文脈依存的な関係的なモデルとして取り出した道徳モデルは、近代の合理主義の道徳モデルのもとでは不在化されてきたものであるとしても、道徳哲学の長い歴史においては一定の系譜を作ってきたモデルである。それは性差に本質的な普遍性と言うよりは、このモデルが立ち上がる場が、近代の自由主義・合理性の世界に対する私的領域の女性の属していた空間であったというふうに理解すれば、問題は、近代の公私二元的な社会編成に関わることとして、本質論的還元には陥らない方向でギリガンの意図を掬い上げ、そこから道徳判断のもう一つのモデルを析出し、モダン的道徳原理への対抗原理としうると考えられる。生活世界の側にある産むことや育むこと、さらに病や老いや死に関わる世界、基本的に人間のケア行為に関わる私的領域に根ざす道徳感情や倫理的規範の価値内容について私たちに示唆を与えるものとみるべきものである。

5　性の三層「Sex・Gender・Sexuality」

次に五つ目として、フェミニズムがジェンダー概念を通して獲得した視点として挙げるべきは、人間の性行動の多様性の認識と、セクシュアリティ空間で生ずる性のダイナミズムについての次のような事実である。すなわち、フェミニズムが性を論ずるにあたって立てる「Sex・Gender・Sexuality」の三つの位相からすると、人間の性行動の多様性への認識と、セクシュアリティ空間で生ずる性のダイナミズムの以下のような事情が浮き彫りにされるというものである。第四章「性別二元制のあわいを生きること」で触れることになるので、ここでは三つの概念のマトリックスで描き出される性行動の多様性について見ておきたい。性を論ずる位相には、まず性自認の心理発達においてみた、生物学的与件としての性、前言語期までの性自認のソフト形成が関わる場面、その後の文化的・社会的規範の内面化過程にほぼ対応するものと考えうる。つまり「生物学的規定における性としてのセックス」と「社会的・文化的規定性における性としてのジェンダー」そして「もっとも個的・主体的な選択が関わってくる性指向性や性的アイデンティティとしてのセクシュアリティ」の三つの水準としてである［細谷 1994、伏見 1991］。

	生物学的性別（X軸）	性的自認（Y軸）	性的指向（Z軸）
1	男	男	男
2	男	男	女
3	男	女	男
4	男	女	女
5	女	女	女
6	女	女	男
7	女	男	女
8	女	男	男

（出所） 細谷実『性別秩序の世界』より

この三つの水準を通して性を問題化すれば、つまり性を「セックス・ジェンダー・セクシュアリティ」の三つの位相で見るとき、そのマトリックスからは、性を少なくとも八類型存在しうることになる。このことを明快に図解したのが右の表である。そこではマジョリティの「男／女」という性的アイデンティティとは別の性的アイデンティティをもつ人間の少なくとも他の六つのありようが浮かび上がる、いわゆるヘテロセクシュアルのカップル（2、6）、ホモセクシャルのカップル（1、5）、いわゆる女っぽいヘテロの男性（4）や、女っぽいゲイの男性（3）、男っぽいヘテロの女性（8）、男っぽいレズビアンの女性（7）、といった型にである。性を「セックス・ジェンダー・セクシュアリティ」の三つの水準で捉えるとき初めて、これらの不可視化されていた多様な性の存在が明るみに出されたのである。

つまりここに六つ目として、性的マイノリティの権利問題、性的マイノリティの性的自由・性的自己決定権に関わる問題が浮上する。ここで改めて、同性愛的な性指向性の権利づけを、生来的・自然であるとするか文化的に構築されたもの、つまり教育の結果とするかの、すでに触れた問題に立ち戻ると、フェミニズムと同性愛の側の主張との間には、ジェンダーの理解をめぐって真っ向から対立しかねない問題が存在することが分かる。

性を社会的に構成されたものとするフェミニズムのジェンダー論の立論からは、同性愛の権利根拠を生まれながらの生得的な自然とする見解には与しがたい。というのも、同性愛的な性的指向を生まれつきの自然だとすれば、彼らの同性愛者としての性的アイデンティティは、ヘテロセクシュアルからの逸脱というスティグマはついて回るにせよ、自然の犯した不条理として、修正不可能なものとして、その性的権利を主張する根拠を立てることは可能となるが、しかしこれは、フェミニズムがジェンダー概念によって、女性を雌としての生殖の運命から救い出そうとしてきた企てとは真っ向から対立してしまう。しかし他方で、同性愛のセクシュアリティをジェンダーで根拠づけることが同性愛の側にとって受け入れ難い理由は、性が社会的に構成されたものであれば社会的に修正可能として、同性愛的性向は、つまるところ間違った教育の結果だとする認識から、現実の力関係において性的マイノリティとして社会的矯正や医療的な治療の対象とされかねないし、実際、歴史的にそうであったからだ。

同性愛の位置づけにとどまらず、私たちの社会の性的アイデンティティをめぐる問題は、性を「男である／女である」という軸で立ててしまうことが、前記の表の3、4、7、8の性的主体の存在を隠蔽し抑圧してしまうこととしてある。この世界のジェンダー規範のもとでは、人はひとたび自分の性に求められたもの（ジェンダー）から離れようとした瞬間、誰しもが社会との軋轢を経験せざるをえない。先の性の類型での、いわゆる「女っぽいヘテロの男性」による自らの性へのアイデンティティ模索の洞察によれば、男で女装し異性愛であることが自らの性的アイデンティティにとって「自然」だと気づいてしまったものにとっては、この世界の男であること、女であることのどちらの性の規定も窮屈で不自由なものでしかない［蔦森 1993］。ヘテロセクシュアル（異性愛）中心社会のもとで、さらにはホモセクシュアル（同性愛）をもその倒錯としか位置付けないような性秩序のもとで、染色体は男性で性自認は女性、性的指向性は女性であるという性的主体が、この世界で性的アイデンティティを確認することがいかに困難であるか。この社会の異性愛中心主義は、モラルマジョリティの世界からはけっしてみえてこない形で、そこから逸脱する性を支配している。ようやくそうした私たちの世界の性的規範の構図が、マイノリティの側からの性的自由の主張によって少しずつあぶりだされつつある。先の性のマトリックスはこの性的多様性の可能性を浮き彫りにしたものであった。

しかしこの性のマトリックスとても、実は現実の性的アイデンティティの多様なありよう、自然数分だけありうる「n個の性」を覆い尽くせるものではない。だから類型化そのものには特に意味はない。類型化は、とりあえず自分をあるものと名付けることでこの世界に自分の位置を設定し、そこから自らが誰であるかを問い続けるための足場以上の意味はないということについて一つの鋭い発言がある。

掛札悠子は、自分にとって「「レズビアン」、である」という性的自認のあり方についても、それは常に括弧つきの「レズビアン」であって、とりあえず自分をあるものとして名付けることで自分の位置をレズビアンであるという一つの特殊性においてその主観的意味を考察しようというものである。それは私とは誰かと問い続けるためのさしあたっての足場でしかないのだという［掛札 1992］。この掛札の性自認へのまなざしこそ、いま「「人間」とは何か」と問う上での基本的なスタンスであり、ジェンダーからの解放を問うてきたフェミニズムの基本的な視点ではないか。女／男のジェンダー軸から性的アイデンティティを立ててきた私たちの社会の女であること／男であることの定義から自由に、人が自らのアイデンティティを問おうとするときの基本的な姿勢ではないか。つまり、こうした性的マイノリティからの問題提起や、さらに生殖テクノロジーの発展の中で、生殖と快楽の分離、性的アイデンティティの自己決定、人間の快楽と欲望の形式についての新たな可能性といったさまざまな問題が差し出されているのである。

以上、六点にわたって、ジェンダー概念を通してフェミニズム・女性学が性的事象の認識に導いた基本的な観点を確認したわけだが、その最終局面において、倫理にとっては、ザインとゾルレンの学としての倫理の存立根拠にも関わりかねない問題が差し出されていることに気づかざるをえない。つまりそれは、ジェンダーを文化的・社会的構成と捉えることによって、ジェンダー・アイデンティティが自然からかぎりなく浮遊してしまう可能性の中で、ゾルレンははたしてザインの世界からまったく無関係に定立しうるかという課題の前に私たちは立たされているのではないかということである。

6　ジェンダーと倫理

もとより、倫理の問題として性をめぐる問題がテーマとなるのは、それぞれの時代と社会における（あるいは時代や社会を越えて普遍的に）性文化の社会的な規範形成においてである。つまり倫理は、人間生活における習俗化された行動様式が意識に上ったもの、共同体的価値の社会的な規範形成にほかならない。それゆえに、倫理は、共同体規制として成員に対してもっともその拘束力が強く働く「タブー」という形式によって、あるいは「人倫」的共同体規範として、さらに諸個人の意識に内面化された「道徳」規範の形をとって、性の規範形成を一貫して図るところで、性文化の社会的な規範形成に大きな役割を果たしてきている。

しかし性の規範形成とはいうものの、実際の場面では倫理は、性規範形成において新たな価値提示をすることもないわけではないが、多くの場合は、現行規範からの逸脱行動に対する規制規範として作動し、モラルマジョリティによる自由への規制・抑圧という構図をとる傾向が強い。性的事象に対する倫理のそうした規制・抑圧的な側面は、倫理というものがそもそも、規範の制度的現実を理念的に価値づけることを本性とするからであると考えられる。性や家族の規範についてみても、人間の存在様式のレベルでの「つがい性」という性のあり方から規定される習俗的行動の規範化や、人間社会の性や家族の様式をいわば「自然と文化の褶曲点」における〝制度〟とする認識から離れることは難しい。

それゆえにもともと倫理は、家族や一夫一婦婚姻関係といった制度を自然につなぎとめるところに生起するといってもよい。そうした倫理的価値や感情からすれば、フェミニズムは近代社会に唯一残された倫理の聖域にまで人権や権利概念を持ち込みこの聖域の原理を脅かす思想ということになりかねない。そもそもフェミニズムがジェンダーを文化的・社会的構成物とする前提そのものが倫理にとっては受け入れがたいであろう。実際、フェミニズムの立てる性別役割批判や人工妊娠中絶の権利要求、さらに性の解放の主張など、いずれの要求水準においても既存秩序の倫理的規範を侵す「反倫理的」なものということで、両者の間の対立は根深い。

具体的には倫理とフェミニズムの対立は、一九七〇年以降、欧米を中心とする性の解放要求の中での「中絶自由化」をめぐる動き、さらに生殖テクノロジーによる体外受精などの動きの中で顕在化した。モラルマジョリティがカトリックを中心とする既成宗教勢力の自由化反対論に与して、女性運動側からの女性の身体や性に対する自己決定権と自由化を求める動きと鋭く政治的に対立してきている状況がある。同性愛に対してモラルマジョリティがとった制裁と迫害は改めて言及するまでもないことである。

しかしこのようなモラルマジョリティによる自由への規制・抑圧という構図からは、倫理学が現代の性の問題が差し出す諸課題に答えつつ、性の新たな社会的規範形成に寄与することは難しい。もし倫理学が性規範形成における新たな価値提示を指向しつつ性を語ろうとするのであれば、本章冒頭にみたように性をめぐる問題状況を不問視することはできないであろう。特に性の商品化・モノ化、さらに身体の商品化・モノ化に象徴される現実といかに対するか。倫理学にとってのこの難問を避けて通ることはできない。

だが問題はフェミニズムからの倫理学への課題提起には終わらない。フェミニズムが自らに向けるべき問いがそこにはある。フェミニズムが性をジェンダーとして文化的・社会的に構成されたものとして、それゆえに変更・修正可能なものとして立てたときに初めて、女性という性・身体を「産む性」として生殖上の機能特性で規定し、その性行動や性役割の規範化を図ってきたその「自然主義的還元主義」を越え出る道はつけられた。だが、そのジェンダーという性の前提から出発すると、人間の性は、自然からまったく浮遊しうることにもなってしまう。人間における性的規範形成が、生物種としての自然的性差とのつながりを一切捨象してしまえる可能性もあるということ。ジェンダー・アイデンティティが、そのように自然的性差としてのセックスから完全に浮遊しうるということをどうみるべきなのか。私はこれを「性差の本質論的還元主義批判のアポリア」と捉えておきたい。フェミニズムのジェンダー問題の新たな課題と、同時にそれが倫理のザイン・ゾルレン関係に差し出している課題の深さを予感しつつ本章を終えたい。

（1）ごく代表的な文献を挙げておけば、キイ［1989］、ドウォーキン［1991］、金塚［1986, 1987］など。

（2）フェミニズムの中では、女性の産む性としての身体的与件からの完全解放をテクノロジーの将来に託し、試験管ベビーを待望する発言は根強くある。その代表は、一九七〇年代のファイアストーンであるが、それから二十年余にしてテクノロジーはフェミニズムの夢を現実化しつつあるといえる。科学の力による「子宮の外部化」、産む性からの、生物学的与件からの女性の解放を可能にしているテクノロジーの現在をフェミニズムはどうみるか［ファイアストーン 1972］。

（3）単純計算によれば、合計特殊出生率が一・五を下回ると人口が減少するとみなされる。日本における合計特殊出生率は、一九九三年に初めて一・五を下回り一・四六となったが、その後変動を経て、二〇一一年度は一・三九となっている。

（4）一九九六年の民法改正試案に対する評価として、改正試案が、規制緩和へ道はつけられたが、まだ社会の基本的なシステムを個人を基本とする社会に組み替えていくような家父長制の規制緩和には程遠い。

（5）女子中学生の百人に一人がブルセラ・ショップに出入り経験ありという。「ブルセラ少女問題」とは、戦後家族の五五年体制といわれるニューファミリー幻想の産み出した申し子にほかならない。その土俵として、実は大人の側の倫理不在の状況、絶対的社会規範の崩壊がある。それを映し出す「鏡としての〝パンツ売り〟」。「売りは「悪いこと」」か、と挑発的に問うのは宮台真司〔1994〕である。

（6）デラコステ／アレキサンダー編『セックス・ワーク』〔1993〕は、フェミニズム内に少なからぬ波紋を投げかけ、本書のいう売春の自由と安全を求める「権利」論に対しては、自己決定売春といった優雅な売春は、少なくとも第三世界の女性の現実からはありえないことという旨の強い批判・疑問が表明されている。上野千鶴子「「セックスというお仕事」の困惑」に対する、高橋喜久江「「セックスお仕事論」への困惑」といったこの問題への見解の対立に象徴的にみられる〔上野 1994、高橋 1994〕。上野の論稿は『発情装置――エロスのシナリオ』〔1998〕に再録。

（7）リプロダクティブ・ヘルス／ライツは、女性運動の中では女性の人工妊娠中絶問題を理論的に煮詰める中から獲得されてきているが、ヘルス／ライツかライツ／ヘルスかで政治的課題は分かれる。日本社会での展開で着目すべきは、現代の地球規模での環境破壊の危機のもとでの新しい倫理・権利概念に導くために、この考えを個体間権利問題にとどめず世代間権利の射程で捉える綿貫礼子〔1994〕らの発言である。

（8）フェミニズム内部の論争については、江原由美子編『フェミニズムの主張』〔1992〕に登場する橋爪大三郎、瀬地山角など男性の研究者の側から、フェミニズムの売春悪論への批判的発言が登場。また同編『性の商品化』［1995］は、前著への応答編として編まれたもの。その中の永田えり子の発言など。

（9）ジェンダー概念に関わる近年の成果としては、スコット［1992］、コンネル［1993］、原ほか編［1994］、ピルチャー／ウィラハン［2009］など。

（10）また一九七〇年代の欧米の性差研究の成果を土台に、知能やパーソナリティの発達に即して性差の有無を探る研究は、東清和『性差の社会心理学』［1979］、東清和・小倉千加子『性差の発達心理学』［1982］参照。ポスト構造主義ジェンダー論を通った今日のジェンダー研究からは荻野美穂『ジェンダー化される身体』［2002］を挙げておきたい。

［付記］ 本論考は倫理学の場面への寄稿で、私にとっては初めてフェミニズムと倫理学の架橋を意識しての発言となった。とはいえ初出時一九九五年における同性愛やトランスジェンダーさらにインターセックスなどセクシュアルマイノリティ当事者の運動や研究動向に対する私の関心や知見はかなり限定的な不十分さを残すものであった。したがって性の構築性をめぐるマネー仮説に言及しているものの、マネー／タッカーたちの『性の書名』が提起した課題の射程とその評価について不見識を指摘されかねない発言となっている。しかし大きな修正をせずに収録した。この初発の問題意識から、本書の第四章、第五章において私自身の視点が、セクシュアルマイノリティ研究やクィア研究領域に拡張していくことを不可欠としたこと、むしろ彼らをフェミニズムにとっての「意味ある他者」と位置付けるところからの発言に移行していることが確認できるからである。

第三章　モダン／ポストモダンの知とフェミニズム・ジェンダー論

1　ポストモダンとフェミニズムの「曖昧な」関係

「近代の落とし子」であるフェミニズムは、近代社会の原理である民主主義や男女平等という人権にそのルーツをもつものである。しかしこのフェミニズムが拠って立つ近代・モダンが根底的に問われているという予感が人びとの間で抱かれて久しい。近代産業社会の行き詰まりや閉塞感、あるいは近代的民主主義のフィクション性についてフェミニズムの場面以外の思想の領域ではずいぶん前からポストモダニズムやポストモダンという言葉で語られてきている。しかしポストモダンとは単純にモダンの後の含意で捉えられるものではない。まだ定義的にその中身を提示できるものではなく、モダンを批判的に捉え返す為にある参照軸を求めて設定された要請概念であって、モダンを批判的に捉え返す思想的準拠点への問いそのものである。

『フーコーとクイア理論』の著者タムシン・スパーゴは、同著の日本語版に寄せた冒頭文「ポストモダンとは何か」で、以下のような金魚鉢のたとえをもってポストモダニズムを説明している。「ポストモダニズムとは、我々が現在の状況について抱く考え方のことである。こんな定義を聞かされても期待外れかもしれないが、まずはその意味を考えてみよう。金魚がガラスの金魚鉢の中を泳いでいるのを見るとすると、全員の目に映らない唯一のもの、それは全員を閉じ込めているガラスの鉢の透明性である。そこで、同じことが我々にもあてはまるのではないか」と〔スパーゴ 2004〕。

私たちは歴史の中のある状況に生きていることは承知している。私たちが近代を生きているのは承知しているのだけれども、私たちにある形を与えている歴史を見通すことはできない。近代のある枠組みの中に閉じ込められて私たちは生きている。その枠組み（パラダイム）は何なのか。ポストモダンとは、私たちのこの金魚鉢の名前で、それは私たちを閉じ込めている考え方につけられた名であり、ポストモダンというのは、今私たちがその中にいる近代という金魚鉢の、私たちを縛っているもの、私たちの思考に形を与えているものは何なのかということを考える一つの手がかりだと言うのである。この金魚鉢の中で私たちは何か漠然とした言い知れない不安を感じていたとしても、多くの場合、息苦しさが我が身に及んでこない限り、透明な枠の存在には気づかない。

誰によって気付かれているのか。それはほかならぬモダンの原理によって「他者化されてきた存在」、すなわち近代を覆っている透明な水槽の枠の内側で「透明人間として不在化されてきた者たち」によってである。私たちの内部にあって、その内部から縁——外側ではなく、水槽の壁——へ追いやられている人たちから発せられる声を通して、私たちを縛っているあるいは規定している透明な鉢の存在に気付かされることとなる。端的に言えば、それはセクシュアルマイノリティの人たち、ゲイやレズビアンの存在にほかならない。彼らの声によって、今私たちを閉じ込めている透明な鉢であるモダンの原理に対する根本的な疑問符がつきつけられることとなった。近代のセクシュアリティ制度が何をあらかじめの排除の対象としてなりたってきたのかという問いの中で、透明な鉢の「外への関心」が呼び起こされる。それは近代が不在化させてきた「身体」であり、彼らが私たちの前に「意味ある他者」として立ち現われている。

フェミニズムは、これまでその自明性を疑うこともなく「私たち・女性は……」と言い、その私たち・女性の共通する抑圧や差別の共通経験に立って、フェミニズムという思想を語ってきたのだが、しかし、女性内部にも、そのフェミニズムの言う「私たち」の枠から排除され、他者化された存在が、水槽の壁際から「自分たちはここに居るんだ」と「我々は」という言葉で語り始めている。その声にどう向き合えるのか、まさにそこにフェミニズムの今が問われているのだともいえる。ポストモダン・フェミニズムへの視角を一つこのように立てておきたい。

ここでポストモダン・フェミニズムが現在フェミニズム理論全体の中でどのように位置づけられているかについて、近年活発化している邦訳紹介を含むフェミニズム事典・辞典における取り上げられ方を瞥見しておこう。

まずリサ・タトル『フェミニズム事典』〔タトル 1991〕には、ポストモダン・フェミニズムの項目は挙がっていない。カルチュラル・フェミニズムの中に言葉としてポストモダン・フェミニズムをみることはできるものの、まだそれがフェミニズムにおいてラディカル・フェミニズムやマルクス主義フェミニズムと並び立つ項目として取り上げられてはいない。ポストモダン・フェミニズムなるもののフェミニズムにおける位置が未確定の領域であることをうかがわせるものであろう。もともとフェミニズムとポストモダン論とは相性がよくない。フェミニズムの中にポストモダン・フェミニズムが位置づけを得にくいのは、フェミニズムは近代主義の申し子そのものであることに起因する。すなわち近代が女性という存在を二流市民化したそのことに対する異議申立てから立ち上がったフェミニズムはまずもって「遅れた近代人」の位置からの解放のためには男性との同一性を要求しなければならず、近代的人権へのアクセスと平等化要求、すなわちモダンの原理を女性にも適用することを求めて「女も人間」を立てざるをえなかったのであり、ポストモダンへの言及はそのような要求を相対化することになりかねないとして警戒心をもって受けとめられてきたのである。

ローズマリー・トングの『フェミニズム思想』[Tong 1989] の方には「ポストモダン・フェミニズム」の章が立てられているのだが、とはいってもここでも「他のどのフェミニズム思想よりもポストモダン・フェミニズムのフェミニズムとの関係のとりかたが難しい」という弁明から始まって、結局、取り上げられているのは、現代フランス・フェミニズムを代表するエレーヌ・シクスー、リュス・イリガライ、ジュリア・クリステヴァなのである。つまり良くも悪くもアメリカのフェミニズムにおけるポストモダン論の水準となっているのは、こうしたフランス・フェミニズムの理論であって、アメリカのフェミニズムの中でポストモダン・フェミニズムといえば、ほぼこのフランス・フェミニズムと同義となっている。

他方、リンダ・ニコルソン編になる『フェミニズム／ポストモダニズム』〔Nicholson（ed.）1990〕でも、スラッシュでつながれたそのタイトルが示すように、フェミニズムのポストモダン的な水準は、フェミニズムと現代思想のさまざまな立場を「と」でつなぐことを通して図られている。そこではフェミニズムにとってのポストモダニズムの危うさにも十分自覚的でありつつ、主体やアイデンティティ、さらに差異をめぐる新たなフェミニスト理論を構築することが企図されている。

したがってポストモダン・フェミニズムといってもフェミニズムとポストモダンとの関係はいまだ「曖昧な」関係あるいはよくて「対話」的関係がようやく緒についたというべき段階にある。マルクス主義とフェミニズムの関係が「不幸な結婚」（ハイジ・ハートマン）といわれ〔ハートマン 1991〕、精神分析とフェミニズムのそれが「腐れ縁」（レイチェル・ボウルビー）と称されるような関係にも似ている〔加野 1997a〕。しかし本章では冒頭に引いたタムシン・スパーゴの金魚鉢の比喩が喚起する「モダンによって他者化されてきた存在」の卓抜な問題提起に触発され、私自身が近代への対抗視座を漠然と「ポストモダン」に求め、一九八〇年代からフェミニズムの場面で「ポストモダン・フェミニズム」に自らの立ち位置をおいてフェミニズムと近代との関係を問い続けてきたことの意味を再考してみたい。いまだポストモダンとフェミニズムは「曖昧な関係」のままなのか。かつて私がフェミニズムのポストモダン的水準に期待した課題は今、フェミニズムの場面での「ポスト構造主義的ジェンダー論」の水準を通って、さらにフェミニズムとクィア理論が出会うところまできて、ポストモダン・フェミニズムの理論的課題とそれを担う主体の登場もより明確に輪郭を見せ始めているのではないか。

少なくとも、ポストモダンの知とフェミニズム・ジェンダー論は、そのエピステモロジーの水準においては、近代知に対抗する視座をより明確な形で描き出しうるところにあるのではないか。

2　私のポストモダン・フェミニズムへの関心
――近代との対峙――

前節で言及したフェミニズム関連の辞典・事典は、いずれもアメリカのフェミニズム研究の場面からのものであるが、日本のフェミニズムの場面でもこれらと前後して『岩波女性学辞典』〔井上ほか編 2002〕に「ポストモダン・フェミニズム」の項目が扱いは大きくはないが入った。さらに『ワードマップ・フェミニズム』〔江原・金井編 1997〕の「ポストモダン・フェミニズム」は「リベラル・フェミニズム」や「ラディカル・フェミニズム」などと並んでの位置付けを得ている。前者にも、そして後者には江原由美子と共編著で関わった関係でこれら二つの「ポストモダン・フェミニズム」の項目の執筆は私が担当している。

私自身のフェミニズム研究の一貫した問題意識、刊行した最初のフェミニズムの著『転機に立つフェミニズム』〔金井 1985〕から続く『ポストモダン・フェミニズム――差異と女性』〔同 1989〕さらに『フェミニズム問題の転換』〔同 1992〕までの私のフェミニズム三部作が、フェミニズムの近代主義的地平への批判的意識に貫かれていることによるものであろう。

これら三部作における、フェミニズムのポストモダン的水準への私の関心がどこにあったかを確認する意味で、『ポストモダン・フェミニズム』の「はじめに」に寄せた一文を引いておきたい。

> 戦後諸改革を経て、その最終的な仕上げとしてポスト国連女性年・ポスト雇用機会均等法を通った現在こそ、近代の完成が新たに顕在化させつつある「女性問題」という観点から、フェミニズムが捉え返されるべき地点にある。フェミニズムはどこまできてどこに向かっているのか、フェミニズムの〝現在〟を確認することである。フェミニズムの中でも近年、ポストモダン・フェミニズムやポスト・フェミニズムというタームでフェミニズムと近代の関係を意識的に問う声が聞かれる。それはフェミニズムが「近代」を通った痕跡をどこで確認するか、フェミニズムの現在点をどのように認識するか、という問題意識から発している。ポストモダン・フェミニズムとは、「近代」を獲得することと「近代」を超えることの二つの課題が同時に問題化されるフェミニズムの地平である。（中略）
>
> いくつかの難問について、それを乗り越える方向性の中で、ポストモダン・フェミニズムの思想性が鋭く問われ、試されている。ここではフェミニズムは、どうしても同一性や平等の原理を超えて、差異の原理においてフェミニズムを再構成しなければならない。「近代」の落とし子であるフェミニズムは、フェミニズムを産みだした「近代」そのものを審問にふすべき時にきているのだ。［金井 1989: iii – iv］

ここでの「近代の審問」は、もちろんポスト・フェミニズムの言葉をもって「フェミニズムは終わった」ことを宣言しようとするような方向に与そうというものではない。ポスト・フェミニズムは、フェミニズムはもともと女性の地位向上・権利獲得をめざすもの、それが十分な制度的達成をみた現在、その歴史的使命は終わったのだというものである。これは、常識レベルからの女性の状況への楽観主義や、「女をこれ以上甘えさせるな」的なアンチ・フェミニズム感情からの反応としてよくあるものである。だがしかし、タニア・モデレスキーが「ポストフェミニズムの死とその分析」(1)［モデレスキー 1993］において詳細に論じ分析しているように、ポスト・フェミニズムの時代の到来を宣言するのは、結果的にはフェミニズムのゴールを妨げ、フェミニズム以前の世界に私たちを戻してしまうものであり、もっとも警戒すべき状況といわねばならない(2)。

したがって上記引用での私の主眼は、傍点を付した箇所の「ポストモダン・フェミニズムとは、「近代」を獲得することと「近代」を超えることの二つの課題が同時に問題化されるフェミニズムの地平である」ということにある。

そして私自身の中で行き着いたこの「近代」と対抗するポストモダン的主体像について言えば、この時点ではまだフランス・フェミニズム経由でアメリカのポストモダン・フェミニズムあるいはフェミニズムのポストモダン論が課題としていた「反エディプス的主体の産出」に向けた理論実践というところまでだった。当時の英仏圏でのポストモダン・フェミニズムの議論を辿る中からの私の着地点である。アメリカでのポストモダン・フェミニズムの議論は英仏圏の精神分析派フェミニズムの移入・紹介が中心であり、それを担うグループの一つはトリル・モイ、ジュディス・バトラーなどレズビアン・フェミニズムであった。それはフェミニズム内においては、ラディカル・フェミニズムあるいはカルチュラル・フェミニズムの中の分離主義にもルーツをもつもので、アイデンティティやセクシュアリティ、すなわち「女であること」の再定義への関心が深い。さらにいえばそれは、思想の領域ではデリダやフーコーへの強い関心があり、その人気からポストモダン・フェミニズムへの関心が醸成されたとも考えられる。

他方、英仏圏での精神分析派フェミニズムは、アメリカでの受容と事情を異にし、その中心的テーマは、ファロゴセントリズム批判にある。西欧形而上学二千年の歴史を貫く、父なる存在、エディプス、神、ロゴス、理性中心主義などの、この文化的コードそのものに女性抑圧の根深い背景をみる。この自らの文化の依って立つ精神的伝統の基盤とのあくなき知的格闘の中にまさにポストモダン・フェミニズムも定位している。

先に言及したローズマリー・トングのポストモダン・フェミニズムへの視角は、フランス・フェミニズム経由でアメリカのポストモダン・フェミニズムと英仏圏での精神分析派フェミニズムのこれら二つの文脈をふまえた上で、実存主義フェミニズムとディコンストラクション（脱構築）という二つの流れからポストモダン・フェミニズムに影響力をもつ思想を俯瞰するものである。ここからトングの関心がポストモダン・フェミニズムへの三つのパースペクティブとして、シクスー、イリガライ、クリステヴァを取り上げ、さらに彼女たちに対する批判的言説に言及することにも向かいこれらの中からポストモダン・フェミニズムの課題と方向性を導こうとすることになる。

そして私自身のポストモダン・フェミニズムも上述のような知的状況から取り込んだ関心からのものであったから、近代を獲得することと近代を越えることとの二つの課題を同時的に問題化するフェミニズムの地平というこの問題意識と「反エディプス的主体の産出」への関心はまだ直観的なつながりの中にあった。それからのかれこれ二十年余は、本書に収められることになった諸論稿の背景ともなっているフェミニズムと倫理学・哲学の両領域を架橋する問題意識からの発言が多い。フェミニズム・倫理学いずれの場面に対しても、近代的価値と対峙することが自らの発言の基本的なスタンスとなった。

　改めてそこから振り返るとき、私の「ポストモダン・フェミニズム」への関心――近代を獲得することと近代を越えることの二つの課題を同時的に問題化するフェミニズムの地平というこの問題意識と「反エディプス的主体の産出」への関心――が、七章での「フェミニン」や「女《わたし》／母」の一人称の概念の提唱につながっていることに気づかされることとなった。そしてそれはとりもなおさず、フェミニズムの文脈においては、ポストモダン・フェミニズムへの関心がフェミニズムの第三のステージあるいは「第三波フェミニズム」を展望するところにきているのではないかという予感を強めることとなったのである。

　この着地点と予感に導かれつつ、ここではなおフェミニズムにおけるポストモダン・フェミニズム的水準について、いくつかの観点から整理すべき課題があることを確認しておきたい。すなわち次節**3**では、フェミニズムとポストモダンの知について、スーザン・ヘックマン著『ジェンダーと知』において目指されるポストモダニズムの課題を通して、ポストモダンの知とフェミニズムの関係が「あいまいな関係」とされる所以について、いくつかの概念の整理と定義を試みたい。次の**4**においては、ポスト構造主義ジェンダー論のエピステモロジーを取り上げることにしたい。

さらに5では、ジェンダー概念の拡張的展開を加藤秀一の「ジェンダー問題系／欲望・セクシュアリティのかかわる問題系」の整理につなぎ、「6 触発する知としてのジェンダー概念の生成的・拡張的な展開」にポストモダン・フェミニズムの理論的射程を拓きたい。

そもそもモダンおよびポストモダンをどう定義するか。ポストモダニズムとポストモダンの言葉で含意するところの違い、さらにフェミニズムにとってのモダンとは何かについても改めて立ち返ってみたい。ポストモダンの「反基底還元主義」と、フェミニズムのポスト構造主義ジェンダー論の水準が理論的に交錯するところはどこかについて考えたい。

3 フェミニズムとポストモダンの知

もとよりポストモダニズムとは、ジャン＝フランソワ・リオタールがいみじくも定義したように、人間や社会についての「大きな物語の死」「正統性付与の大物語（Grand narrative of legitimation）」や歴史哲学の死を宣言するところから始まる［リオタール 1986］。だが、だとすれば、人間主体の解放といった「大きな物語」の危機を肯定するポストモダニズムと、もともと自由・平等・正義といった近代の諸原理に基礎をおいて女性解放の正当性を権利づけるフェミニズムの要求とは接点などもちうるはずもないというべきだろう。「両者の一見明白な齟齬は何を意味するのか」あるいは「フェミニズムはポストモダニズムから何を受け取ることができ、また何を受け取ってきたのか」。

加藤秀一は、フェミニズムとポストモダニズムを原則的に結びつけるものは、両者の理論的態度に関わる次元にあること、すなわち、批判の主体と対象との位置関係への問いかけにあるとみる。加藤は次のように言う。「鍵は言説および表象の内部における自己の位置をいかに再認するかの問題」にあり、「ポストモダニズムがそのような自省性の必然と重要性を教えてくれる限りにおいてフェミニズムはそれと共犯関係を結び、そして誤謬であるかもしれない変革への絶対的な意志において、そこから飛躍するのだ」と［加藤 1995: 195］。

すなわちポストモダニズムにおいては、自己・自我・主体・アイデンティティといった近代思想の基本概念の自明性が崩れ、クラス（階級）はもはやいうまでもなく、ジェンダーや人種といった一般カテゴリー（範疇）を用いる社会理論を排除し、個人はどこまでも言説実践の交錯する結び目にあることを前提とする。すべては関係の網の目、諸個人の主体は言説の交差する「交点」として捉えられる。したがってフェミニズムが性別役割規範や性差別を批判するとき、その批判が真理として語られてきたその自明性も根拠を失うことになる。なぜなら、批判する主体もまた社会関係に巻き込まれているのだとすれば、いかにして真理を語る場所と批判の正統性は確保されるのかという疑問が当然沸き上がるからだ。真理を語る場所や批判の正統性といった、そのような「無垢な場所」を留保するところで、はじめてポストモダニズムが意味をもって現われる。

つまりポストモダニズムにおける批判は、批判者が言説／表象システムの外部に立てるという素朴な希望を打ち砕く。批判対象の存在を（否認するのではなく）前提し、自らもそれに浸食されていることを意識しつつ、それとむしろ積極的に関わりながら攪乱する戦術、リンダ・ハッチオンがそれを「共犯的批判」という言葉で呼んでいるような［ハッチオン 1991］、意味をずらしていく戦略が問われることになる。

ポストモダン・フェミニズムの理論・戦略のもっとも重要な鍵は、まさにこの「共犯的批判」にあることに留意しておきたい。そこでは男／女、抑圧者／被抑圧者という単純な二項対立は通用しない。つまり被抑圧者としての「女性」という主体の共通基盤も単純には立てられない。女性もまた現実の言説秩序の荷担者であることこそ問われているといわねばならない。

したがってもはやそこでは、フェミニズムのアンチ・ポルノ論に典型的な、男一般を女に対置して批判・告発する形の運動理論も立てにくくなろう。[3] まさにこの点が、ポストモダン・フェミニズムがフェミニズムとしての基盤を脅かしかねないとして批判される所以でもあるのだが。そうした危惧を認めた上で、しかしなお、女性という主体もまた現実の言説／表象システムの外部には立てない、とする「共犯的批判」という視点は、フェミニズムのポストモダニズム的戦略にとって絶対に落とせない観点になるはずなのである。

だがここでもう一つ留意すべきは、これまで特に区別してこなかった「ポストモダン」と「ポストモダニズム」の言葉である。厳密には両者は同義ではない。というのもポストモダニズムと言う場合は、モダニズムに対する抵抗や反逆の総称であって中味は多様であり、モダニズムの何を批判・攻撃の対象とするかで議論・立場は千差万別であり、相反する傾向を含む場合もありうる。たとえば、ナチズムもまた近代に対する超克の試みとしてはポストモダニズムの一変種であろうし、今日の日本の状況では、ジャパノロジー・ブームなど、ナショナリズム的言説に投影される近代批判・近代の超克論はいずれもポストモダニズムといってよいからだ。つまりポストモダニズムには、モダン批判やモダンの超克論の装いをとったプレモダンへの回帰（それはときにはロマン主義的な反動の形をとることもある）が内在していることが少なくない。一九九〇年代後半から二十一世紀の初頭にかけて日本社会に起こった（現在も継続中の）男女共同参画の政策推進へのバックラッシュの動きやジェンダーフリー教育へのバッシングの動きにもそれは見て取れよう。

これに対してポストモダンとは、モダンなるものが議論の対象になるとき、それが背負っている歴史的な負荷性を自覚するときに成り立つ一つの区分であるということ、この観点が重要になってくる。近代という時代は、ルネッサンスという言葉に象徴されるように、暗黒の中世を飛び越えて古代の最盛期と自ら立っている現在点・地点を比較し確認するものとして、つまり古典古代からの参照軸から現在を再生させることによる、中世の否定であった。人間中心・歴史の進歩・啓蒙主義・理性主義などの価値は、すべてこの準拠点からの進歩・発展を確認することにあり、ここにモダンの根拠がある。

スーザン・ヘックマンによれば、モダンがそのような明確な準拠点をもっていることに対して、逆にポストモダンとは、このような意味での準拠点を立てることへの「ポスト」なのである。このような準拠点をもつことへの留保、すなわち古代古典への参照軸からついに解放された状態を措定する言葉がポストモダンであり、その意味で原点が存在しない世界である。人間の関係性の網の目から自由でその外部に位置し人間関係を拘束しているような存在、神のような超越者や、認識論上の始源としての本質論的な措定を前提としないということである。まさに「神は死んだ」というニーチェの言葉に象徴されるごとく、ポストモダンとは、いかなる意味でもそのような超越者や外部の存在を承認しないということ、それは「原点」へのきっぱりとした拒否を基礎におく――「反基底還元主義」に立つ――ことにおいて、モダンから決定的に区別されるものである。ポストモダンの認識論上の始原として確認すべき、これもまた重要な観点を構成するものである［ヘックマン 1995］。

ヘックマンの仕事は、フランス・フェミニズム経由ではなく、デリダやフーコーと直接渡り合い、さらにガダマー、ニーチェなど、近代啓蒙思想家から現代思想家までの実に浩瀚な文献サーベイを通して、いかなる意味でも女性性の定義において本質主義を忍び込ませないフェミニスト認識論（エピステモロジー）を構築することに、ポストモダン・フェミニズムの最大の可能性を見出そうとするものである［ヘックマン 1995］。

近代的啓蒙知と人間科学にこそ、性差の本質主義をうちに隠し持ちつつ女性を劣位に貶める言説の根拠がある。「理性の人（男）」という人間モデルこそ、合理性、主体、文化を代表するモデルであり、「女性」という存在はこの近代の人間モデルからあらかじめ排除されてきた。有機的自然観から機械的自然観へ、前近代的自然観から近代的自然観へのこの転換の中にある「自然／文化」の二項対置パラダイムに基づく自然観こそ、自然を支配するだけでなく、女性を支配することをも正当化した。したがって自然／文化の二項対置の罠に陥らずにフェミニスト認識論を構築する上で、啓蒙主義二元論の解体を企てるポストモダン論との連携が不可欠となる。ヘックマンはこの点からのフェミニズムとポストモダンの対話の有効性を説く(4)。

ヘックマンがその著『ジェンダーと知』において目指しているのは、ポストモダニズムが、今日のフェミニズムのもつ本質主義的傾向を修正する手掛かりとなりうるという関心にとどまるものではない。現代思想のポスト構造主義フェミニストやポストモダン・フェミニストの理論的焦点を「近代知の二項対置パラダイム批判」と明確に定め、デリダら脱構築主義者たちの取り組む近代知の地盤そのものの組み替えという作業を、フェミニスト認識論の構築という課題の中に引きこむ壮大な構想をもつものである。まだその作業はサーベイの域にあるとはいえ、もともとクリステヴァらの中心的テーマが、西欧形而上学の歴史を貫くファロゴセントリズム批判にあることからすれば、ヘックマンの問題意識はもっともよくそれを引き継ぐものといえよう。

以上のことからうかがわれるのは、フランス現代思想のポスト構造主義およびその影響下にあるクリステヴァたちフランス・フェミニズムがアメリカのフェミニズムに流れ込むところで、フェミニズムのポストモダン論の関心は大きくは三つの方向を取っているということである。一方にヘックマンに典型的なフェミニスト・エピステモロジーの構築という関心があり、他方にレズビアン・フェミニズムへの影響がある。そのレズビアン・フェミニズムへの影響にも二つの流れがあって、一方にポスト構造主義、特にフーコーの言説分析の影響から、「女であること」のアイデンティティや主体概念を解体し、アイデンティティの多様性や主体概念の再構築に向けた取り組みがあり、他方に、クリステヴァやフランス・フェミニズムの影響のもとにアイデンティティやセクシュアリティへの関心から「母であること」も含む「女であること」の再定義を図ろうとする理論実践がある。

このように、フェミニズムのポストモダン論の関心は、ポストモダン・フェミニズムとして括りうるほどには理論的な整合性をもちえているわけではなく、特に「女」というカテゴリーをめぐっては、相矛盾する主張を内包しているともとれる。にもかかわらずフェミニズムの中に今「ポストモダン・

フェミニズム」という立場が要請されているとすれば、現在、フェミニズムのポストモダン論の以下のような課題を指摘しておくべきであろう［マーティン・金井 1993］。

まず問題とすべきは、フェミニズムのポストモダン論においては、私たち・女を縛るのは実体のない幻想にすぎないと帰結してしまうことである。もともとポスト構造主義やポストモダン理論による批判は、常に「女」という概念の対象をより広げようということではなく、「女」というカテゴリーそのものを疑問視するものであるが、実際には女というカテゴリーを使った闘争もせざるをえないし、アイデンティティや安定性、主体性、内面性、心理などをもっと複雑なものとして理解する必要があるのではないか。つまり女という統一性の虚構や地球的規模での家父長制の存在という主張も、フェミニズムが語り解放する上での拠点を提起してくれたのであり、安易に「女」というカテゴリーを超えて問いを立てるわけにはいかないということである。この点においてはフェミニズムのポストモダン運動論が、モダンの運動論を飛び越してしまうのもおかしい。リベラル・フェミニズムの重要性はもっと注目されるべきであろう。

そもそもアイデンティティの多様性についても、単一のアイデンティティを多種多様なアイデンティティへと言い換えるだけでは得るところはあまりないのであって、アイデンティティを変わるもの・変えうるもの、常に流動的なものと捉える可能性を提供する考え方こそ、ポスト構造主義の言説と主体性批判の要をなすものなのである。

たとえばジュディス・バトラーのいう多様なアイデンティティとその多様性の政治的連帯の場合でも、アイデンティティ（同一性）とユニティ（統一性）を固定化されたものと考えているのでは、既存のアイデンティティ論や政治論の批判になるどころか、既存の前提を再生産してしまうだけである。すでに固定化され知り尽くされた差異が集まって連帯するのではなく、相互の交流そのものの中から「未定未知の差異」が生じてくるような集まりを考えねばならない。連帯とは何か新しいものが生じる可能性をもつ交流の場でなければならないはずだ。(5)

フェミニズムは、「女性抑圧の普遍性」仮説をあまりにも自明視し、実証的な歴史研究を蓄積してこなかったきらいがある。その結果、セクシュアリティの構築主義的な考え方は同性愛を表面性・可変性・反自然性において捉えている、という誤解を生みだしてもいる。もっと身体・精神・言説・社会の間の相互関係、複雑さの精緻な分析がなされる必要がある。ホモセクシュアルについて、中絶について、近代のセクシュアリティ体制を徹底的に歴史の内側において考察し成果を積み上げる必要がある。セクシュアリティの規制と管理、および他の権力様式との関係は時と場合により実に多様であることや、女性の抑圧という問題一つとっても、具体的な歴史状況を考察しなければ真の理解は不可能であるからだ。

ヘックマンの著書の結びの言葉を引いておこう。

フェミニストは女性性についての新しい言説を作ろうとしてきた。(中略)この仕事においてポストモダニズムの視点は障害ではなく助けとなるものである。ポストモダニズムとフェミニズムはともに近代的エピステーメの根本に挑戦する対抗言説なのである。この基本的な共通性はこれらの二つの運動の同盟が双方の目的を推進するものであることを示している。[ヘックマン 1995]

4　ポスト構造主義ジェンダー論の位置から

ポストモダニズムとフェミニズムはともに近代的エピステーメの根本に挑戦する対抗言説であろうとすることにおいて二つの運動の連合が可能だとするのがヘックマンの主張であった。この言葉に促されてフェミニズムとポストモダンとのあいまいな関係を運動の連合へと向けかえる上で一つ留意すべきなのは、フェミニズムの側にはジュディス・バトラーやジョン・スコットらによって推進されてきた「ポスト構造主義ジェンダー論」が大きく前景化していることであろう。「ジェンダー論の射程」を考える上で理論的・概念史的に重要になってくることは、ポスト構造主義ジェンダー論を通ったフェミニズムとそれ以前のフェミニズムとの間に線引きをし、そこにあるジェンダー概念をめぐる「認識論的切断」の意味を問うということである。すなわちジェンダー概念の現在的な射程と水準を明らかにするアプローチとして、ポスト構造主義ジェンダー論の「前・後」に区切りを入れることが一つの有効な方法となりうるということである。

フェミニズムがセックスの自然に対して文化的社会的に構築される性のレベルにジェンダー概念を導入して以来、セックスとジェンダーの関係をどう考えるかはフェミニズムの争点の一つとなってきた。しかしバトラーたちの提唱するポスト構造主義ジェンダー論においては、このセックス／ジェンダーの二分法そのものの解体が目される。セックスという自然の二分法の上にジェンダーの差異が乗っているのではなく、つまりセックスがジェンダーの二元性の原因としてあるのではなく、むしろその逆で、ジェンダーの差異がセックスの次元の差異を規定しているとする考え方である。要するに、「セックスもジェンダー」という議論であって、これはポスト構造主義ジェンダー論でのセックス／ジェンダーの認識論的転倒とされる。もしこの議論を前提にするならば、当然ながらフェミニズムは、セックスとジェンダーの関係について立ててきたこれまでの議論に対しても根本的に問い返されざるをえないということにもなる。

日本のフェミニズムの場面では、上述のセックス／ジェンダーの認識論的転倒が意味するところについてはコンセンサスができている状況にあるとはいいがたい。正確には、アカデミズムの場面の先鋭的な問題意識の中には、すでにそれを織り込み済みの理論構築が進んでいるが、ジェンダー・バックラッシュを生む一般社会や行政の男女共同制作などの場面でのジェンダー概念のコンセンサスにまで反映されてはいない。ポスト構造主義ジェンダー論の前後で何が起こったのか。フェミニズムにどのような課題が差し出されているのか。その点に関心軸をおいて改めてジェンダー概念の展開の整理を試みておきたい。

まず改めて「ジェンダー」が、一九七〇年代以降のフェミニズム（第二波フェミニズム）の中で、「家父長制」とともにフェミニズムに引き入れられた（発見された）原点の意味を確認することから始めたい。

周知のように第二波フェミニズムの理論化において、ジェンダーはきわめて理論多産的な推進を担保し、フェミニズムと複数形語尾で語られるほどフェミニズムに多様な潮流を生み出した。性抑圧を近代家族や婚姻制度の内側から捉え返す視座を提起した家父長制のほうは、理論的精緻化の面でややブラックボックス化した概念にとどまっていることに比して、ジェンダー概念は、きわめて多産的な概念として理論化を今なお推進中、更新中の概念である。

このように現在もなお更新中のジェンダー概念の多義的な使われ方についてはジェンダー概念に対するバックラッシュの動きを経ておおむね次の四つの含意の水準から定義するという一定のコンセンサスができている［日本女性学会ジェンダー研究会編 2006、若桑ほか 2006］。

①たんなる性別としてのジェンダー、男女の言い換え
②社会的・文化的に形成された性別・性差
③ステレオタイプ化された女らしさ・男らしさの規範、非対称的な性
④男女の支配／被支配、権力関係

の含意である。

こうした整理に即してみれば、二〇〇三－二〇〇六年にかけてのジェンダーフリー教育バッシングや男女共同参画社会基本法制定後の自治体における「条例」づくりにおいて起こったバックラッシュの動きが、ジェンダー概念のどのようなレベルで捉えているかがみえてこよう。すなわち、「ジェンダー」を、バックラッシュ側のジェンダーへの反発は、もっぱら①の定義においてジェンダーを解し、それも意図的歪曲に基づき、フェミニズム側が性別・性差を否定するという受け止め方からの反発をしているということが、である。バックラッシュの動きに押されて後退した姿勢をみせる政府見解も、「男女共同参画社会基本法」では①から④までの水準を含んだ定義、つまりフェミニズムのジェンダーの政治を取り込んだ定義であったものが、バックラッシュ派の動きを受けた後の「基本計画」に至

っては、ジェンダーの政治の視点を脱色化し、①②のレベルで、それも②の文化的の言葉を外した「社会的に形成された性差」にまで狭められた、もっぱら記述概念にとどめたジェンダーの定義になっていることもみえてくる。

この整理に即して改めてフェミニズムの中でジェンダー概念が「発見」されたことの意味を確認すれば、まず②の含意での、自然的性別のセックスの次元に対して人間の性別の、文化的・社会的に構築された次元を固有に考察対象とする上で不可欠の概念として、ジェンダーがセックスに対して取り入れられたのであるが、その場合も②以降の含意、定義を離れてはありえなかった。ジェンダーの「社会的構築性」という認識が拓いた、社会環境によって作られた性差、社会的な規範としての性役割という了解から、このジェンダー関係に組み込まれた「性の非対称性」と「性の階層性」の認識に踏み込んだジェンダー概念の獲得がある。性別の社会的構築性からは、社会的に作られたものの変更可能性への希望とともに、③④に関わるところでのフェミニズムの「ジェンダー・ポリティクス」を表現したものであるはずである。このことにおいて、「性別に関わる差別と権力関係」というジェンダーの定義こそ、フェミニズムのジェンダーの定義の核に置かれるべきものであろうということも明らかになるはずである。

いずれにしても、上記のジェンダー概念の含意の四つの水準は、第二波フェミニズムの文脈から多様な展開をみせたジェンダー概念の整理として、今後のジェンダー概念の錯綜する議論の整理において大いに活用できるものであろう。

しかしながら、この整理ではポスト構造主義におけるジェンダー概念の、セックス／ジェンダーの認識論的転倒の議論までが包摂されているとは言いがたい。フェミニズムのエピステモロジーの先端的知見においては、そこにはもう一段拡張されたジェンダー概念の射程として問われ、課題とすべきことが残されている。この点で留意したいのは、二〇〇二年刊行の『岩波　女性学事典』で女性学・ジェンダー研究を背景とするこの項を執筆している竹村和子による「ジェンダー」の定義で、そこではフェミニズムのポスト構造主義ジェンダー論の水準にまで踏み込みえた重層的な定義が過不足なく提示されている。

竹村は、ジェンダーをまずは「社会的性役割や身体把握など文化によってつくられた性差」と概括的に定義する。そしてこの言葉が、一九八〇年代の日本社会に受容されるきっかけとなったイヴァン・イリイチの『ジェンダー』〔イリイチ 1984〕による「男女が相互に補完的分業をしている前近代的社会を理想的なジェンダー配置とみなした」とするジェンダーの用法とはむしろ反対の含意であることを指摘する。竹村の記述では、ジェンダーの定義はおおむね次の四つの側面から捉えられる。

すなわち（1）「社会的文化的に創られた性・性別・性役割」であることの含意における「構築性」と、（2）性のダブルスタンダードなど性の「非対称性」の側面、（3）優位・劣位関係を組み込んだ性別秩序の「階層性」の側面、さらに（4）人種、民族、宗教、年齢など「他の階層問題とジェンダーとの重層性」の側面にわたるものである。ここではジェンダー概念の範囲は、おおむね前出の定義と重なりつつ、ジェンダー概念の（4）への視座の拡張が図られている。

しかもそこからさらに、ポスト構造主義ジェンダー論までジェンダー概念がどのように練り上げられてきているかにも論及し、このジェンダー概念自体も「更新中」であること、「セックスはジェンダー」の命題にみられるように、セックスとジェンダーの区別にも現在は慎重になっていることの指摘にも及んでいる。

もとより日本の社会学のバックグラウンドからフェミニズムを推進してきた上野千鶴子、江原由美子、加藤秀一たちによるこの間の理論的営為も、ポスト構造主義ジェンダー論を通った「ジェンダー」概念の拡張的水準を離れては考えられない。一九九〇年代半ばから現在に至るまでのジェンダー関連の理論多産的な刊行の中でも、上野たちは、とりわけて日本のジェンダー研究を押し上げ更新する水準を提起してきている。上野編『岩波講座 現代社会学11 ジェンダーの社会学』［井上ほか編 1995］とそこでの上野の巻頭論文、同じく上野編『構築主義とはなにか』［上野編 2001］、上野著『家父長制と資本制――マルクス主義フェミニズムの地平』［上野 1990］、加藤秀一著『性現象論――差異とセクシュアリティの社会学』［加藤 1998］、さらに江原由美子著『ジェンダー秩序』［江原 2001］などが挙げられよう。

他方で上述のようなバトラーの紹介とともに、竹村和子がその編著『〝ポスト〟フェミニズム』［竹村編 2003］において、ポスト・フェミニズムならぬ〝ポスト〟フェミニズムと、あえて〝ポスト〟とコーテーションつきでポストの言葉を冠して、日本のフェミニズムの一つの水準を画する提言に及んでいることの意味も見落とされるべきではないであろう。すなわちこの〝ポスト〟の含意は、「その後」という意味をもつ接頭詞が、「フェミニズムは終わった」「権利の主張や運動の時代は過ぎた」とする主張や、そうさせたいと画策するアンチ・フェミニズムに格好の呼称を与えてしまうことの危うさには竹村も重々自覚的である。しかし、そうでありながらあえてこの言葉を使うことについて、竹村は、「ポスト」という語には、自己参照的に過去とつながるという意味があり、そのことに着目したポストであるという。ポスト構造主義やポストモダニズムさらにポストコロニアリズムという言葉のそれぞれの用語が、構造主義とは「別物」、モダニズムの「あと」、植民地主義が「払拭された」ことを意味しないように、ポスト・フェミニズムも、けっしてフェミニズムが過去のものとなったとか、払拭されたとかということではなく、この「ポスト」の意味は、フェミニズムが、先の時代と重なり合いながら、前の時代を自己参照的に、自己増殖的に見る視点であるからだ、と。そして「ポスト」が時間軸だけでなく、思想的で、政治的で、批判的な意味をもつことを示すために「ポスト」に「〃 〃」をつけることにしたのだともいう［竹村編 2003］。

前節で、ポストモダンとは、モダンなるものが議論の対象になるとき、それが背負っている歴史的な負荷性を自覚するときに成り立つ一つの区分であること、つまり古典古代からの参照軸から現在を再生させることによる中世の否定であったとした。人間中心・歴史の進歩・啓蒙主義・理性主義などの価値は、すべてこの準拠点からの進歩・発展を確認することにあり、ここにモダンの根拠があると指摘したこととまさに重なるであろう。またスーザン・ヘックマンが、モダンがそのような明確な準拠点をもっていることに対して、逆にポストモダンとは、このような意味での準拠点を立てることへの「ポスト」であるとした意味ともつながっていく見方であろう。

ポスト構造主義ジェンダー論の「前・後」の間には、フェミニズムがジェンダー概念の分析概念としての精緻化とジェンダー概念の認識論的転倒を視野においたジェンダー概念の拡張的展開へと踏み込んだ理論蓄積を図ってきていることを確認することが問われてくるであろう。

少なくともジェンダーのこのような定義・含意においても、ジェンダーを「社会的に作られた性差／廃絶すべき差異」というレベルの認識にとどめおくことはできない。実際には、ジェンダーが社会的に作られたものだとしても、それが廃絶されるべき性差なのかどうかをめぐっても、さらにまた社会的に作られた性差・ジェンダーといっても、その社会的に作られるということがどのようなことを意味するかについても、問題は単純ではない。次章「性別二元制のあわいを生きること」で取り上げるトランスセクシュアル、トランスジェンダー、インターセックスさらにまた「性同一性障害」の名において性転換手術を受ける人たちの、性自認（あるいは性他認）と身体との関係をめぐってそこで繰り広げられる葛藤や怒りやとまどい、アイデンティティ獲得の混乱や苦しみをとってみても、とうてい性を構築主義で語りきることはできないであろうからだ。そこにはジェンダーの構築性と身体をめぐる問題群が立ち現われる。

5　ジェンダー問題系／欲望・セクシュアリティの関わる問題系

ジェンダー概念がカテゴリー解体的なレベルからの挑戦・挑発を受けているのは、ポスト構造主義ジェンダー論からのセックス／ジェンダーの認識論的転倒やトランスジェンダー等からの攪乱的問い、といったことにはとどまらない。現下のグローバリゼーションの動きの中での、ジェンダーをめぐるポリティクスと無関係には語れないからであろう。

おそらくこの点に深く関連することとして、日本の女性学・フェミニズムの展開においては、「欲望・セクシュアリティ・アイデンティティ」の問題が関わってくる「性」の主題には、正面から取り組まれてきていないのではないかと指摘をしておきたい。第一章「身体・差異・共感をめぐるポリティクス」において、「ジェンダー・ポリティクスが棚上げしたボディ・ポリティクス」として立てた課題と関係する問題でもある。さらに言えば第四章「性別二元制のあわいを生きること――TG／TSからの、フェミニズムと倫理学への撹乱的・挑発的問い」、第五章「バックラッシュをクィアする――フェミニズムの内なるフォビアへ」で取り上げることになる主題とももちろん無関係ではない。

状況論的には、現在のバックラッシュ側の攻撃対象が、男女共同参画基本法の骨抜き化とともに、運動イッシューとしてはジェンダーフリーと性教育の二つの問題に焦点化されているのは周知のことであろうが、フェミニズム・女性運動側には、実はこの二つの主題が性の問題系列としては若干背景を異にする二つの文脈をもつ問題であるということにあまり気づかれていないのではないかと思われる。

「性」の問題には性差・性役割のいわゆるジェンダー問題系と、欲望・セクシュアリティの関わる問題系がある。実はこのことについては加藤秀一が、一つが、〈欲望〉の系のセクシュアリティの系列、もう一つが、〈差異〉の系のいわゆるジェンダーの系列として、性を大きく二つの系列で概念化する枠組みを提示していることに着目したい。ジェンダーをめぐる議論ではもっぱら〈差異〉の問題系のジェンダーに焦点化されるが、性の議論のベクトルには、セクシュアリティの系が、性のエロス的欲望と快楽に関わる場面として、それゆえにそこには性欲の対象と性別の組み合わせとしての「性指向」が、不可避的に関わってくることに留意を促しているのである［加藤 1995, 1998、金井 2006b］。

これによれば、差別もしくは差異の廃絶を問題化するジェンダーフリー運動は前者に、性的自立や自己決定を問う性教育は後者に、位置づけうることになる。性教育バッシングとして現われているバックラッシュに対抗するロジックは、ジェンダーフリー・バッシングのそれとは必ずしも同じとはならないはずなのである。フェミニズム・女性運動側は、そこで問題になっていることを特に区別せずに対応してきているが、しかし実は、セクシュアリティ問題系の「性教育批判」については、フェミニズム側の理論的盲点となっているのではないかということも指摘しておきたい。

セクシュアリティの問題系は、まさに拡張されたジェンダー概念の射程から拓かれているというべきで、概念的に見取り図を立てたりする理論作業の背景には、実は、それを必要としている現実がある。当事者にとって差し迫った問題として、当事者の存在がその概念枠組みを必要としているという意味で、概念を必要としている現実があるということなのだ。

加藤が示した「さしあたりの定義」とは次のようなものである［加藤 2006］。

〈性〉
〈欲望〉の系：セクシュアリティ（Sexuality）
「エロス的な欲望・快楽」［「エロス」は無定義］
→性的指向（sexual orientation）：「自己と性欲の対象との性別の組み合わせ」
〈差異〉の系：ジェンダー［性別］（gender）

「雌雄の区別」または「区別された雌雄の一方」：男（male）／女（female）
↓性別同一性（gender identity）：「自己意識における性別」
↓性別差異（gender difference）：「男らしさ」（masculinity）／「女らしさ」（femininity）
↓生物学的・解剖学的性差（biological and/or anatomical gender difference）
↓社会学的・心理学的性差（sociological and/or psychological gender difference）
↓性別役割［性役割］男役割：（men's role）／女役割（women's role）

6　触発する知としてのジェンダー概念の生成的・拡張的な展開

生成の中にある触発する知・攪乱的な知であるはずのジェンダー概念が、しかしいたるところで「知の制度化」に滑り込む危機と隣り合わせていること、あるいはグローバル化のもとでの「脱ジェンダー化」に向かうかにみえる動きも結局のところ「再ジェンダー化」に与する結果となっていることが浮かび上がってくるであろう。とりもなおさず、それはフェミニズムの「ステート・フェミニズム化」あるいは「行政フェミニズム化」といわれる局面を映し出すことにもつながる。さらには平等や同一性、自立・自律や自己決定、社会参加や参画推進を目指したフェミニズムの行き着いた現実として、女性兵士の登場、女性の軍隊参加・戦闘参加の平等化要求、さらには女性兵士による捕虜虐待問題など戦争暴力におけるフェミニズムの男性化、さらに女性内部の「他者理解」に関わる深い亀裂や「女・女間格差」ともいうべき事態など、競争原理を排し連帯や平和や非暴力の価値を志向してきたはずのフェミニズムが、実は自らの志向と相反する現実を招いてしまっている。そうしたフェミニズムの直面する諸難問に自己言及的なまなざしを介在させることなしには、フェミニズムの現在と向き合うことはできない。

「セックスはジェンダー」の表現に象徴されるセックス／ジェンダーの認識論的転倒の含意は、フェミニズムは、ジェンダー概念の発見によってセックスとジェンダーを区別することでジェンダーを生物学的な性差であるセックスの上に作られてきた文化的性差と規定してきたけれども、そのフェミニズムの立っている理論的基盤が揺るがされていることであった。セックスとジェンダーの二元論的区別の根拠も疑わしいものとして退けられ、ジェンダーの含意・定義の根底的な書き換えが迫られているのである。このポスト構造主義のジェンダー論に決定的な影響を与え「フェミニズムの新時代を画する」と評されたバトラーの『ジェンダー・トラブル』が提起した視点は、一つには、「女」というカテゴリーの本質性をセックス（身体的性差）にまで遡って否定したこと、二つには、異性愛主義を徹底的に疑問に付したこと、三つには、ジェンダーをパフォーマティヴとみなしてアイデンティティの政治を退けたことにあるとされる〔江原・金井編 2002 竹村執筆の項〕。

第二波フェミニズムのジェンダー・ポリティクスの前提とする命題がことごとく覆されている。男／女というカテゴリーを前提とし、男性による女性への差別と抑圧からの解放、「他者化」された性に対して女性のアイデンティティをいかにして獲得するか……といった問題の立て方と議論の無効性が宣言されているのだから。そもそも女という本質は（男という本質も）、セックスの次元においても存在しないと宣告されているのだ。「身体は空っぽの器」ともいわれる。身体に男の本質も女の本質も存在しない。身体は、「コートラックのようなもの」、上に着せ掛ける衣装で男らしくも女らしくもなる。「女」というあるいは「男」という、主体があらかじめ存在するのではない。それは、女という言葉で定義されるもの、男という言葉で定義されるもの、それを模倣的に行為実践するその「事後的結果」でしかない、のだと。

言説一元論ともコートラック論ともいわれるポスト構造主義のジェンダー論、この「カテゴリー破壊的な」触発する知を視野においた「ジェンダー」概念の含意・定義をいかにしたらなしうるのか。そうする意味はどこにあるのか。その課題を問うために本章では、ポスト構造主義ジェンダー論のフェミニズムが含意する「前の時代を自己参照的に自己増殖的に見る視点」に立つならば、単に、前「前と後」で区切りを入れて考えるアプローチをとった。しかし竹村和子の定義において、〃ポスト〃と後ではない、それをつなぐ枠組みが問われるであろう。その手がかりの一つと考えたのが、加藤秀一による性の問題への二つのベクトル、すなわち「差異の問題系としてのジェンダー」と「欲望の問題系としてのセクシュアリティ」の概念提示であった。

フェミニズムのジェンダー論が棚上げしてきた「身体・セックス」の問題に、どうアプローチするのか。まだその問題の枠組みの提示にしか届いていないが、〃ポスト〃フェミニズムの地点から、生物学（科学）とフェミニズムの対話を通して、「文化的に構築された性差／廃絶しうる差異」と立てた、この二つの間をつなぐ理論の内実化をいかに図るかが、触発する知としてのジェンダー概念のさらなる「更新」につながることであろうことは提示しえたかと考える。

ポスト構造主義ジェンダー論、レズビアン&ゲイ、トランスジェンダー、トランスセクシュアルなどそれぞれの場面からのセクシュアリティ研究、さらにクィア理論からのアイデンティティ・ポリティクス批判からは、第二波フェミニズムの理論的推進をまさに担保してきたジェンダー概念の「再審」あるいは「拡張」を迫る問題提起がある。それらを回避してはおそらく現在のジェンダー論の射程を語ることはできない。

フェミニズムが〝ポスト〟フェミニズムの地平から、さらにジェンダー概念のポスト構築主義ジェンダー論の水準からジェンダー概念を問うこと、そのことがとりもなおさず、現下のジェンダー・バックラッシュ状況への一つの対し方として意味をもち、またフェミニズムの構想する社会像や家族像さらに性関係の脱ジェンダー化への方向性を提示することと不可分に関わってくるであろうと考えるからだ。概念をめぐる抗争は、単なる概念遊びなのではない。ポストモダンの知とフェミニズムの絶えざる概念の抗争の中にある。

江原由美子は次のように言う。「いかなる概念の創出も、その概念を生み出した問題というべきものがある。すなわちそこには、その概念を創出することなしには描き出せない現実が、あるのであり、そのような新たな現実を描きだそうとすることは、当然にもその概念を創出する以前に描かれていた現実に対抗することである」と〔江原 2001〕。

そして最後に改めて本章冒頭の「金魚鉢」の比喩の意味を思い起こしたい。「ポストモダンとは、我らがこの金魚鉢の名前で、それは我々を閉じ込めている考え方につけられた名」であること、「ポストモダンというのは、今我々がその中にいる近代という金魚鉢の、我々を縛っているもの、我々の思考に形を与えているものは何なのかということを考える一つの手がかり」だと言うこと、そして今私たちを縛っている、あるいは規定している透明な鉢の存在に気付かされることとなる私たちの前に、意味ある他者として立ち現われているのが、ほかならぬモダンの原理によって「他者化されてきた存在」、すなわち近代を覆っている透明な水槽の枠の内側で「透明人間として不在化されてきた者たち」であるということを。

（1）　モデレスキーは本論考において反本質主義の立場はポスト・フェミニズム、つまりフェミニズムの終焉を招き、女性解放運動を後退させるものとして批判している。またポスト構造主義は反本質主義者の主張の理論的基礎となっており、フェミニズムにとって危機的な状況をもたらすものと位置づけられている。つまり「女」というカテゴリーの有効性をめぐって、モデレスキーはポスト構造主義＝反本質主義＝ポストフェミニズムと言う図式に基づいて、黒人女性、レズビアンなどの経験を、これらに対立する概念を提出するものとしている。

（2）　また後述するように、ポストモダン論にせよポストモダニズムにせよ、そのモダン批判は、モダンの何を問題にしているかによって多様な広がりがある。フェミニズムにとって自戒すべきは、往々にしてそこにはポストモダンならぬプレモダンへの回帰をもってモダンの救済を図らんとするモダン批判の言説が必ず顔をだすことである。とくに伝統や日本的なるものの回復をもって語られる日本的「ポストモダン」状況には、その傾向が根強く存在する。

（3）　山崎カヲルは次のようにいう。「ポルノは性表現とは同一ではありえない」「ポルノは資本主義社会の強力なイデオロギー装置の一部である。なぜなら私たちに呼び掛けて、私たちを性的な主体として、〈常にすでに〉構成してしまうからである。そうした〈主体〉であるのに無自覚であるような男たちが、これまでポルノを論じることがほとんどであった。しかしイデオロギーは包括的支配を行えないのであり、〈例外〉ではあっても〈悪しき主体〉を常に発生させる。男がポルノをきちんと考え、男のセクシュアリティの構造的変容を模索するためには、そうした〈悪しき主体〉の場を拡大する方向に足を踏み入れるより無いと思われる」[山崎 1990]。

（4） もちろんヘックマンも、ポストモダン論の「相対主義」がフェミニズムの政治的アイデンティティを崩しかねないとする批判があること、ポストモダン論では絶対的な価値が否定されてしまうために、実行可能な政治的プログラムの提示が不可能になってしまうことを承知している。このような理由から両者の関係がどちらかというと「よそよそしい」ものとならざるをえなかったことを重々踏まえたうえで、なおその「対話」の必要性を強く主張しているのだ。

（5） この点でアイデンティティに関する新たな議論を提出したのが、バトラーの「パフォーマティヴなアイデンティティ」という考え方だ。レズビアン・フェミニストであるバトラーは、アイデンティティについて刺激的な議論を展開しており、それはゲイ・スタディーズの中でも新しいパラダイムを提供した。バトラーによれば、アイデンティティに関する議論がジェンダー・アイデンティティについての議論に先行しなければならないと考えることは誤りである。「ジェンダーはパフォーマティヴである」とするところから、バトラーは、次のような命題を立てる。「ジェンダー・アイデンティティは存在しない。そのアイデンティティは、その結果であるとされるところの〈表象〉そのものによってパフォーマティヴに構成されるのである。」[Butler 1992, 1993、バトラー 1999]。

Ⅲ　身　体

第四章　性別二元制のあわいを生きること

――TG／TSからの、フェミニズムと倫理学への攪乱的・挑発的問い――

1　「性の後天性」仮説に依拠したフェミニズムの盲点

「性は生まれか育ちか」をめぐる議論は一九八〇年以降のフェミニズムの一つの理論的争点となっている。このいわゆる性差に関する「本質主義vs.構築主義」の論争は、本章**3**以下に見るように、フェミニズムが性の構築主義の典拠としてきたジョン・マネーによる理論がコラピントの『ブレンダと呼ばれた少年』〔コラピント 2000, 2005〕の刊行によって大きく揺るがされ、バックラッシュ側からマネー仮説をフェミニストが無批判的に利用してきたかの例証としてフェミニズムへの攻撃材料とされるということに端を発するものであった。たしかにこの事実はフェミニズムを困惑させるものではあった。しかし、上述の事例によってマネー報告の性自認の後天性説が完全に否定されたとすべきわけではないということもまた、その後のフェミニズムの側の議論を通して確認されつつある。そして同時にまたこの問題は、「性の後天性」仮説に依拠したフェミニズムのこれまでの性の議論の盲点についても気づかせる契機となった。

その盲点にはたとえば、フェミニズムは「心の性」と「身体の性」との間で違和を抱くセクシュアルマイノリティ当事者たちの声や思いに真摯に向き合ってきたとはいいがたいということがある。そもそもセクシュアルマイノリティという呼称そのものが、非異性愛をマイノリティとして他者化しているものという批判も免れがたい。また性の社会的構築性の議論が中心的とする課題は、本来的には〈女〉という性差を組み込んできた身体がどのように構築されるのかを含んだ議論であるべきなのに、この社会構築主義は、身体や肉体的差異の問題を生物学的基盤論に押しやってしまい不問視してきている。そういったことが省みられる契機となったという意味においてである。

実際、「ブレンダ」の事例だけではない。「社会的に作られた性／廃絶すべき差異」といった言葉でフェミニズムの側の「社会的文化的構築主義的概念としてのジェンダー」が一面的に受け止められた結果、性差や性役割の全面否定論や性差無化論が絶対視され、現実の性的差異の多様性に抑圧的に働きかねないという事態は他にもある。特にそのことはトランスジェンダー実践に向けられるまなざしにみられることだ。「女装」が「女らしさ」への過剰適応であるとして、フェミニズムの側からトランスジェンダーに批判的見方がされるといったことや、さらに異性愛／同性愛の性指向性についても、ジェンダーの構築性から社会的文化的条件付け次第で「修正・矯正」可能といった捉えられ方がされる場合がある。当事者にとっての、自らの心の性と身体の性との違和、また性指向の周囲の期待との違和感、その切実さが不問視されてしまう。結果として、トランスジェンダーの場面では、「性は育ち」とする社会構築主義の主張を受け入れれば、「非」異性愛の性指向性の権利づけの根拠は危うくされ、その性指向性が「再ジェンダー化」可能なものとして医療的な矯正の対象にさえされかねない。結局、身体の自然に自らのセクシュアリティの権利付けの根拠を求めざるを得なくなる。性指向問題と性的自己決定問題とが混同される現実もある。

そうしたセクシュアリティをめぐる当事者それぞれのアイデンティティの抗争というポリティクスを背景として、そこからは、非異性愛の側からの当事者研究としてレズビアン&ゲイ・スタディーズやクィア理論（「ヘンタイ」研究）さらにトランスジェンダー・スタディーズが登場している。異性愛中心社会が非異性愛の世界を「セクシュアルマイノリティ」とし他者化して「同性愛」のカテゴリーのもとに非異性愛の記号論的ごみ捨て場としてきた構図も、この当事者研究を通して拓かれた視点であった。

他方で、トランスジェンダーの場面でも、トランスジェンダー内部にもある「ジェンダー・アイデンティティ」への過度なこだわりが生む問題が明るみに出されることともなった。性の構築主義的後天性説によって「矯正・治療・再教育」の対象とされかねないトランスジェンダーは、自らの性指向を権利づけるためには、一方で頑固な「身体の性」言説に立ち、また他方で「ジェンダー・アイデンティティ」言説に拘泥するという自己矛盾を抱えこまざるをえない。それによってまた、画一的な「ジェンダー・アイデンティティ」への依拠をめぐるトランスジェンダー内の優位・劣位化の序列を生みかねないという問題にも直面している。同様のことは、「ホモセクシュアル」という表現が、レズビアンとゲイとの間にあるポリティクス――レズビアンの経済的劣位性やセクシュアリティと欲望の問題――を不可視化させかねないことがレズビアン運動側からは指摘されてきている。さらにいえば非異性愛の場面では、バイセクシュアルの存在はさらにマイノリティ化されている事実も否定できない。

こうしたトランスジェンダー内部のセクシュアリティと欲望の多様な流れと矛盾と葛藤に満ちた実態が可視化されつつある中で、フェミニズム・女性学が立ててきた「性の構築性」言説の一面性がさらに顕在化されることとなる。このような意味において、フェミニズムの側のジェンダー・ポリティクスは、トランスジェンダー・ポリティクスの側からの攪乱的問いによる新たな挑戦を受けているというべきなのである。

こうした中で日本社会にトランスジェンダー、トランスセクシュアルという言葉で語られてきた性を越境する当事者の存在が大きく可視化されたのは、「性同一性障害」という言葉が浮上した一九九六年以降のことであろう。だが、自らの身体の性と心の性との間に深い違和を抱く者にとって「性同一性障害」の名のもとに性別移行への道が拓かれさらに「特例法」の制定によって戸籍性の変更への道が拓かれたとはいうものの、手術と戸籍という、医療化と制度化の話題に問題が焦点化された感は否めない。そもそも「性同一性障害」という病理化においてそれが行なわれるということの問題や、社会の中で性別を変えて生きることがどういうことなのかという議論、さらに当事者にとっての性別移行の経験の意味については棚上げされてきたということである。逆に、医療化と法制度化のもとで、二つの間をあいまいに生きることを許容しない、性別違和を抱くものへの性別二元制への選択を強制する雰囲気も強まっているという。

以下の行論では性別二元制のあわいを生きる者たちの中から言葉化されたいくつかの発言を通して、マジョリティ社会が自明視してきた性別二元制という規範が、性別二元制の〈あわい〉を生きるTG（トランスジェンダー）／TS（トランスセクシュアル）からどのような挑戦を受けているのか。TG／TSからのフェミニズムと倫理学への攪乱的・挑発的問いがもつ意味と課題について考えたい(1)。

2 トランスジェンダーからの攪乱的問い

「女性から男性への性の越境者」にして『トランスジェンダー・フェミニズム』〔田中 2006〕の著者である田中玲は、自身の身体と性に対する自らの親和性について次のように言う。

> 私がトランスを始めたのは、性別二元論から自由になりたかったからだ。自分が「女」から「女でないもの」になるには、別に「男」である必要は全くない。男性ホルモンを定期的に投与し、一見「男」に見える外観にはなったが、女性器はついたまま。乳房は取るので乳なし、女性器あり、の一般常識からすると不思議な身体だ。しかし、私はこの身体となら仲良くしていけるだろうと思う。〔田中 2006: 41–42 傍点引用者〕

自分の肯定できる身体についての著者紹介のプロフィールには、「ポリガミーでパンセクシュアルのＦＴＭ系トランスジェンダー」とある。著者自身が自らのセクシュアリティを紹介するその記述は、なんともスキャンダラスである。その存在そのものにおいて私たちを挑発してやまない。ポリガミーとは一対一の関係を優先させず複数の人と関係をもつ人で、パンセクシュアルまたはポリセクシュアルは、相手の性別に関係しないセクシュアル・オリエンテーションである。バイセクシュアルといわないのは、バイセクシュアルが「女と男のどちらも」という性別二元性に基づいた言い方だから違和感があるからなのだという。

性関係において一対一関係であることにこだわらないポリガミー、また相手の性指向も問わないパンセクシュアル、自らをこのように自己紹介する田中は、特に男の身体になりたかったわけではなく、「女でない身体」を求めようとしたらそのモデルが不在だったからとりあえず男性の側にトランスしていくしかなかった。現在は男性ホルモンなどを使用してある程度男性化し乳房除去手術は受けていて、しかし性器を男性性器に付け替えようとは思わない。「乳房なし女性器ありのＦＴＭ」という一般常識からすると不思議な身体であるけれど、とりあえず「この身体となら仲良くしていけるだろう」という。自らの身体の違和と向き合った結果行き着いた「この身体」となら「仲良くしていける」というこの身体感覚、アイデンティティの意味するものはなんなのか。果たしてマジョリティの性の側にある多くのヘテロの身体感覚において、田中のいうような自らの身体との親和性を語れるものがどれだけいるだろうかと考えると、非常に興味深いことである(2)。

書名の『トランスジェンダー・フェミニズム』は、今のフェミニズムの中に色濃くある「ネイティブ、かつ、ヘテロセクシュアル中心の雰囲気」が、本来共闘を組めるはずだし、組むべきトランスジェンダーとフェミニズムの間を分断していることを鋭く描きだす。「トランスジェンダー・フェミニズム」の呼称そのものが、これまでのフェミニズムの多様な諸潮流の中にも挙がってきていない新たな呼称として、フェミニズムへの攪乱的挑発的な問いとして立てられた概念だといってよい。トランスジェンダーがフェミニズムに関われるのは、性別越境していく中で「女」「男」と二分された「性別」が自分の目の前で解体していく現実をリアルに体験するからこそであり、「女」「男」という分け方がどれほどいい加減なものであり、しかもまた、「明確」なものとして、この社会の中で絶対的価値をもっているかを感じることができるのも、トランスジェンダーならではの特典だからだと、田中はいう。

そしてフェミニズムも、もともとは、そうした「女」か「男」かに二分され女性が劣位化され差別されてきた社会を批判的に検証し遅々たる歩みとはいえ変えてきたはずなのだから、トランスジェンダーとフェミニズムの両者が手をつなげないはずはない。なのに、今のフェミニズムの流れをみていると、同じ「女」であっても、レズビアンやバイセクシュアル、ポリセクシュアル、アセクシュアルの「女」のことや、トランスジェンダーで「女」になった人のこと、法律上女性だが男性として生活しているトランスジェンダーのことも、また法律上女性だがインターセックスの人のことは想定すらしていないようにみえる。婚姻制度を問題にしていても、異性愛主義、一夫一婦制が問われることは少ない。だからこそ、このようなフェミニズムは、「ネイティブのヘテロセクシュアル中心主義」の偏りを免れてない。この今のフェミニズムのありように、トランスジェンダーの側から与えられるものは少なくない。トランスジェンダーとヘテロセクシュアルのフェミニストとが共闘できるのは、個を生きることを否定する社会を作り出してきた制度の数々――家父長制の根源、戸籍制度廃止や、それと連動している天皇制の廃止などにおいて、共闘できるし、そこからフェミニズムを新たにスタートさせることができるはずだというのだ。

この田中の本に先立って、日本のフェミニズムの場面にはパトリック・カリフィア著『セックス・チェンジズ――トランスジェンダーの政治学』［カリフィア 2005］が邦訳紹介されていた。カリフィアはレズビアンでSM性嗜好のフェミニストとして一九八〇年代から検閲に反対しポルノやセックスワークを擁護する立場で論陣を張ってきた米国のアクティビスト思想家である。本書においてカリフィアは、セクシュアルマイノリティ内部の一義的には語れない対立抗争に満ちた多様な姿を「セクシュアル・マイノリティーズ」と複数語尾で表現し、その多くの当事者への調査・分析を綿密に行ない、さらに自身の「性転換」の体験をもとに、性転換とは何か、TS（トランスセクシュアル）とは何か、TG（トランスジェンダー）とは何かを、根源的に問い返す。著者自身の体験というのは、カリフィア自身が本書の初版から第二版出版までの間にFTM（Female to Male）にセックス・チェンジを図っており、名前もパットからパトリックへと（したがって本書の著者名も）変更して男性アイデンティティに移行しているという経緯によるものである。(3)

まさにカリフィアは本書で、「性の二分法」において非異性愛に記号化され、不可視化されてきたトランスジェンダーやトランスセクシュアル内部の相克と葛藤に満ちた現実を描き出す。トランスジェンダーやトランスセクシュアル内部もまた、それぞれのカテゴリー内部で、またカテゴリー間で、対立と相克の様相をとってある、その多様なセクシュアリティと欲望についての「言説化」の書であるからだ。そのように本書は、まさに著者自身の「セックス・チェンジ（性別移行）」の当事者性に裏付けられた、しかしそれでいてけっして個人史的記述にとどまらないトランスセクシュアリティの包括的次元を論じる実に問題提起に満ちた書になっている。

またその副題が示すとおり、それは「トランスジェンダーの政治学からのジェンダーの政治学への攪乱的問題提起」として、したがってそれはまたフェミニズムのアイデンティティ・ポリティクス批判として書かれた、「ジェンダーの政治」に対する「セックスの政治」の提案の書である。TSとストレート、またTGとその他のクィアとの間の線を引くことなどまったく不可能なことであるのだということだ。それゆえに、フェミニズムによる「ジェンダーの政治」を根底から攪乱する理論的深さをもつものとなっている。

このカリフィアの書によっても私自身のフェミニズムの無知・死角を十分に認識させられており、それに続いての田中の本であったから（こちらは小著でエッセイ風の文章ながら）、私には、そこで語られている言葉の一つひとつが、田中自身のセクシュアリティと身体を通った実に深くかつ鋭い分析に満ちた内容であることは受けとめえた。「性別越境」を体験した者のみに見えた世界がそこにはある。竹村和子があとがきで記しているように、セクシュアリティの次元からの、深い声がようやく「ネイティブのヘテロセクシュアル」に届き始めたという印象をもって手にした本であった。その声は、「トランスジェンダー・フェミニズム」として〝フェミニズム〟を揺さぶり、ネイティブのヘテロセクシュアルのアイデンティティ・クライシスを呼び起こす深さをもって迫ってくる。男と女のジェンダー・ポリティクスにとどまらず、ヘテロ／非ヘテロの境界を崩す、トランスジェンダー・ポリティクス――「この名付けようのない」ポジションからの、田中やカリフィアからのフェミニズムのジェンダー構築主義へのゆさぶりである。

こうして、フェミニズムがこれまで「性の越境」や「多様な性」といった言葉で語ってきた問題、つまり非異性愛世界に向けるフェミニズムの解釈図式が、非異性愛のセクシュアリティの世界の、その相克に満ちたポリフォニック（多声的）な「語り」によって、無効化されつつある。そしてフェミニズムが死角化してきた問題領域が、セクシュアリティ・欲望系の問題として、さまざまな当事者の声を通して浮かび上がりつつある。

3 日本のトランスセクシュアル（TS）の状況から

日本のトランスセクシュアル（TS）の場面に目を転じてみよう。TSのごく端的な定義については「性別移行をするものを広義のトランスジェンダーと呼ぶ中で、性別適合手術を望むものに対して言う」とされる［田中 2006］。この定義に「同性愛」「異性愛」「両性愛」という文言が含まれてないように、性同一性障害は性的指向とは別に診断される。基本的には自身の心身の違和感に関する障害であり、他者への指向とは無関係であるとされる。

TSに関して日本社会での記憶に新しいところでは、二〇〇三年「性同一性障害者」であることを公表の上、世田谷区議会議員選挙に立候補し当選した上川あやのことは、新聞・TV等メディアでだいぶ取り上げられた。上川は、自身が運動に深く関わってきた「性同一性障害（Gender Identity

Disorder: GID）特例法」（正式名称は、性同一性障害者の取り扱いの特例に関する法律、以下、「GID特例法」あるいは「特例法」と略記）が二〇〇五年成立し、性別変更に道が拓かれるや、ただちに東京地裁に変更の申請をした一人である。申請は受理され、名実ともに性を越境している(4)。

「性同一性障害」という医療上の概念が加わって、かつては違法性を問われたこともある「性転換手術」が「性別適合手術」へと名を変え、大学病院での「公式の治療」の対象となったのであり、かつて「おこげ、ニューハーフ、ミスターレディ、おなべ、ミスダンディ」などと呼ばれてきた上川たちのような「性の越境者」を取り巻く環境が、ここ十五年で大きく変化を遂げていることが分かる。

こうした法的状況が、性的マイノリティの状況改善にとって当事者に福音をもたらすものと受け止められてきた一面はある。しかし「GID特例法」の性格は、その成立の経緯からしても性的少数者の人権擁護という観点から成立したものとはしがたいとする厳しい見方もある。トランスジェンダー実践者である三橋順子はさらに別の場面では次のように言う。

「この一見、福祉的な法律が〈あいまいな性〉の持ち主を「性同一性障害者」という形で囲い込み、性別二元制に回収し、その存在を無化する装置としての性格を持っていることを忘れてはならない」と［三橋 2006］。すなわち、「特例法」の実施によって、性別越境者は性別二元制と異性愛規範への服従度をあからさまに問われ選別されることとなり、それらに従順である限りにおいて性別越境者はその身体的幻想を法律が追認する形で「救済」され、それに不服従な性別越境者はその性幻想を「変態」視され抑圧が強められるというのだ。そういう分断が持ち込まれてしまったというのである。

実際、「特例法」後の状況は、SRS（性器の異形化形成手術）をするつもりのなかったトランスジェンダーまで、戸籍性の変更のために手術を受け入れるケースが増えるという、これはある意味で法律による断種手術の誘導ともいえなくもない事態を招いている。つまり戸籍の性別変更を定めた「GID特例法」というおいしそうな「毒まんじゅう」によって、性別越境者が分断され内部対立が深まってしまっている。三橋はそのことを深く危惧しているのだ［三橋 2006］。

三橋自身は、ジェンダーと身体の不一致を自らの特質の一つとして、あくまでも個性と考え、「性同一性障害者」という枠組みに拠らずに社会の中で生きようとするトランスジェンダーである。社会的性別の面での、ジェンダーロールやジェンダーパターンを徹底的に行ない、望みの性での社会的認知（性他認）を獲得することで、性別違和感を軽減し、性別越境を達成しようとする考え方である。身体の転換は、社会的性別の転換を容易にする程度の補助的役割にとどめ、したがって性器のSRSは行なわない。つまり、MTFのTGが「女扱い」で日常生活を円滑に行なうためには、女のジェンダーをしっかり行なっていることを他者に示し、女性としての性他認を獲得することが必要とされる。それにはきちんと「女をすること」、女のジェンダーイメージを十分に構築し表現することが求められる。三橋はそうした「女をする」ことを日々実践するトランスジェンダーであって、したがってこの三橋のセクシュアリティにおいては、トランスジェンダーとその身体イメージ、さらにその身体イメージが生み出すセクシュアル・ファンタジー（性幻想）も、一般のヘテロセクシュアルな関係性を「擬態する」意識に貫かれている。

先にみた女性から男性への性の越境者、「ポリガミーでパンセクシュアルのFTMトランスジェンダー」の田中玲の場合に立ち戻ってみれば、田中の場合は、「擬態ヘテロセクシュアル」の三橋とはまったく異なり、性別二元論からの自由を求めたものであった。田中の場合は、「性他認」としてのトランスジェンダーの獲得よりも、自分の身体との自身の折り合いに重点が置かれている。身体と性自認に違和を抱えるTGの間にも、TSを受け入れるか否かも含めて、これだけの違いがある。

他方、FTMのトランスセクシュアルで『女から男になったワタシ』の著者である虎井まさ衛は、こういう言い方をする。TSの理想は「素っ裸の状態で、望みの性別でいられることに尽きる」のだと［虎井 1996］。日本GID特例法制定以前から海外での性別移行手術を重ね特例法制定においてはその成立の立役者となった虎井ならではの言葉である。つまりMTFなら裸になっても女、FTMなら裸になっても男であることがなによりも重視される。そのためには、自らを「障害者」とみなし「治療」を受け入れることも辞さないのが、TSである。(5)

トランスジェンダーを田中が定義するように、「生まれたときに与えられたジェンダーと違うジェンダーのあり方での生活を選んでいる人」と広義に捉えた場合、以上みただけでも、その内部のそれぞれの性別違和とこだわりにはこれだけの幅がある。つまり「性同一性障害」者にとっても、自身を「障害者」とみなすかは感覚が分かれる。「障害者である自分は、治療をして生きたい」という立場から「障害ではない、一つの生きかただ」とする立場までの幅である。しかもどちらにもある種の危険性がある。つまり心身の性が一致していることが正しいとする規範に依存してしまうという危険性と、また「障害者なんかではない」とする考え方の強調の中にある障害者を劣位化するまなざしを内面化してしまうという危険性とがそこには隣り合わせているからである。

カリフィアの書が突きつけているのも、一見TSに福音とみえた法的な動きの中でも、そこで問題とされるべきなのは、マジョリティ社会がＴＳのセクシュアリティを位置づけたり、権利づけたりするとき、すでにそこには性の二分法が入り込んでいることに対して向けられる警告であるだろう。彼らがこの二分法の中で「もう一つの性になる人／なりたい人」なのだという形での固定観念でもって当事者をみてしまっている、そのマジョリティのまなざしなのだ。「あいまいな性であること」を許容しえない、そこに映し出されてくる「性別二分法規範の自明視」と隣合わせの「ＴＳフォビア」なのである。

「あいまいな性や身体」のあり方に対してこの社会がいかに非寛容であるかは、日本社会の「性同一性障害」の処遇においてもはっきりとうかがえる。つまり国家というのはどこまでも性別二分法を堅持した上で性同一性障害者の処遇とその特例法で、まず性同一性障害という名前を与え医療的には精神病の一種として認定することで、ガイドラインにのっとった諸種の手続きを踏み最終的に性転換手術（性別移行手術）を受けた者には戸籍上の性の書き換えも受け入れようということになっている。そこには手続きを踏んで性転換までいったトランスジェンダーと、そこまで受け入れていない者との間に、正しいトランスジェンダーとあいまいなトランスジェンダーという線引きが持ち込まれトランスジェンダーが分断されることにもなってしまう。

現実にもトランスジェンダーの中にはこれだけ多様な形で身体違和を抱えるものや性的指向の違いが存在するのに、マジョリティの側には同性愛と性同一性障害を混同している現実すらあることが、当事者に対する無理解を物語るものであろう。一方では、現在の性別理解によって、あまりにもこれらを峻別することは、西洋的医療規範の押し付けであるとする疑念もある。そういったことが浮かび上がってきている中で、にもかかわらず依然として性の二分法や、生まれの性／育ちの性といったナイーブな議論が横行するとすれば、そしてまたそこにある名づけの暴力が不問視されてしまうとすれば、TSフォビア、同性愛フォビア、女性嫌悪をますます深く潜在化させてしまうであろう。この意味で、ジェンダーの社会的構築性と、ジェンダー化における性別二元制の女性劣位化を議論の前提に立ててきたフェミニズムもまた、性別二元制のあわいに向けるまなざしにセンシティブであったとはいいがたい。自己参照的な問いが向けられるべき問題である。

J・バトラーの著『ジェンダー・トラブル』〔バトラー 1999〕は、まさに田中やカリフィアたちによるTG、TSからのフェミニズムへの攪乱的な問いをもっとも先鋭的に突き出しクィア理論に架橋するところにある。このバトラーの革新性について踏み込むことは、今少し先の課題とすることにし、ここではカリフィアの『セックス・チェンジズ』に寄せられた現代思想の最前線からの以下の評を紹介しておくにとどめたい。

「哲学、人類学、精神分析学のテクストに折り重なる言説を縦横に扱いつつ、……ジェンダー化と本質論／ジェンダー化における本質論の問題を鋭く見据える」（ガヤトリ・C・スピヴァック）ものであるという評や、さらにバトラーの議論は「ジェンダーの階層秩序や強制的異性愛をささえる規範的虚構が文字どおり信用するに値しないものであることをあばいていく」（ダナ・ハラウェイ）という位置づけが与えられる。そして日本でのバトラーのもっともよき仲介役を果たす竹村和子も次のように言う。「女というカテゴリー」が、ジェンダーのみならず、セクシュアリティ、セックスの次元で生産され、それ以上還元不可能な「事実」として、いかに誤称されているかという「女というカテゴリーの捏造」の系譜――これまでのフェミニズムの議論をも分析の対象に入れて――を批判的にたどるのであると。こうしたさまざまな理論的関心からのバトラーの位置づけがなされる『ジェンダー・トラブル』での議論が、まさに『セックス・チェンジズ』では「トランスセクシュアリティ」からの「ジェンダーの政治学」に対する撹乱として、「トランスジェンダーの政治学」として提示されているとみることができる。

4 「ブレンダと呼ばれた少年」

――J・マネー仮説をめぐって――

身体とジェンダーをめぐって、性差の社会構築主義の論拠とされてきたJ・マネーの仮説がここにきて大きく批判的挑戦を受け、さらにまたそれがジェンダーフリー・バッシングと関わってフェミニズム批判の焦点となっているジョン・コラピント著『ブレンダと呼ばれた少年』［コラピント 2000, 2005］のことに触れたい(6)。

このコラピントの書については、IS（インターセックス）に関わって、性差の構築論・本質論に関係するきわめてデリケートな問題が映し出され、センセーショナルな話題を呼んだノンフィクションとして、フェミニズムの場面のみならずかなり広く知られている。双子の兄弟の一人で、ごく普通の身体的特徴をもった男の子が、病院での割礼の中で起こった不慮の事故でペニスを失い、生後二十二か月で性転換の手術を受け、ブレンダという名の女の子として育てられるようになった。

この女の子の性転換後の性自認の混乱と生活を追ったノンフィクションが本書であるのだが、問題は、この手術のアドバイスをしたのが、当時の性科学の第一人者として知られていたジョン・マネーであったこと、彼は自分が関わったこの症例を、インターセックスの男児に性転換手術を行ない女児として育てる医療の、正当化の根拠として使ってきているということにある。またこの症例は、当時のフェミニズム運動にも大きな影響を与え、いわゆる性の構築論の根拠とされてきており、このマネー仮説は、性差の社会的構築性、いわゆる「男らしさ」や「女らしさ」だけでなく、「自分を男と思うか、女と思うか」という性自認すら後天的なものであることを証明する議論において、マーガレット・ミードの文化人類学的知見からの議論とともに、必ずフェミニズムが根拠として引き合いに出してきたものであるからだ［ミード 1961］。

しかしこのインターセックス治療のマネー仮説を根底から覆し、長く隠蔽されてきたある事実を明らかにしたのがコラピントのこのノンフィクションであったのだ。マネーが成功例として世間に公表し続けた裏側で、実は、ブレンダは普通の女性としての生活をしていたのではなく女の子として扱われることに違和感を抱き続け、十四歳になって自らの出生の事実を知るにおよび男性に戻ることを決意し、自ら名前をデイヴィッドに改め、男性として生き直していたことを明らかにしてしまったのだ。

このコラピントが明らかにした事実は、性の構築性のJ・マネー仮説を支持してきたフェミニズムを困惑させるものであり、日本のフェミニズムの場面でも、性差の構築性や性自認の後天性についてマネー理論に依拠して説明することは一般的であったから、コラピントの本が出版されて、マネーの説をどう評価するかが、改めて問われざるをえなくなってきている。とはいえ、コラピントのノンフィクションで明らかにされた事実をもってしても、フェミニズムの性の構築主義仮説がすべて切り崩されたというわけではなく、男性として性を選び生き直したデイヴィッドの「再ジェンダー化」への自己決定は、ある意味では性の再ジェンダー化への選びなおしが可能なことを証左しており、性自認の後天性や構築性が完全に覆されたというわけではない事例としてみることもできる。しかしまた、いずれにしても性の構築論・本質論の議論が、インターセックス治療のマネー仮説を再審するところからの新たな理論構築を迫られていることとしても受け止めなければならない事実であることは否めない。

しかもこの話にはその先があり、実は本書の刊行後、その主人公が自殺による人生の最後を遂げるという悲惨な結末をみている。しかも双子のもう一方の男性も自殺をしている。そしてさらに、日本でのこの本は初版訳刊行後、一時絶版になっていたものが、二〇〇三年以降のバックラッシュの中で復刊されるに際して、その復刊版には、バックラッシュ派の動きの中でも急先鋒の論陣を張る八木秀次による「解説」［八木 2005］が付されて刊行されるといういきさつが加わった。つまり氏はその中で本書を、フェミニズムが、マネー仮説を「性の構築性」言説の根拠として、いかに恣意的に利用してきたかということとその理論的破綻の格好な症例として、氏のフェミニズムに対する反発の言説の科学的論証の裏づけ根拠として使っているという、実に紆余曲折したいきさつを背景にもつ。

しかしバックラッシュ側のフェミニズム批判のイデオロギー的政治的意図はともあれ、コラピントのこの本は、フェミニズムの側の性の構築主義・本質主義をめぐる議論を、身体・セックスに遡ってどう立て直すかという課題を突きつけていることは否定できない。ブレンダと呼ばれた少年の性自認の混乱と困難を伴った生涯、この事例をもってしても、性差は生物学的に決定されるか、社会的に構築されるのかという単純な対立構図では捉えられない問題の深さ、やっかいさがつきまとうことは受け止められねばならないであろう。「問題なのは身体」だということ、したがって、ジェンダーからセックスへ、ジェンダー・ポリティクスによって不在化されてきたボディ・ポリティクスへ、フェミニズムの課題を焦点化すべきではないかというものである。しかしながら八木たちバックラッシュ側が、フェミニズムがジェンダー・アイデンティティを構築主義一辺倒で捉えていたとする見方も一面的で、フェミニズムも性アイデンティティが単純に構築されるとは考えているわけではないことは付言しておきたい(7)［千田 2001］。

5 語られない性の問題へ
——少年愛者の「痛み」、ロリコン・ミニスカへの欲望——

さてジェンダーと欲望／セクシュアリティ問題をめぐって伏見憲明の『欲望問題——人は差別をなくすために生きるのではない』［伏見 2007］に目を向けたい。伏見憲明といえば、自らの「ゲイ」という立場をカミングアウト（公表）し、ゲイであることのセクシュアリティについて、一貫して問い続け発信してきた男性だ。同性愛といえば、セックスにまつわることとして、笑いの対象にしかならないことに疑問をもち、まずは「マジメな問題」であることを社会に認識させるために、運動・理論両面で、その推進役を果たしてきた。その意味で日本のゲイ・スタディーズ、クィア・スタディーズのシーンは、伏見を外しては語れない。その伏見が、「ゲイ・セクシュアリティ」「同性愛問題」を、「差別問題」としてくることへの微妙な違和感を禁じえなかったこと、その拭えない感覚がどこから来たのかを考えようとする問題意識で書かれたのが、『欲望問題』である。(8)

タイトルの「欲望問題」は、セクシュアリティの問題を「差別問題」の文脈でのみとらえることへの疑問として、また副題の「人は差別をなくすためだけに生きるのではない」という言葉の含意も、「ジェンダー問題系」に対する「欲望問題系」の自立性を担保するために付されたものだという。前者の「ジェンダー系」では、現実の性の世界のジェンダー・カテゴリーの性間差異に働く権力関係が差別の原因であるとする認識から、差別の解消に向けてどうしてもジェンダーフリーが課題として導かれる。この議論の文脈には、性愛にまつわる個人のやましさや切なさの感情をも時に伴う「欲望系の問題」は位置づけにくい。

三章立ての本書が、各章で取り上げていることはいずれも、フェミニズムの正義・正論とされていることに疑問を呈する内容となっている。「差別問題」に対して「欲望問題」を対置し、「ジェンダーフリー」に「不可解」を投げかけ、「アイデンティティからの自由」に「アイデンティティへの自由」を主張する内容となっている。

その意味で本書に対してはフェミニズムからも、そしてそれだけでなくいわゆるLGBT（レズビアン・ゲイ・バイセクシュアル・トランスジェンダー）の多様な性の内部からも、相当の反発が返されることは必至であろう。したがって私がここで「欲望問題」を議論の俎上にのせることへの抵抗感も予想される。しかしセクシュアリティの次元では個人の性的指向や嗜好につきまとう「切なさ」の感情の問題が無視できないし、それを課題として担保しようとすると、セクシュアリティ／欲望系の問題と立てておいたほうが課題はみえやすくなるのではないかと考えたからだ。もともと後述するように、本章での私の「性」についての全体像を整理する図式としては加藤秀一の提言する「〈欲望〉の系：セクシュアリティ」、「〈差異〉の系：ジェンダー」に依拠しているので（3章で提示）、「セクシュアリティ／欲望問題系」の立て方は、伏見の前掲書からの触発ということだけではないからである。

伏見が、この書の導入部で紹介している一人の読者から届いたメールの「少年愛者の「痛み」」の切実な悩みとして言及していることが象徴的で印象的だ。二十八歳の同性愛者で、大人になる前の少年が好きで、実際には少年と行為をもったことはないものの自分の中の抑えがたい欲望は、もはや限界に達して、もしかしたら実行に移してしまうかもしれない、「どうしたらいいのか」という悩み、いや悲痛な叫びとなっている。

伏見はあえてこのような際どい話——実行すれば明らかに犯罪——を導入に置くことによって、しかし「少年愛」のような性的嗜好・指向がたとえ「反社会的な行為」「性犯罪」と名指されるものであるとしても、当人自身がその違法性を十分に認識していたとしても、そのような抑えがたい欲望と葛藤する人が存在することに対して、それを一般的に「やってはいけないこと」として断罪してしまうことで果たしてすむことなのだろうかと問うているのである。同じ同性愛者としての伏見自身の欲望の根底に視線を向けるとき、自分の欲望がこの男性の少年愛の欲望とけっして断絶してあるわけではないことにも気づかざるをえないところからの、問いでもあるのだ。

もちろん伏見は、ローティーン以下の子どもへの性的欲望の実行が認められうるものではないことは十分自覚している。力関係の上で明らかな差が存在する大人と子どもの関係に性愛が持ち込まれるようなことになれば、それは子どもに暴力と同じような影響を与えかねないし、その体験が将来トラウマになるかもしれない。さらに形成過程の子どものセクシュアリティに特定のバイアスをかけてしまうことになるかもしれない。したがって、この「少年愛」という欲望問題については、社会は社会を将来になう子どもたちの生存を優先させるしかなく、大人の側の行動を規制せざるをえない。禁止の線引き、善し悪しの境をどこかでつけなければならない。伏見はこのように小児性愛についての善悪の線引きを明確にしている。しかしだからといって、子どもへの性的欲望をもつこと自体が「犯罪視」されるというのはどうなのかと問いかけ、こうしたケースについては、たとえば、少年愛の同人誌活動の中で漫画や小説にその願望を描いて楽しむというようなことについては、許容されてもよいのではないか。そういう提言に及んでいるのである。

(「少年愛」)のかれらの「痛み」に切ない思いを馳せながらも、ぼくはその強制力を行使することに賛成します。その線引きは、なにも小児性愛者といった問題ばかりでなく、他の暴力的なセクシュアリティでも必要でしょうし、中絶をめぐる女性と胎児との間にも引かれるものでしょう。あるいは戦争という問題でも生じる難問だと思います。どの立場が優先されるべきかは、最初から決まっているわけではないにしろ、どこかに線が引かれることは間違いない。[伏見 2007]

伏見はこの話を導入に置くことによって、「反社会的な行為」「性犯罪」と名指される「少年愛」のような性的嗜好・指向に対しての違法性を認識しつつも、それを一般的に、「やってはいけないこと」として倫理的に断罪し切り捨ててすむことなのかと、問うているのだ。それは、同性愛者としての伏見自身の欲望の根底に視線を向けるとき、それが少年愛と地続きであることを認めざるをえないからだという。ここにはたしかに、これまでのフェミニズム、ジェンダー研究の性差別をめぐる議論がもっぱらカテゴリー間差別の問題として立ててきたこととは異なる問題が提起されている。性的指向、アイデンティティ、欲望に関わる問題である。

実のところ、私自身はこの問題については自らの立場を明確にできるような識見を持ち合わせているわけではない。同人誌的活動の中での仲間内でこっそり表現活動を楽しみ合うのは許容範囲ではないかという伏見の提言にもにわかには与しがたい。ただ、子どもの性行動への年齢の線引きの根拠や、ポルノと現実のレイプ犯罪との因果関係を予想してポルノグラフィの性表現を法で規制することの是非については、これらの欲望系の問題には、たしかに差別問題の議論、善悪の議論に還元しきれないやっかいさが付きまとうこととして、フェミニズムが踏み込むことをタブー視してきた一面があることは否定できない。それはまた以下にみるような諸問題とも無関係とはいえないであろう。

この欲望問題・セクシュアリティに関わる切実さということについては、いわゆる非異性愛の側からだけではなく、異性愛男性の側からの以下にみるような『感じない男』〔森岡 2005〕の著者で倫理学研究者である森岡正博の発言にもうかがえる。森岡は『感じない男』の中で、自らのロリコン嗜好をカミングアウトしている。自らの男としてのセクシュアリティについて、なぜ私はミニスカに発情するのか、なぜ私は制服に惹かれるのか、私にとってポルノとは何なのか、なぜ私はロリコンの気持ちが分かるのか。それらを自らに問い向ける。この場合、森岡は、けっして「男は」とは言っていない。男を総称してではなく、あくまでも「男としてのわたし」のセクシュアリティの嗜好として、ミニスカや制服、ポルノやロリコンまで、あえて語っているのだ。森岡は次のようにいう。

『感じない男』で、私が主張した論点は大きく二点ある。（1）私は射精において「不感症」である。（2）私にはロリコンの感性があり、その原因は自分が少女に生まれたかったという妄想にある。そして私はこの二つを持ちながらも、意識上ではそれを否認するという、典型的な「感じない男」であった。「感じない男」は、実は私以外にもたくさんいるのではないか。それがその本の仮説であった。［森岡 2006］

かねてより森岡は「妊娠する女性の性」に対して「孕ませる性としての男」という言葉で、「妊娠」を男のセクシュアリティの側から捉え返し、男の責任の所在について発言をしてきたことでも知られている。このたびのカミングアウトでは、そういう男性としての自らの身体に、どうしても自己肯定感をもてない自らのセクシュアリティのありようへの気づきから、自らのそうした「感じない男」のセクシュアリティの内面をみつめなおす作業に向きあっている。

人は往々にして、自らの中にそれを気づきつつ否認・封印しているような欲望に対してこそ、それを他者の中にみるとき排除的抑圧的になりがちである。ホモフォビアの内面について、ホモセクシュアルが異性愛のアイデンティティを安定させるための一つの手段として、「想像的な他者」として異性愛から排除された「記号論的ゴミ捨て場」であると、ハルプリンが述べているのと同じ構図をとっている［河口 2002: 122–123］。

そのこともあって、この本がどういう受け止められ方をしているのか気になり、ブログなどでの取り上げられ方をみてみたが、予想通り反発は少なくない。特に男性からの反発が強い。男性にとっては、森岡の発言が、読者である男性自身に「自分のセクシュアリティとも向き合ってみよ」というカミングアウトを突きつけられているような、居心地の悪さを与えるのかもしれない。しかしだとしたら、まさにそうした反発を呼び起こしていることこそ、男性一般のセクシュアリティの中にある微かな「やましさ」をあぶりだし、それを問題化しえているとみるべきであり、それがまさに森岡が自らのセクシュアリティをさらして問いかけた企ての期するところだったのではないか。

森岡が自らの内面に封印して認めようとしなかった「女に生まれたかった」という願望は、多くの男性の中にもあるのかもしれない。ミソジニー（男性の中にある潜在的女性嫌悪）とも無関係でないかもしれない。大学の先生の露悪趣味のセクシュアリティの告白に気分が悪くなった、といった酷評もあったが、しかしこの書には、むしろフェミニズムへの深い問いかけとして受けとめるべき課題が含まれている。というのも、これまで主流のフェミニズムの正論的セオリーでいえば、伏見や森岡たちの提起する「欲望系の問題」は、議論の余地なく論の対象から退けられてきているのではないかと考えるからだ。そもそも森岡は、日本の男性研究者の中の数少ないフェミニズムのよき理解者・同行者である。ロリコン趣味やミニスカに発情といった自分のセクシュアリティの告白に、自分の周りのフェミニストからどのようなリアクションが返ってくるかを、知らないはずはない。にもかかわらず、自らのセクシュアリティをカミングアウトすることを通して、文字通り身を曝して、フェミニズムはこのセクシュアリティ・欲望の問題系にどう対するのか、と問いかけているのだと考えたい。

『感じない男』以降の森岡の発言は『草食系男子の恋愛学』〔森岡 2008〕、『最後の恋は草食系男子が持ってくる』〔森岡 2009〕につながっていく。森岡が定義する草食系男子の登場にも、近代が制度化したセクシュアリティの神話の男の中のゆらぎが垣間見えてくるであろう〔森岡 2005, 2006〕。

6　欲望系の問題をフェミニズムはどう扱うのか

さらに男性の性の欲望問題だけではない。現在は、若い女性の間の性愛的欲望のあり方も、明らかに変化のきざしを見せている。実際、語られない性の問題、欲望系の問題ということでは（ようやく語られ始めたという感の）、「腐女子系マンガ」に代表される少年愛を描く「やおい」の世界がある。やおいは、女性を主な読者層とする、男性同性愛を扱った小説や漫画のジャンルである。美しい少年愛の世界を描く「やおい」（やまなし、おちなし、いみなしの頭文字をとったもの）に女性たちが傾倒しているという事実、これをどう見るか。「やおい」を嗜好する女性たちは、「腐女子」あるいは「貴腐人」と自称することもあり、それは、王道の少女漫画ではなく、あえて逸脱した「やおい」を好んでしまうことを自嘲して、「腐る」という表現となったということである。ここには「女子」という言葉の奪還もある。フェミニズムが一旦は「女・子ども」を一括りにしたその表現に異議を呈した「女子」にさらに「腐」を被せた「腐女子」である。

やおいに描かれる性愛の世界は、男性同性愛の世界である。さらにそこに投影されているのは、異性愛主義、性と愛の密接な結びつき、恋愛の永遠志向、といった近代的性愛の価値観そのものである。その性描写には、〈攻め〉に感情移入して男性を犯す側と〈受け〉に感情移入して男性に犯される側との両面が描かれているともされる。

なぜ異性である男性の同性愛を、女性が好むのか。ここには、若い女性たちの内面の屈折した欲望の表出をみることができるのではないか。これは一面においては、女性が現実世界の家父長制やジェンダー規範の性のドミナント・ストーリーをそのまま内面化したものとして、女性規範の自己確認への欲求の表われともとれる。つまり近代的性愛規範そのままに男性に犯される喜びとその規範に反逆して男性を犯す喜びの共存ともいうべき両義的な感情の潜在をそこに読み取ることができるかもしれないというものだ。

また女性嫌悪や女性蔑視、女性差別の大本である男性ホモソーシャルの内部に、実はホモセクシュアルの要素が隠されていることを暴露する楽しみといった側面もあるかもしれないし、しかしこれはまた女性の自身への女性嫌悪の裏返しでもあるかもしれない。さらにいえばそこには女性のいない男性ホモソーシャル空間への羨望の感情もあるかもしれない。

このような危ういジェンダー・バランスの中でのさまざまな女性の欲望が結晶化した表現がやおいであるとしたら、こういう欲望のあり方の登場についても、これを文字通りただ「腐っている」としてだけ切り捨ててすますことはできないであろう。やおいを消費する若い女性たちのそうした欲望のありようと、先にみた少年愛の世界を描く同人誌活動によって少年愛への欲望の実行を昇華しようとする者たちの欲望のありようとの間を隔てる壁が、はたして截然とした形で立てられるとは考えにくいからだ。

フェミニズムの知的格闘は、こうした問題をもタブーとしないところへ、すなわち少年愛、ロリコン・ミニスカへの欲望、「やおい」といった類の語られない性の問題にも、差し向けられねばならないであろう。フェミニズムのアンチ・ポルノ論の運動の場面で、ドウォーキンとマッキノンによって立てられた「ポルノはテキスト、レイプは実践」という命題があるけれども、俗悪性差別的表現ポルノを規制すれば現実のレイプ性犯罪はなくなるのかといったら、性の問題には、実際にはそうした因果関係では捉えきれない問題の側面があるのではないか。おそらくこの議論には、人間のセクシュアリティの内面のマゾヒズムを精神分析的な視線から問うレオ・ベルサーニュのセクシュアリティ論も無関係とはいえないだろう。おのれ自身を破壊するもの、自己を破壊するマゾヒズムにおいて人間のセクシュアリティを定義するベルサーニュの議論は、ここでの性指向・嗜好という「セクシュアリティ・欲望系の問題」が、ジェンダー系の差別の議論のパラダイムでは捉えきられない側面をもつことについて、顧みられる必要があることを物語るものであるからだ［ベルサーニ 1999、川崎 2006］。

同性愛者の「気がついたらそうなっていた」という欲望のあり方、その欲望の到来の偶然性に伏見は言及して、フェミニズムが、それに対しても性の構築性をもって対応することが、当事者の欲望のあり方に教育的・治療的抑圧をかける結果になってしまいかねないことを指摘している。

マゾヒズムやフォビアも深く関わる欲望の問題がセクシュアリティの問題には不可避的につきまとってくるのだとすれば、現下のジェンダーフリー・バッシング、アンチ・フェミニズムのバックラッシュ状況についても、そこにもフェミニズムが死角化してきた身体や欲望の問題が関わっているのではないかという思いがぬぐえない。もちろん、フェミニズムとアンチ・フェミニズムのそのベクトルの向かう方向性は逆向きである。すなわち、フェミニズムの向かう方向は、セクシュアリティ／身体の関わる上述のような問題、すなわち「欲望系の問題」を受けとめることが、ジェンダー二項対置イデオロギーの解体から多様なセクシュアリティへの議論を拓きうるかどうかの一つの試金石とされるであろう。もとよりアンチ・フェミニズムのバックラッシュの動きのほうは、ジェンダー二項対置イデオロギーの解体ではなく身体の差異に過剰に意味づけし、現存のジェンダー体制・秩序の補完と再強化に向かうであろうから、両者のベクトルは別向きである。

しかしバックラッシュ側からの、ジェンダーフリー・バッシングが横行してしまう現実があることについては、つまり一般市民を巻き込んで起こっている反フェミニズムの感情の深層には、フェミニズムの死角化してきてしまった欲望問題、身体の差異に関わる問題が関係してないとは考えにくいのである。そうしたジェンダー・バッシングの背景にある問題の深さ、ジェンダー・アレルギーの内面を看過し、これをアナクロニズムの保守反動の政治的動きと決め付け、保守対革新の二項対立の問題構図に還元してしまうことに危惧を抱かざるをえないのだ。

近年、ジェンダー概念をめぐって起きたバックラッシュに映し出されていたのも、フェミニズムの性差を構築主義で語る言説への抵抗感であったと思うからだ。「性差は作られたもの・性差はない・なくすべき差異」というジェンダーフリーの命題に対する抵抗感が何に起因するのか。それはフェミニズムに何を突きつけているのか。こういった問題意識そのものが不在化されてしまうことへの危惧であった。昨今のジェンダー・バックラッシュは、この状況に先立つ数年前に日本社会のジェンダー概念受容に抱いた危惧を私自身に思い起こさせる契機となったのである。

（1）性同一性障害に関係する文献について本稿が参照したものを挙げておきたい。石田編［2008］は、特例法制定前後の日本社会の性同一性障害をめぐる問題について総括的に洗い出した書。蔦森［2003］、三橋［2006］など。なお本注末に付した図は、現在のセクシュアリティ研究において、ジェンダーとセクシュアリティの関係の複雑な組み合わせの複雑な構造をかなり適切に分析的に可視化している、石田仁の作製による出色のモデル化である。性自認と性指向、性自認と生物学的性別、性指向と生物学的性別の組み合わせによって、現代の性の解釈枠組みが三次元の構造をとって理解できる図となっている。出所、石田仁「セクシュアリティのジェンダー化」（江原・山崎編 2006）。

（2）ここで筆者が考えているのは、十代の女性たちの間の「拒食」や「食べ・吐き」などの摂食障害の問題である。若い女性たちの自らの身体への違和、第二次性徴期の身体的変化を受け入れられない根底のところにある「女なんていや」という自らの女としての身体への強い否認感情に起因することである。

（3）本書の原題は、*Sex changes and other Essays on Transgender.* 第一版は一九九七年、第二版は二〇〇三年に刊行された。

（4）上川［2007］には一人の「性同一性障害者」の「心の性（性自認）」と「身体の性」との不一致に苦しみ「男性」から「女性」へと性を越境した軌跡が真摯に綴られている。

（5）アメリカで性転換手術を繰り返しＦＴＭ実践者として日本の性同一性障害者に対する医療・行政のあり方に一石を投じ、また特例法制定の立役者となったのは虎井まさ衛である。

ジェンダーとセクシュアリティの三次元構造

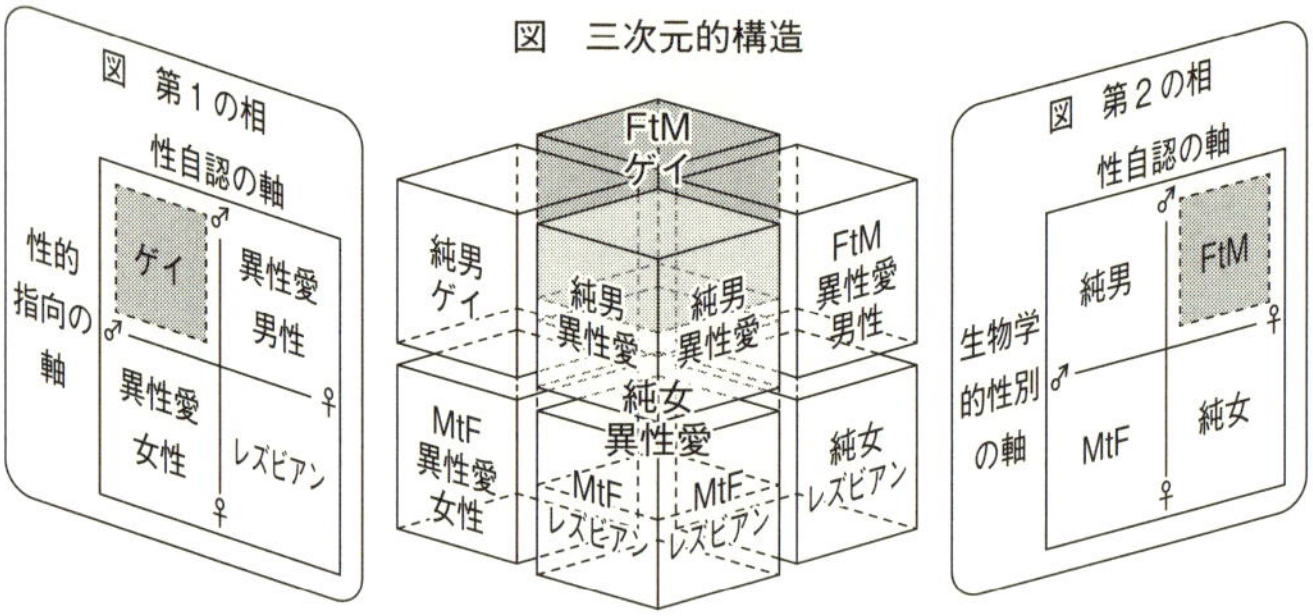

（出所）　石田仁「セクシュアリティのジェンダー化」江原・山崎編［2006］，156頁。

（6）　本書の原著は一九九九年に刊行、邦訳は最初二〇〇〇年に村井智之訳で無名舎より出版され一時絶版の後二〇〇五年扶桑社より再販されている。再販にあたっては「新しい歴史教科書をつくる会」会長の八木秀次による一〇頁におよぶ解説が付されフェミニズムのジェンダー構築論への批判の論拠となっている。

（7）　なお、本書をめぐる議論については、小山［2006］、千田［2006］、細谷［2006］も参照されたい。

（8）　伏見の本書に対する賛否両論の批評・反響については、ポット出版の新刊『欲望問題』出版記念プロジェクト豪華メンバーによ書評コーナーを参照されたい。http://yokuboumondai.pot.co.jp/

第五章　バックラッシュをクィアする
――フェミニズムの内なるフォビアへ――

1　私のクィアとの出会い

現在、日本の多様なセクシュアリティをめぐる状況にも、クィア・スタディーズが大きく前景化してきている。日本でのクィアの展開を名実ともに担ってきたのは『クィア・ジャパン』の編集長の伏見憲明であろうが、伏見から少し下の世代による、日本のクィア・シーンの第二の幕開けともみるべき動きが、一九九七年のクィア学会の設立をみて活発化しているからだ。私自身のクィアとの出会いを顧みれば、それは、一九九〇年代のはじめに遡りうる。ジュディス・バトラーの『ジェンダー・トラブル』が刊行されたアメリカでの、レズビアン&ゲイ・スタディーズの場面に、クィア・スタディーズ、クィア理論が浮上してきた場面であった。

州立ニューヨーク大学ビンガムトン校に訪問教授として滞在していた時期で、一九九二年秋、ニューヨーク市立大学大学院で行なわれた「クロス・アイデンティフィケーションズ」のテーマのもとに、ジュディス・バトラーやビディ・マーティン、ナンシー・K・ミラーなど十人以上のパネラーが立ち、それぞれゲイ、レズビアンの立場から、さらにホワイト、ブラック、アジア系など、人種的立場の違いを横断的に越えて「レズビアン&ゲイ・スタディーズ」の設立に向けてもたれた講演会に参加していたのだ。そこでの発言者の一人でレズビアン・フェミニストのビディ・マーティンとは、彼女の所属がコーネル大学であることを知り、滞在していたNY大学ビンガムトン校から近いコーネル大にもしばしば研究訪問していた関係から後日ビディ・マーティンとの対談・インタビューの場を設定してもらうという機会も得た。その中からアメリカ・フェミニズムの最新事情と、その中で当時台頭していたクィア研究の動向についてもかなりの情報をえることができたのだ(1)。

そのとき以来、クィアについては少なからぬ関心を抱いていたのだが、日本社会での一九九〇年代半ば以降展開されたクィアの動きの、特に前記した『クィア・ジャパン』の創刊号の中での、そこでの「アイデンティティ・ポリティクス批判」や「キャンピー感覚」には、私がビディ・マーティンとの対話から抱いたクィアへの思想的な関心とのどこかズレを禁じえず、なかなか近づけないできたというのが正直なところであった。それでも二〇〇七年冬、イギリス・ロンドンの書店「ウォール・ストーン」のジェンダー関係の棚に三百頁を越す分厚い ***Feminism meets Queer Theory*** [weed & Schor 1997] をみつけたときはすかさず買い込んできている。だからクィア学会設立の動きを前にして、期待を込めて、いよいよ日本のクィア・シーンの第二幕という印象をもったのである(2)。

クィア（Queer）とは、非異性愛者に対する「変態」「オカマ」といった意味での侮蔑語であった。しかし、これを逆手にとって、非異性愛者たちが、自らを異性愛主義や性別二元制から自由であることを肯定して、また誇りをもって自称したことが、クィアのより直接的な起源となっている。クィア思想には「攪乱性」という要素が重要だが、この言葉の歴史的経緯をみても攪乱的要素があることが分かる。歴史的にはアメリカにおける一九八〇年代のバックラッシュや保守回帰に対抗して、レズビアン、ゲイ、バイセクシュアル、トランスジェンダー等々の連帯を目指し、またそれぞれの固定的なアイデンティティ・ポリティクスを批判的に継承した思想である。差異にセンシティヴでありながら連帯を模索する、そして社会を敵／味方で二項対立的に分断するのではなく、敵にも味方にも作用している、頑強な性別二元制という制度に対して攪乱的に批判を向けていくという特徴をもっている。

クィア思想の源流の一つは、ポストモダンの代表的思想家である、G・ドゥルーズ、F・ガタリが『アンチ・オイディプス』において「n個の性」という概念を析出したことに遡りうるであろう。「ひとつの性が存在するのでもなければ二つの性が存在するのでさえもない。そうではなくて、n個の性が存在するのだ」［ドゥルーズ・ガタリ 1986: 317］。性別の二元制が、身体内の欲望や社会に抑圧的に作用することを批判的に考察したからだ。

レズビアン／ゲイ・スタディーズがもっていたものを、病理化や犯罪化への抵抗から自身の正当性を訴える思想であるとするならば、クィアはその正当性を求める社会や正当化しないと認められない社会を疑問視し、その「正当化」自体を相対化するものである。したがって、クィア理論において先駆的で現在もなお代表的な論者であるジュディス・バトラーは、クィア理論の要諦をあらゆる実体化の拒否という姿勢におく。「ジェンダーは、それによってセックスそのものが確立されていく生産装置のことである」［バトラー 1999: 29］という言葉によく表われているように、第二派フェミニズムによってジェンダーがセックスから分別される中で、かえってセックスの本質性が強調されてしまったことへの批判として、セックスは無限定に規定されるのではなく、ジェンダーという文化的なフィルターを通してのみ表われるものであることをテーゼ化したのだ。

そのバトラーは、もう一点、アイデンティティの実体化にも鋭い批判を行なっている。「ジェンダーの表出の背後にジェンダー・アイデンティティは存在しない。アイデンティティは、その結果だと考えられる「表出」によって、まさにパフォーマティヴに構築されるのである」［同 1999: 58–59］と論じた。ジェンダー・アイデンティティが内面にあらかじめ存在しているのではなく、文化的な機制に条件付けられた行為を遂行し続ける実践において、アイデンティティと呼ばれるものが構築されるのだ。他にも、「主体」が遂行性によってあぶり出されてくるものであるなど Agency をめぐる議論でも刺激的な展開をみせている。

しかし他方で社会の構築性を重視するバトラーの論考に対しては、その身体性の軽視に対して批判が挙がっている。特に、本書第一章で言及したバーバラ・ドゥーデンは、女性の身体の歴史的実体性を重視する立場から、女性の経験や歴史性、性的差異をなきものがごとく扱うバトラー（を含むクィア理論）に対して苛立ちを禁じえないでいる［ドゥーデン 1994, 2001］。

また、クィア理論がもつ相対性を重視する戦略では、現実の差別的布置が見過ごされるのではないかという懸念も挙げられている。これは、「マジョリティ」と「マイノリティ」の布置のみならず、

「ゲイ」と「レズビアン」の間にある圧倒的な格差も含まれる。(3) これらの差別的布置を「差異」という中立的な言葉で語ってしまうことへの危機感がある。

その他にもさまざまな批判が挙がっているが、攪乱性を是としたクィア理論にとって、批判をも巻き込んだ議論の渦を展開することは、成功と言っていいだろう。

二〇〇七年秋、待たれていた「日本クィア学会」が誕生した。その設立のための「クィア学会」の呼びかけ趣意書は以下のような内容である。

クィア・スタディーズとは、性と身体、そして欲望のあり方に関わる諸規範を問い直そうとする、批判的／批評的な学術的探求の総体であり、以下に代表されるような試みの全てを含む。ジェンダーとセクシュアリティとをどちらか一方に還元することなく、しかもその両者が既存の性と身体、そして欲望のあり方にかかわる諸規範の下でいかに関連してきたかを、分析すること。これらの諸規範が、社会において自然とみなされる身体やアイデンティティなどにかかわる認識と様態をいかに条件づけてきたのかを、考察すること。それらの規範的認識とそれによって維持される経済的・社会的あるいは表象上の権力構造とが、人種・民族・宗教・国籍・地域・言語・経済階層・身体性などにおける諸差異といかに相互に作用しあってきたのかを、理論的また実証的に検討すること。そして既存の規範に従わないようないかなる性と身体のあり方、いかなる欲望の形態が可能であり、あるいはより望ましいのかを、探求すること。

クィア・スタディーズはまた、既存の「性の規範」から外れた多様なジェンダー表現や性的・

文化的実践、および、この規範を問い直し続けてきたレズビアン・ゲイ・バイセクシュアル・トランスジェンダー運動やフェミニズムなどの多様で広範なアクティビズムや学問的探求の蓄積の上にうまれた学問領域である。その意味で、クィア・スタディーズは、そもそも、既存の「性の規範」の下で法的・経済的・社会的・文化的な抑圧や不利益を被ってきた人びとの生の質を向上する目的をもった社会的・文化的活動の一環であり、目的を同じくする他の諸活動との協働なくしては存在しえない。

異性愛規範・性別二元規範からの逸脱を許さない国民国家、戸籍や婚姻制度、家族イデオロギーで人々を縛っている国家に対する対抗軸なくしては、一人ひとりの「わたし」「自分らしさ」「欲望」の顕現・実現につながる「生の質の向上」は考えられない。[4]

上記の趣意書が、クィアの目的を、「既存の性規範の下で抑圧や不利益を被ってきた人びとの生の質の向上」を目指す運動の一環として位置づけていることにもっとも強く注目しておきたい。「クィア」の上述のような宣言の登場は、「パーソナル・イズ・ポリティカル」のスローガンとともに「女《わたし》のからだ」からの解放を問うたウーマン・リブの原点に私たちを引き戻さずにおかない。ウーマン・リブの原点にあったものを問うことでもあるはずだと考えるからだ。そしてまたこうしたクィア学会の動きとも呼応して、日本女性学会の二〇〇七年度大会シンポジウムが「バックラッシュをクィアする」のテーマを立てて議論する場となったこととも無関係ではあるまい。

上述のクィア・スタディーズの学問的探究の趣意に結晶化された思想的課題の水準から翻って、日本での女性学、ウーマン・リブ、フェミニズムの展開を顧みて、さらにバックラッシュと向き合う中で、見えてきた課題について以下に取り上げることとしたい。

2　フェミニズム・ミーツ・クィア

さてクィア学会設立の同年二〇〇七年六月に開催された日本女性学会大会のシンポジウム、おそらくこれは日本のフェミニズムの歴史における一つのエポックメイキングな出来事とすべき場面となったのではなかったか。フェミニズムがクィアという「他者」と出会ったという意味においてである。「他者」「他者化」とは、「性による差別・抑圧からの解放」を掲げるフェミニズムの、その拠って立つ「同じ女」あるいは「わたしたち」という同一性の基盤があらかじめ排除あるいは不問視してきた存在・問題を指すものである。フェミニズムの「一国的・自民族的」視線からマイノリティ化されてきた障害をもつ女性やレズビアンあるいは有色の女性などのフェミニズム内の「マイノリティ女性」がまず挙げられる。そしてもう一つフェミニズムが他者化してきた問題としては、レズビアン女性も含むゲイやバイセクシュアルさらにトランスジェンダーなどの「セクシュアルマイノリティ」の存在である。

クィアは、まさにこのセクシュアル・マイノリティ諸当事者を背景にもち、性の二元制イデオロギー批判を立てて、ジェンダー・セクシュアリティをめぐる議論の新たな理論枠組みを拓いてきた思想・理論・運動である。そのクィアをフェミニズムが射程に入れた。

しかも「バックラッシュをクィアする」というこの卓抜な表現において、「これまでとは違った形で」バックラッシュと向き合う方向性を打ち出した。ジェンダーフリー・バッシングへの対抗視座においてフェミニズムが死角化してきた問題として、バッシングの内面にある「フォビア」の感情、フォビアとバックラッシュの関係を議論する視野を拓こうとした。これらの意味において、この大会を「フェミニズム・ミーツ・クィア」の場面として、その歴史的意味の小さくないことをまず確認しておきたい。

　バッシングの内面にある「フォビア」の感情あるいはフォビアとバックラッシュの関係というアプローチをとったとき、ジェンダーフリー・バッシングには、男女共同参画やジェンダーフリー概念への反撃だけでなく、その内面には実は、ゲイやレズビアン、さらにバイセクシュアルやトランスジェンダーなどのセクシュアルマイノリティに対する嫌悪感、すなわちホモフォビアやレズフォビア、さらにバイフォビアやトランスフォビアの感情が根強く存在することがみえてくる。しかしこの事実に、これまでフェミニズムは必ずしも自覚的ではなかった。フェミニズムのバックラッシュに対する対抗言説は、これらのフォビアを分節化して、それを踏まえての十分な反撃とはなりえていない。このフォビアとセクシュアリティへの対抗の不十分さが、フェミニズムのアキレス腱でもあった。そのことが結果として、性教育バッシングの顕在化に対して行政や学校現場が過剰に自己規制的に走り始めたときにも、フェミニズムが有効な対抗をなしえない現実を作ってしまった。

　したがってこの大会での「バックラッシュをクィアする」のテーマ設定をした風間孝は、バックラッシュへの対抗においてフェミニズム・女性学の側に問われている課題、バックラッシュに反撃するためにフェミニズムとクィアが論理を共有するべき課題として、以下のような認識を提示している。ジェンダーとセクシュアリティの関係は非因果的ではあるものの、しかし両者は切り離せない関係としても問うべきであり、だからこそクィアのアプローチが必要となってくるとして、この認識から立てられたのが、次の三点の課題設定であった。

① ジェンダーやセクシュアリティの認識における二元論的な図式（性別二分法規範）の問題。
② バックラッシュにおけるジェンダーとセクシュアリティの絡み合いを正面から取り上げる。
③ ジェンダーへの焦点化に偏りがちであったバックラッシュの対抗言説に、セクシュアリティの視点を導入する意義を確認すること。

さて改めてクィア思想においては「攪乱性」という要素が重要視されることに注目したい。クィアという言葉が低ドイツ語の「曲がった（queer）」に語源的由来をもつことからも、すなわち非異性愛者に対する「変態」や「オカマ」といった侮蔑語を非異性愛者当事者が自称詞として奪還したこの言葉の歴史的経緯にもクィアの攪乱的要素は明らかであろう。歴史的には一九八〇年代のバックラッシュや保守回帰に対抗して、レズビアン、ゲイ、バイセクシュアル、トランスジェンダー等々の連帯を目指し、またそれぞれの固定的なアイデンティティ・ポリティクスを批判的に継承した思想であるからだ。

つまりクィアは非異性愛の可視化の中で、現実の覇権的セクシュアリティ体制の異性愛中心主義を批判的に問題化したところにこそ思想的な眼目がある。レズビアン&ゲイ・スタディーズの主張は、レズビアンやゲイのセクシュアリティを病理化や犯罪化に囲い込む覇権的異性愛体制への抵抗から自身の正当性を訴える思想であるとするならば、クィアはその正当性を求める社会そのものを疑問視し、その「正当化」自体を相対化するものである。したがってクィアからフェミニズムに突きつけられた最大の問題とすべき観点も、ジェンダーやセクシュアリティの認識における二元論的な図式(性別二分法規範)の問題であり、フェミニズム自身の思考をも枠付けている性別二元制イデオロギーにある。

クィアのこのような革新性を踏まえるとき、フェミニズムがクィアという他者との出会いを通して、バックラッシュに対抗するフェミニズムとクィアの橋頭堡はどのように立てうるのか。フェミニズムの側に「バックラッシュをクィアする」というシンポジウムのテーマ設定が含意する意味、ジェンダーフリー・バッシングへの対抗視座においてフェミニズムが死角化してきた問題として、バッシングの内面にある「フォビア」の感情、フォビアとバックラッシュの関係を議論する視野を拓こうとしたことの企図は理解されたのであろうか。この点が、シンポジウムを総括する点の一つとなろう。

ところでひるがえってみれば、このシンポジウムは、日本のフェミニズム・女性学が他者化してきた存在との「再度の」出会いの場面であった。というのも一九九五年十一月の大会シンポジウムは、「マイノリティとフェミニズム」のテーマで開催されている。すでに米国のフェミニズムの中では一九八〇年代に入るあたりで、ウィメンズ・スタディーズの第二ステージを迎えており、主婦的状況を生きる白人中産階級女性の生きがたさの感情を背景としたウィメンズ・スタディーズが、黒人やヒスパニック・アジアなど「有色の女性たち」の側から、その「中産階級中心主義」を批判されるにおよび、性差別の認識において、階級・人種・民族・階層などの諸要因と複雑に交差する複合的差別への視点が拓かれたことによって迎えたセカンド・ステージであった。

対する日本社会では、女性学・フェミニズムの自民族中心主義（エスノセントリズム）批判、すなわち「日本人中心主義」が批判的意識に上り始めるのは、一九九〇年代に入ったあたりのことである。それは日本人社会の中でマイノリティの位置にある女性たち、すなわちレズビアンと定義される女性や「在日」朝鮮韓国籍の女性さらに障害をもつ女性やアイヌ・オキナワの女性たちの、日本社会に生きるマイノリティ女性たちのけっして一義的には語れない女性としての生きがたさの問題、「女性として・マイノリティとして」の二重の被抑圧感の中からであった。(5)

3　制度の暴力としてのフォビア

こうした経緯もあり、このシンポジウムは、フェミニズムにとってはフェミニズムが他者化してきた存在との二度目の対話の場であると考えたのだ。クィアという新たな意味ある他者との向き合いである。シンポジウムは、フェミニズムとクィアを「わたしたち」という関係において出会わせたのだろうか。

それを考える手がかりを、クレア・マリィがフォビアとバックラッシュの関係を「制度上の暴力」として読み解く分析において提起している［マリィ 2008］。彼女は、ホモフォビアは「個人」が抱く不安などではなく、もっと根の深いジェンダー二分法に基づく強制異性愛によって鍛えられている制度的な「暴力装置」というのだ。性別二元制イデオロギーの上に立つ諸制度とりわけジェンダー二元制の言語体系が「セックスの自然をも二元的に意味づけ付与する力」（J・スコット）をもっているというところからフォビアの内面をみていけば、たしかに言語はすべての人の思考・行動様式を規定する暴力装置として、この言語体系が、男／女、異性愛／非異性愛の性別二元論的構造を自明視し、そこから逸脱するあいまいさや過剰さに対して、それを脅威とするフォビアの感情の源泉となりうる。この言語のもつ拘束性は侮りがたい深さをもつことに留意されるべきであろう。

そしてもう一つ注意しなければならないのは、この制度上の暴力は、男女共同参画社会基本法においても、性同一性障害「特例法」においても、解消されるのではなく、むしろ再編強化され、フォビアは温存再生産されているということである。だからこのフォビアの問題は、個人的な感情として捉えてすまされることではない。それでは、制度としてのフォビアを見逃すことになりかねない。この点についてクレア・マリィは強く危惧を呈している。

たとえばホモフォビアという言葉そのものが、ホモ／ヘテロの性別二元制に基づくものであり、ホモフォビアという言葉では、現実のレズフォビア、ゲイフォビア、バイフォビア、トランスフォビアとしてあるフォビアの存在は不可視化されてしまう。バックラッシュ派の「子孫」や「イエ」や「国」が前提するイデオロギーがセックス・ジェンダー・セクシュアリティの三位一体性と性の二元制を支えるものであることはもちろんだが、しかし、「基本法」や「特例法」における「男女」「父母」「家族」など、これらの言葉も、それが自明視している性別二分法規範を再生産している事実を免れえない。このように敵にも味方にも作用しているこの性別二元制という強固な制度の暴力に対して、攪乱的に批判を向けていくには、言語体系への攪乱的実践がもっと顧みられるべきだと、クレア・マリィは、フェミニズムがクィア思想のもつ「攪乱性」の特徴に関心を向けるべきことを主張している。

このクレア・マリィの制度の暴力としてのフォビアという視点によって、私自身の中では、ジュディス・バトラーのいう「ジェンダー・パフォーマティビティ」の含意や、さらに「キャンピー感覚」といった言葉で語られる、クィアの言語実践の「攪乱性」戦略の意味するところが、より深くみえてきたことはたしかである。実際、ドラッグ・クイーンは男性が過剰な異性装を行なうものであるが、女性性を過度に強調することによって、ジェンダーが擬制であることをパロディとして表現している。このクィア的な攪乱性によって、ジェンダーに対して「アイロニカルな視点」を喚起させるクィアのとるこの戦略的な意味は、フェミニズムのメディア戦略においてもっと取り入れられていいのではないかとも考えている。

風間の性教育バッシングの言説分析報告も、敵にも味方にも作用しているこの性別二元制という強固な制度の暴力に対して、フェミニズムや女性学が対抗しえていないこと、すなわちフェミニズムの内なるフォビアの問題を鋭く照射せずにはおかない問題提起として興味深いものであった。風間は、「過激な」性教育実践を批判するバックラッシュ派の言説には同性愛（者）やトランスジェンダーへの嫌悪や恐怖に関する記述が登場することを、また、近年の若者の性の「乱れ」を「性の自己決定」や「性の多様性を教えるあまり」の結果と認識するところからの十代の性行動抑制の主張であることを、丹念に跡付けた。

しかしそこからまた、この性教育とバックラッシュへの「対抗言説」が十代の性行動批判につながってしまう隘路があること、そこに浮かび上がるフェミニズムの道徳保守主義をも描き出す。つまり、反バックラッシュの言説においては、「同性愛（者）」やトランスジェンダーなどの性的マイノリティ、また若者のセクシュアリティをどのように捉えるのかという論点については十分に議論されず、バックラッシュの対抗言説はジェンダーの視点を中心に組み立てられてきた」というのだ。「バックラッシュに対抗するうえで、ジェンダーとセクシュアリティを切り離すことなくその関係性を分析すること、セクシュアリティの視点を導入することの意義」が十分認識されていないために、十代の性行動を抑制する道徳的保守主義にもバックラッシュ派のホモフォビアにも対抗しきれていない。このように風間がバックラッシュ側の言説分析から明らかにしたフェミニズムの道徳的保守主義の側面は、前章での「性別二元制のあわいを生きること」で取り上げたトランスジェンダー・フェミニズムがフェミニズムに突きつけている問題とも深く関わってくる重要な論点とすべきであろう。

二〇〇七年十一月にクィア学会が設立されたその趣意書に立ち戻ってみれば、クィア・スタディーズが、「既存の「性の規範」から外れた多様なジェンダー表象や性的・文化的実践、および、この規範を問い直し続けてきたレズビアン・ゲイ・バイセクシュアル・トランスジェンダー運動やフェミニズムなどの多様で広範なアクティビズムや学問的蓄積の上にうまれた学問領域」と定義し、クィア研究の目的を「既存の性規範の下で抑圧や不利益を被ってきた人々の生の質の向上」を目指す運動の一環として位置づけていることの意味は深い。「フェミニズム・ミーツ・クィア」すなわちフェミニズムがクィアと出会ったことの意味は、カテゴリーの政治に取り巻かれる人間関係の世界の他者表象の暴力の問題や、規範からの逸脱に対するマジョリティとマイノリティの間に働くポリティクスを浮かび上がらせたことにある。

そもそも「フェミニズム・ミーツ・クィア」という言い方で問題を捉えること自体にも、クィア内部のセクシュアルマイノリティ諸主体間に存在するポリティクスを見えづらくしてしまう、表象の暴力を発動しているという批判も免れえないかもしれない。たしかに、クィア理論がもつ相対性を重視する戦略では、現実の差別的布置が見過ごされるのではないかという懸念はある。これは、「マジョリティ」と「マイノリティ」の布置のみならず、「ゲイ」と「レズビアン」の間にある圧倒的な格差も含まれるであろうし、それゆえに、これらの差別的布置を「差異」という中立的な言葉で語ってしまうことへの危機感があることも否定しえない。しかしそれでもなお、「われわれ」として出会う回路をどのように考えるか。理解や共感の不可能性について自覚的・自戒的でありつつも、フェミニズムとクィアの相互批判的な共闘の意味と対抗言説への可能性の余地は残しておきたい。

このクィアの宣言の趣旨に重ねて改めて日本女性学会のシンポジウムが「バックラッシュをクィアする」のテーマを立てたことの意味を顧みるならば、異性愛規範・性別二元制規範からの逸脱を許さない国民国家、戸籍や婚姻制度、家族イデオロギーで人びとを縛っている国家に対する対抗軸なくしては、一人ひとりの「わたし」「自分らしさ」「欲望」の顕現・実現につながる「生の質の向上」は考えられない。しかも私たちの内なるフォビアへ向けるまなざしが問われてもいる。とりもなおさずそれはまた、ウーマン・リブの原点にあったもの、すなわち「女《わたし》のからだから」解放を問うことを意味するはずであるからだ。

4　フェミニズムが取りこぼしたもの
——身体・欲望——

フェミニズムは身体を語ってきたのか。女性の身体はどのように語られてきたか。言うまでもなく、女性の身体は近代の男性中心の言語体制の中で、男性によって男性身体とまったく非対称的に語られてきた。結果的に女性の身体は他者化され不可視化されてきた。近代が不可視化した身体は、ジェンダー二元制規範が他者化した女性身体だけではない。成人男性健常者を普遍的「人間」モデルとする人間像から逸脱する身体、すなわち「労働する／生殖する性的主体」としての身体から外れる存在としては、障害者も非異性愛のさまざまな身体・セクシュアリティも、他者化され不可視化されてきた。

フェミニズムが死角化したもの、フェミニズム運動が取りこぼしたもの、それは、身体・セクシュアリティの主題であることをここで改めて確認したい。具体的には、性をもつ身体の欲望・快楽の主題である。フェミニズムにおいて語られなかった主題、取りこぼしてきた問題がそこにはある。「フェミニストは売春婦を落ちこぼした。しかも酷く落ちこぼした」。この言い方は、女性がセックスワークする権利を提唱するニッキー・ロバーツがフェミニズムを厳しく批判しているのに重ね合わせたものだ。「「バイセクシュアル」である、ということ」を書いている青山薫のある場面での発言からの孫引きなのだが、しかしこれは単なる言葉の重ね合わせではない［青山 2007, 2008］。マジョリティのフェミニズムがセックスワーク問題に「差別的なまなざし」と「非寛容な対応」をとり続けてきていることと、フェミニズムが女性の身体・セクシュアリティの主題を取りこぼしてきたこととは無関係ではないとの予感に基づいてのことだ。そしてこのことは、前記したようなバックラッシュのジェンダーフリー攻撃と性教育バッシングへの対抗において、フェミニズムがとった対応とも無関係ではない。すなわちジェンダーフリー攻撃の内面にある「フォビア」の感情への対抗に不十分さを残していること、つまり性教育批判に内在するホモフォビアの感情へのフェミニズムの無頓着さを、風間孝が危惧する発言をしていることともつながる問題である〔風間 2008〕。フェミニズムがセックスワーカーやホモセクシュアルを「他者化」してきたことと、フェミニズムが身体・セクシュアリティを主題化できていないこととは、このようなつながりをもっている。

それにしても、ウーマン・リブを通ったフェミニズムが、なぜ身体の問題を取りこぼしたのか。そもそもリブは、現実の男性中心の支配的・覇権的性体制において他者化された性の側に置かれた女性が、外から押し付けられた女性規範に対して、女であることの主体を奪い返す運動であったはずである。「女であるわたし」の解放にこだわり、きわめて私的な領域であるセクシュアリティの問題にまでふみこんで解放を模索し、からだ、いのち、性、生殖といった主題を解放要求に組み入れた運動を展開したはずである。実際、日本のウーマン・リブ運動の場面でその独特の語りとパフォーマンスで光彩を放った田中美津は、リブの主張を実に端的に、私が「まるごと」生きることだ、と言い切った。「どこにもいない女」に自分を明け渡すのではなく、「いまここにいる女」である自分を自己肯定し、自分と出会っていくことを求める運動であると〔田中 2001, 1983〕。一九七〇年代のはじめの日本社会に、たしかにリブは登場し息づき発信していたのだ。しかも、田中の性愛論は「売春婦」の存在を地続きに見るものであった。そのリブの初発の運動の中にはあったはずの身体やセクシュアリティへのまなざしが、その後のフェミニズム・女性学・ジェンダー研究の展開の、どこでどのようにしてみえなくされてしまったのか。

私の一つの関心軸をなす問題ではあるが、本章ではそれを運動・思想両面から辿ることをしたいというのではない。リブから三十年をはるかに超し、一九八〇年代のフェミニズムもジェンダー研究も男女共同参画も通った、現在の日本社会において、「女であるわたし」からの解放というリブ的な要求が、意外な形をとって登場していること、「やおい」や「腐女子」の中に表出しつつある性愛観・表現の中に着地しているのではないかということに言及したいのだ。やおいを「男性同士ホモセクシュアリティを扱った二次創作あるいは作品を嗜好する女性たち」といった定義で語ったとたんに、おんなオタクや女性版ポルノ表現扱いされ、いかがわしさのまなざしでもってフェミニズムからは切って捨てられかねない。しかも当のやおいを嗜好する女性たちからも、私たちの密かな楽しみ・いやしの世界をフェミニズム的関心でとやかく評されるのは迷惑、そっとしておいて、という声もないわけではない。しかし、彼女たちの二次創作表現の中に表出してくる性愛観、性愛構図の〈攻め〉・〈受け〉のキャッチボール、そこで追求されるセクシュアリティの男女平等、やおい化するその視線の先にあるセクシュアリティ・身体・欲望の形を、フェミニズムが無関心で通り越してよしとするわけにはいかない。以下、サブカルチャーの場面に育ちつつある女性の表現・欲望について「リブからやおいへ」の主題を立て、やおい的な視線に何を見、聴き取るかを考えてみたい。

そこから改めてクィアとフェミニズムの出会いの意味を捉え返したい。ようやく語られ始めた女性の身体・欲望・セクシュアリティの声、やおい的な欲望の中に、リブを通ったフェミニズムの「性／

愛」の主張が、セクシュアルマイノリティ諸当事者のそれぞれの自分らしさへの欲望の多様で個別的なあり方ともつながる形で獲得されたクィアの定義からは、「性／愛」に対して「性／生」の言葉を立てることができるのではないかと考えるからである。

5　やおい的なまなざしの中に、何をみるか

やおいとは、男性ホモセクシュアリティを扱った作品群が女性に好まれる現象と定義される。「やまなし、おちなし、いみなし」の頭文字をとった「やおい」は、もともと同人誌作者が自らの作品を「やおい」と自嘲して称したのが始まりとされる。他にも類語として「BL（Boys Love）」「JUNE」などもあるが、ここでは「やおい」で統一しておこう。海外にも同様の「スラッシュ（slash）」と呼ばれる文化があるが、日本がもっとも盛んであり「yaoi」という言葉も輸出されているということだ。こうした女性を主な購読層とする男性同性愛を扱った小説や漫画などの創作物には、一次創作としてのオリジナル作品だけでなく、一次創作の著作者以外の者によるパロディ化による二次創作であることが多いために、著作権侵害や肖像権侵害のグレーゾーン、すなわち表現の自由をめぐる法的な問題や、性描写の倫理的な課題が存在する。しかしこのやおいの舞台は年二回開催されるコミックマーケット（通称〝コミケ〟）と呼ばれる同人誌即売会での販売ということもあり、出版社などの黙認で成り立っているようだ。二〇〇六年夏のコミックマーケット70は、三日間でのべ五十万人ほどの人が集まり、その半数以上が女性であるという。ここで扱われる同人誌のほかにも一般の書店で手に

入る商業誌も同様に隆盛をきわめている。池袋には、やおい本を扱った店が並ぶ「乙女ロード」というものも出現し、この界隈に出没するやおい嗜好の女性たちの生態は杉浦由美子の『腐女子化する世界』［杉浦 2006］に詳しい。やおいを嗜好する女性が自らを「腐女子（ふじょし）」「貴腐人（きふじん）」とも自称するのは、王道の少女漫画ではなく、男性ホモセクシュアリティの関係性に異性愛恋愛を投影したフィクションを創作・観賞する自らの嗜好を、「腐る」と自嘲した表現である。なお、近年は男性のやおい嗜好者も顕在化しつつあり、男性のやおい嗜好者は「腐男子（ふだんし）」「腐兄（ふけい）」とよばれる。彼らは、ゲイであるなしにかかわらず存在する。美麗な男性ばかりが登場するやおいは、男らしさ規範から外れるものであり、男らしさを求められることに疲れた男性にとっても、やおいが描く、耽美ながら男性が主人公の物語は安らぎを与えてくれるということもあるのかもしれない。ただし、やおいが描くゲイのカップリングとそこで展開される恋愛ストーリーには、異性愛の恋愛観が投影された世界であり、現実のゲイ・カルチャーとは隔絶したフィクションであるという見方もされる。「女性オタク」とも称される「やおい」は、「オタク」とともに、サブカルチャー的関心からさまざまに論じられるであろうが、ここでは、やおいに表象される若い女子たちの欲望のあり方とセクシュアリティの変化についてみていきたい。

上野千鶴子は、「腐女子とはだれか？」［上野 2007］で、「新しい女」や「リブ」という言葉が男性メディアの揶揄にあふれているという紹介の後に、これらの言葉が事後的に当事者によって選ばれたカテゴリーであるように、腐女子もまた当事者カテゴリーから始まったことに着目する。「性的な存在」としての標識がある「女性」ではなく、また男の視線にねめ回されてきた「少女」のような無垢を装った媚態でもない言葉としての「女子」が、少女文化出身の女性文化として、当事者の登場の中で誕生し始めたとみているのだ。この女性オタクの腐女子は男性オタクと違い、そのジェンダー・アイデンティティは女性であり、セクシュアリティは異性愛である。したがって結婚もし出産もする。しかしファンタジーの世界においては、やおいやボーイズ・ラブを嗜好する。少年向け作品のパロディという行為を通じて、それを嗜好する側の女性というジェンダーに本来与えられたジャンル（女＝少女漫画）を越境する。そういう「腐女子文化」が登場している。

やおいに描かれるカップリングは「（異性愛）女性の」セクシュアリティの逸脱の形として偏見が向けられやすい。これは同人誌を扱う、いわゆる「オタク」カテゴリーへのステレオタイプや、「萌え」という言葉で表出してきている「おたく男性」の性的欲望の在り方と関わっているであろう。たしかに、やおいに描かれるカップリング、やおいの心理に投影される若い女性たちのセクシュアリティは、繊細なジェンダーバランスによって成り立っている。まず「腐女子」と「おたく男性」との間の、その「萌え」的欲望にも違いがある。「腐女子」は、主に創作に登場する男性キャラクター同士の恋愛を嗜好するのに対して、「おたく男性」は、創作に登場する美少女キャラクターと萌えの対象に関連する情報や商品の収集にその欲望は向けられる。つまり、やおいの萌えに表象される「関係性」「恋愛物語」には、〈攻め〉と〈受け〉の役割性が強固に設定され、そこに描かれる世界には、異性愛主義、性と愛の密接な結び付き、恋愛の永遠志向、といった近代的性愛の価値観が色濃く投影されている。しかしながら、その「攻め・受け」の関係でも、攻めの顔立ちは決して男らしいものではなく、端正なものであったり、描かれ方は、単純な二項対立では割り切れない側面もあり、繊細なジエンダーバランスによって成り立っている。さらにいえば、「攻め」と「受け」を柔軟に置き換え可能なものとして描く「ボーイズ・ラブ」系コミックを引くまでもなく、やおいに投影される性愛関係には、現実世界の性愛の「愛し・愛される」関係の「攻め・受け」への固定化、もっぱら「受け」の役割に固定化される女性の性に対する女性自身の側からの違和が見え隠れする。

やおい批評には「成熟拒否」、「虚構的で自閉的」といった見方が常につきまとう。しかしこうした分析の仕方自体に強固に異性愛社会のバイアスが働いている。高橋すみれは、「腐女子は、「婦女子」の規範から自らをずらしながら、支配的なジェンダーの構造に収まりきらない欲望を肯定してきたのであり、やおいは「男同士の絆」を包み込んで「女同士の絆」に交換する行為化かもしれない」と指摘する［高橋 2005］。いずれにしても、このようにさまざまな女性の欲望が結晶化した結果がやおいであるとすれば、腐女子文化こそ、虚構とは違うとされる「現実社会」のジェンダーの正当性や自明性の根拠を揺さぶる対抗文化の可能性を秘めているというべきではないか。

6 やおいの「腐女子・わたし」とリブの「女・わたし」
——ジェンダー秩序を攪乱する主体として——

しかしこのような形で私がフェミニズム的関心からやおいを評することに対しても、やおい内部当事者からの強烈な反発があることは十分予想される。やおいへの関心が一気に拡大したのは、『ユリイカ』が二〇〇七年に『腐女子マンガ大系』の特集を組んで以来のこと。それに先立って、杉浦由美子『腐女子化する世界――東池袋のオタク女子たち』〔杉浦 2006〕や永久保陽子『やおい小説論――女性のためのエロス表現』〔永久保 2005〕などによって、やおいの世界が少しずつその姿を見せ始めてはいたが、一挙にブレイクした感のある現在のやおい現象は、『ユリイカ』の特集からであろう。やおいの外の人間がやおいを評することへの抵抗と不安の表明は、次のような発言にも明らかだ。

できることなら、サブカルチャーのアンダーグラウンドとして、人口は多いながらもひっそりと過ごしていたかった。しかしオタク文化に注目が集まり、隠れていたはずのヤオイは発見されてしまった。そして、偏った解釈がおこなわれることとなった。「わたし」はそれが我慢ならなかった。なぜならヤオイとは「わたし」のアイデンティティであるからだ。「愛」について表現するという快楽を知ってしまった今、「わたし」はその手段であるヤオイを手放すことはできない。だから、一人のヤオイ愛好者として、僭越ではあるが声をあげた。ヤオイに対して市民権をよこせ、理解しろ、ということではない。ただよく知りもしないのに、また理解しようともしないのに、ヤオイや「わたし」に「異常」というレッテルを貼らないでほしい。意味のないもの、異常なものとされるヤオイ文化は、「わたし」がようやくたどり着けた、自分自身であることが赦される、表現の可能性を秘めた場なのである。〔霜村 2006〕

この発言が収録される『女性学年報』は、関西を拠点とする一九七〇年代末日本の女性学の創成期からの三十年の歴史をもつ研究グループのメディアである。研究集団とはいっても、プロ・アマの区別を超え、学問と日常生活、理論と実践といった価値の分断をなくしていくことをポリシーとし、アカデミックな知的集団として学問世界の制度化された場に回収されてしまうことに対しての自制的スタンスをとって地道な研究実践を続けてきたグループである。その同誌が、ここ数年にわたって特集として取り上げているテーマの一つが、やおいを含むマンガ、コミックなど広くサブカルチャーにわたる女性表現である。さらにもう一つ、リブを知らない世代によるウーマン・リブの再考である。そこには、田中亜以子の以下のような趣旨の発見がある。

リブの主張した性の解放が「コミュニケーションとしての性」で語られ、このスローガンで対等で主体的な性関係を実現しようとする戦略にそもそもの落とし穴があったというのだ。しかもこの「コミュニケーション」の中身について吟味してみれば、それは「愛」という言葉に呼びかえてもさしつかえないもの、つまりは、ロマンティク・ラブ・イデオロギーからの脱却を目指したはずのリブの主張も、ことセクシュアリティに関しては、逆にそれに吸収されるものとして位置づけられてしまっている。結局、日本のリブの「快楽」への姿勢は、女が能動的に快楽を求めていく主張は不在化され、リブの求める「正しいセックス」が「コミュニケーションとしての性」であるという皮肉な結果になってしまっている。そこには「コミュニケーションを目的とするセックスこそが正しい」とする基準を持ち込まれることになってしまったのではないかと。

「コミュニケーションとしての性」は、たしかに「人権としての性」とともに、フェミニズム周辺の言説状況を席捲し規定してきている言葉である。この「コミュニケーションとしての／人権としての性」言説が自明視されてきた結果、そのことが実は、フェミニズムの性愛観を呪縛し、フェミニズムの性解放に抑制をかけていることにも気づかれにくくしているのではないか。愛／コミュニケーションという物語から外れる「性愛」を排除し抑圧する結果となっていることに思いが向けられることもなかった。性関係のもっともパーソナルな場面で、女性がベッドの中での対等性を主張することや、女性自身が自らの身体・セックス・欲望を語り追求する道を封ずることにもなった。こうしたことがまた、日本社会が女性の中絶の自由・自己決定について法的にはその権利を確立しえていないこと、ピル解禁の遅れとも関係している。すなわち日本社会のピル解禁は、欧米社会にはるかに遅れをとって、男性のバイアグラ上陸に対する迅速な解禁とのあまりのバランスの悪さに対する世論が追い風となった動きだったという経緯をとっている。これは、日本社会でボディ・ポリティクスが女性運動の主体的な課題として据えられてきたとはいえないことを物語るものであろう。

今ようやく、リブを伝説的にしか知らない一九八〇年代生まれの若い世代の間から、リブから女性学の言説を再読することを通して引き出された発言の中で気づかれているのは、「セックスに特定の価値観を付与することで平等を目指す戦略はもうとるべきではない」〔田中 2007〕のではないかということだ。これは先のやおいの主張するところともまさに響きあうはずで、フェミニズムは少なくとも、若い世代の性愛観の中にこういう形で表出しつつある、身体・セクシュアリティを含むアイデンティティの表明を、イデオロギー的に遮断してしまうことには自制的であるべきだろう。むしろ「やおい化する視線」という姿をとって表出しつつある欲望表現が現実のジェンダー秩序のセクシュアリティ編成そのものを「距離化」する意味を読み取るべきであろう。「解釈共同体」としてのやおいに「女性たちのオルタナティブな語り」を読み取ろうとする笠間千浪の以下の発言も、この「距離化」

という言葉とともにジェンダー秩序を批判する主体の構築に言及しているものであるには違いない。

戦後の体制性文化において、とりわけ「娼婦」型女性表象を礼賛する言説〈女性身体／存在の性愛化〉がヘゲモニーをもつようになったが、これはもともとジェンダー秩序のセクシュアリティ編成の枠組みであった。このセクシュアリティ編成そのものを「距離化」し、新しく代替的な意味を生成していくことによって「ズレ」を生じさせ〈性的に客体化されうる男性身体、女性性と規定されているものの男性身体への適用など〉、その社会構築性を提示しながら、「やおい」という解釈共同体の〈場〉では、ジェンダー秩序を批判する主体が構築されうるのである。［笠間 2001］

笠間がここでいう「やおい」という解釈共同体の〈場〉での、ヤオイというアイデンティティをもつ「わたし」の一人ひとりが「愛」について表現する。そのやおい化するさまざまな視線の交錯する場から、一九七〇年代のリブが、「私をまるごと生きる」という言葉で表現したその性解放の意思が、どこかで愛やコミュニケーションという言葉に絡めとられ自己呪縛の隘路にはまってしまっている、その隘路をくぐりぬける新しい主体が構築されてくることを、私も笠間と同様に期待したい。

だが、それは他方で、フェミニズムの側の身体やセクシュアリティの解釈図式そのものが問われてくることでもある。やおいというサブカルチャーの世界のアンダーグラウンドな解釈共同体〈とはいっても人口はかなりのものであるらしい〉の、マイナーな声・語り、そこでかすかな形で息づきつつある欲望の新しい姿を取り落とさず聴き逃さないためには、語り〈ナラティヴ〉を概念につなぎとめる不断の理論的な営為が必要とされる。しかもそれは、この現実の言説空間の象徴秩序の壁を突き破る（すり抜ける）ような新しい概念の創出を促すものでもある。現実の言説世界そのものが、女性の経験を排除して成り立っており、しかも、啓蒙されて人は動くと信じている男たちが女の言い分も理解してやろうといった関係構図がいまだ崩れてない以上、この言説空間にどのような言葉を発しようと、聞き取られる以前に霧散してしまうか、よくて届いても都合よく解釈・回収されていくだけのこと、語られたけれども、聞き取られないという経験を女たちはどれだけしてきたかしれない。ウーマン・リブ運動の女たちの登場をもたらした、女たちの無念の思いはまさにここにあるといっても過言ではない。女たちが〈ここにいる女〉として〈出会っていく〉ことと、男たちに理解を求めて〈分かりやすい〉言葉で語っていくこととは、まったく別のこと。田中美津の今では神話化して語られもするフレーズに、「わかってもらおうと思うは乞食の心」がある。今なお鮮烈な響きをもって〈いま・ここにいる・おんなたち〉を撃ってくる言葉である。

本音の自分と出会いたい想いは、女たちから女たちへと己を求めていきたい想いであり、「女」として、オスではない「男」に出会っていきたいという思いである。その思いのすべてを込めて、「わかってもらおうと思うは乞食の心」の、むしろ旗を掲げるあたしたちなのだ。……〈ここにいる女〉の矛盾、素顔も媚、厚化粧も媚のその歴史性を、素顔の己から知り、化粧の己から知っていくことこそ大切なのだ。その身に負っていくしかない女の歴史性、その闇をしっかり己にしょい切って、わかってもらおうと思うは乞食の心、まずは己をつっぱね、女をつっぱね、男をつっぱね、世間をつっぱねて、さてそこから、己を、女を、男を、世間を、とらえ返していこうではないか！　出会っていこうではないか。〔田中 2001〕

この田中の言葉の、先に引用した霜村の言葉となんと響きあっていることか。「できればひっそりしていたかった」けど、「よく知りもしないのに、また理解しようともしないのに、ヤオイや「わたし」に「異常」というレッテルを貼」りつけてくる世間に対しては我慢がならなかったので、一人のヤオイ愛好者として声を上げざるをえなかった。「意味のないもの、異常なものとされるヤオイ文化は、「わたし」がようやくたどり着けた、自分自身であることが赦される、表現の可能性を秘めた場なのである」と。

リブからクィアへ、リブからやおいへ、この一見ベクトルを異にするフェミニズムの展開であるが、そこには人の身体・欲望・セクシュアリティに関わる問題への、いわば「性／愛」から「性／生」へともいうべき、キーコンセプトの転換を見ることができる。人間の性が性＝生きることと深く関係し、多様で相克に満ちているのに、既存の性規範の二元制や異性愛中心主義がそこから外れる性のありように抑圧的な権力の発動を行使してきた。「性／生」のキーコンセプトには、「少数者の性／生の質の向上」が既存の性規範に対する対抗軸になるのだという新たな価値軸が託されている。

翻ってクィアのこの定義を踏まえるならば、フェミニズムも「ジェンダー規範のもとで抑圧や不利益を被ってきた女性の生の質の向上」と定義することができよう。男にも女にも規範としての縛りとなっているジェンダーは、人を「男制／女制」に分割し、「制度としての女」「制度としての男」の規範を作り出す。フェミニズムはこのジェンダー関係に働く非対称性・階層性、劣位化された性への優位な性の側からの支配・抑圧を批判したのであるが、しかしこのフェミニズムの視点も、ジェンダー二元制（ディコトミー）にも内面化されているフォビア、すなわちTGやTSさらにISなどといわれる性の二元制の境界をゆるがす存在への非寛容な感情という「内なるフォビア」には届いていない。

クィアはまさにフェミニズムの「性／愛」の目標を多様な性のありように拡張し、その多様な性内部の抗争的な葛藤に満ちた現実からの新たな目標を提示した。この意味で「性／生」は、異性愛中心体制の抑圧や差別批判へと、すなわち一人ひとりの「わたし」「自分らしさ」の欲望の顕現・実現につながる「性の質の向上」という価値理念を担保する言葉というべきであろう。

（1）この時の対論は、その後帰国しビディ・マーティンとの対論のインタビューの報告を二つのメディアに発表している。ひとつは、「アメリカ・フェミニズムの最新事情」［金井 1993］であり、もうひとつは、「レズビアン・フェミニズムとフーコー理論」［マーティン・金井 1993］である。

（2）クィア学会は二〇一一年十一月に第四回大会を開催し『論叢クィア』も4号を重ねている。日本のクィアのシーンには、ゲイ・カルチャーを中心とする「クィア」＝少数者の視点からスタンダードを撃つシリーズとして伏見憲明が一九九九年創刊した『クィア・ジャパン』があり同誌の5号まで刊行のあとクィア学会の創設となったのだが、クィア学会に対する伏見のスタンスは非常に微妙で、東大駒場を会場に台風の中行なわれた三百名を超す参加者の設立総会でシンポジウムのパネラーに並んだ伏見の発言は終始、クィアが学会といったアカデミーの一角に位置を占めることに批判的であった。難しい理論をこねくり回すよりも、ここに参加していない普通のクィアとの連帯を忘れてはならないと。

(3) ジェンダー格差社会の優位項に位置する男性カップルと劣位項に位置づけられる女性カップルとの間にある経済格差は、ゲイ・カップルを対象とするマーケットが存在することに如実に示されよう。

(4) 本学会は、クィア・スタディーズを構成するこのような異種混淆性と批判的／批評的視座とにかんがみ、異なる活動領域から提示されるさまざまな見解が対話を継続していくことが、クィア・スタディーズのより一層の展開には不可欠であると考える。したがって本学会は、参加者による対等で民主的な運営を通じてこのような対話の場を維持することで、日本におけるクィア・スタディーズの確立・発展に寄与しようとするものである。なお、呼びかけ趣意書の終わりの節の「異性愛規範」以降はクィア学会の正式な趣意文では削除されている。

(5) マイノリティとフェミニズムの関係を議論することとなった日本女性学会のシンポジウムの場面で、マイノリティ側から発言した鄭 暎恵《チョン・ヨンヘ》(当時、広島修道大学、現大妻女子大学)と掛札悠子(『「レズビアン」である、ということ』の著者)から、マジョリティ女性に向けられた鋭い問いかけは、マジョリティ女性以外の女性たちの、「マイノリティ女性」の抱えている問題への理解・解釈の態度そのものにあった。「あなたたちの固有な問題」「あなたたちの困難」について聞かせてほしい、私たちは理解したいという、マジョリティの側のマイノリティの問題に対する問いの発し方、向き合い方に苛立った二人は、確かシンポジウムの途中で席を立ってしまったと記憶している。「いつまで私たちにマイノリティ女性の問題を語らせるつもりなのか」。マイノリティ女性の抱える問題を「あなた達の問題」として他者化してしまうフェミニズムのまなざし、フェミニズムの他者理解が鋭く問い返された場面であった。

Ⅳ　他者

第六章　フェミニズムの他者
——外部の他者／内部の他者〈化〉——

1　マジョリティの女《わたし》を相対化する語り

ネイティヴの日本人、ヘテロセクシュアルでジェンダーも女、制度婚の中で子どもを出産、ワーキング・ウーマン（大学教員）。——フェミニズムの場面で、日本社会のマジョリティの側の女である自らのポジショナリティに自覚的であることを問われるとき、私がときにとる自己紹介である。外見一目、私が女性であることは自明であろうし、国外の会議でもないかぎり日本人という名乗りも特に必要ではないと思われる。なのに、なぜにこのような回りくどい自分の立場表明をするのか。それが問われてくるのはどのような場面なのか(1)。

まず「ネイティヴの日本人」であるが、これは、単一民族国家幻想の根深い日本社会では、「在日」女性やアイヌ・オキナワの女性の存在、さらに今日のようなグローバル化する世界のトランスナショナルな人の移動においては「滞日」移住労働女性の存在も含めて、社会のマジョリティの側は彼らの存在を不在化させがちである。それを意識化する狙いからの「ネイティヴの日本人」の表明である。日本人も日本列島に住む複数のエスニック・グループの一つであるという観点を明示するには、より積極的に「エスニック日本人」という言い方をしていくべきかもしれない。

「ヘテロセクシュアルでジェンダーも〈女〉」というのはどういうことか。この表明も性についてのマジョリティの側の思い込みを相対化する狙いがある。トランスジェンダーやゲイやレズビアンなど非異性愛の世界の多様な性のありようが可視化されつつある現在、女／男の性の二元論的対置図式で自分の性を無自覚に語ってしまうことは、異性愛主義のそしりを免れない。そうした異性愛規範を前提視する「ヘテロノーマティヴィティ・異性愛規範」が排除しているかもしれない、レズビアン女性やトランスジェンダーの女性の存在を意識すれば、「女／女性」としてだけ自らの性を表明することもまた難しい。

「制度婚の中で子どもを出産」という名乗りは、シングル女性、非婚のシングル・マザー、子を産まない／産めない事情を抱える女性など、女性の中の多様化する生の現実を踏まえてのことである。「ワーキング・ウーマン」「大学教員」というのも、私のもつこの社会的属性・ポジショナリティによって、私が「女性問題」や「女の生き難さ」を女性として語る際に、その発言にバイアスがかかっているかもしれないということへの、あらかじめのエクスキューズが込められている。

しかしそうしたマジョリティである私を相対化する私のポジショナリティの語り、ポジショナリティの表明の身振りについても、ときに強い反発が返ってくることも避けがたい。この問題について取り上げた（第五章**2**、**3**）フェミニズム研究の場面で私が経験したことについて改めて触れたい。「バックラッシュをクィアする」と題した、おそらく日本社会での「クィア」とフェミニストとのはじめての対話の場ともいうべきシンポジウムで、コメンテーター役で私も壇上にいた場面でのことであった。議論の全体的な流れを踏まえてコメントした私の発言の趣意は、一つはシンポジウムの位置づけについて、「フェミニズム・ミーツ・クィア」、すなわちフェミニズムがクィアと出会ったことの意義についてであった。[2] 同時に、フェミニズムが「クィア」に対して相対的にマジョリティであり抑圧の可能性をもっていることへのフェミニズムの無自覚を自己言及的に問う文脈においては、前記のようなポジショナリティの語り・身振りにも言及したのだが、そこでの会場のレズビアンを含む方々の間から返された反応にそれは象徴的であったからだ。そのような形で、自らのマジョリティとしてのポジショナリティを相対化する私の身振りは、「〈レズビアン〉であること」を異性愛中心主義の空間にカミングアウトすることの重さ・厳しさには、比べようもないことだというものであった。もとよりレズビアンとフェミニズムの間には、アメリカで一九六六年に創設されたＮＯＷ（The National Organization for Women: 全米女性機構）の初期においてＮＯＷからレズビアン女性の入会が拒否されたことや、同時期の日本のウーマン・リブ運動内部でもレズビアン女性差別のいくつかの問題があり、そうした歴史的経緯からもレズビアン女性の側のフェミニズムへの不信感が存在することは認識していたが、それが想像以上のものであることを見せつけられた場面であった。

同様の批判の構図、このような女性内部の対立・相克は、レズビアン女性との間にだけ存在するのではない。「在日」女性、「第三世界の女性」さらに「障害をもつ女性」とフェミニズムの間にもあり、さらにいえば、レズビアン女性内部の「アジア人」差別といった形の、被差別者内部のマイノリティの無視や排除といったことにも及んでいる。

いずれにしても、現代の女性の生きる現実は、「女である」ことの同一性で共感や連帯が一枚岩的に語れる状況にはなく、女性内部をさまざまに分断する軸が、共感や理解を阻み、排除や亀裂、対立構図ができてしまう。「同じ女性として」あるいは「私たち女性」というものの、実際には、この「私たち」の中に私たちが排除しているものが存在することを、マイノリティ化され・排除され・不在化されてきた当事者の側からの声を通して、フェミニズムも認識せざるをえなくなっている。ここにフェミニズムにおける「内部の他者〈化〉」として立てるべき問題が浮上してくる。

もとよりフェミニズムは、ジェンダーという境界線が作り出す「性差別」を批判的に問う思想であるから、その批判の矛先はまずは、女性を政治的に二流市民化し他者化し不在化してきた「男性（中心社会）」批判に向かう。女性の他者化に抗する思想であり、それゆえに広義には「性による差別と抑圧からの解放を問う思想と運動」と定義されてきた。したがってまたそこには「性差別＝女性差別」という等式に基づく「女性の被抑圧者」仮説が前提されている。女性は、ジェンダーの境界設定によって劣位化された存在であり、家父長制支配の犠牲者であるとする認識において、そこから外部の敵として男性を立て批判をするという、その意味で批判する対象が明確な、つまり「外部の他者」問題が運動と思想の出発点となっている。

しかしながら上述のような女性内部の対立構図が意味するものは、フェミニズムは実は、自らにとっての「外部の他者」のみならず、自らの内部にもフェミニズムが他者化してきた「内部の他者」を発見しているということである。他者化されてきた側からのフェミニズム批判の「声」に促されて、この「内部の他者」問題と向き合わざるをえなくなってきているのだ。「在日」「障害者」「レズビアン」「黒人」「有色女性」「第三世界の女性」……、フェミニズムが「同じ女性として」という場合の、その女性の範疇から他者化・不在化されていることを鋭く感じ取ったマイノリティ（化された）女性たち諸当事者からの、この「内部の他者」からの声・批判を受けて、フェミニズムは何を課題として受け止めたのか。本章では、このフェミニズム内の他者〈化〉問題について、私自身が応答責任を問われたいくつかの場面で果たせないできている問題の整理を試みたい。次節以下、「**2** マイノリティとは、誰か？ 誰がマイノリティを構築しているのか？」、「**3** セクシュアルマイノリティという他者の表象、フォビア」、「**4** 「第三世界の女性」という他者表象」、「**5** マイノリティの中の差別・排除」、「**6** 差異の境界線とアイデンティティの複数性」、最後に「**7** 「理解のエポケー」の少し先に」、の順で展開し、差異と共生の主題において今後につなぐいくつかの視点と課題提起をなしうればと思う。

男女共生や多民族共生あるいは障害者との共生、これらの共生という言葉があまりに耳当たりのいいスローガン化してしまった日本社会の現状をかんがみるとき、フェミニズムが経験しているこの他者理解をめぐる「困難」を取り上げることから、「差異と共生」の主題に投げかけうるものは少なくないと考える。この問いと真摯に向き合うことは、権力からの解放を求める反差別諸運動の空間でもしばしば起こる、運動内部でのマイノリティの無視、「他者化の暴力」——他者表象や名づけの暴力

――さらに「排除の力学」などの問題に、フェミニズムの経験が寄与することにつながるはずである。

2　マイノリティとは誰か？　誰がマイノリティを構築しているのか？

「家を出て、施設を出て、地域で暮らす」――一九七〇年代、障害者の自立生活運動の中で立てられた言葉である。おそらく、日本の社会で共生という言葉のルーツを辿ろうとすれば障害者解放運動のこのスローガンに行き着くであろう。

周知のように、障害者運動は、障害者が「家を出て、施設を出て、地域で暮らす」ことを当たり前の要求として社会に突き出し〈自立生活運動〉を展開するところで、運動と思想の決定的なパラダイム転換を導いている。社会にある障害者へのまなざし、障害の認識そのものを転換させ、障害者の運動を「障害者解放運動」に、すなわち請願運動から反差別運動に反転させたからだ。その後の「障害学／研究」を登場させ、「当事者主権」の思想を導くきっかけとなったのも、この「自立生活運動」であった。この自立生活センターも、障害者が中心になって運営し、地域の中で障害者が普通に生活できるための支援を提供していく。どういう支援を求めどの支援者を選ぶかは障害者自身であり、支払うのも障害者である。そうした当事者主権の考え方をベースとする関係を作る。それを「共生」の課題として、社会にも行政にも要求してくる。そうした関係性を作ることの中に「共生」のあり方を求める障害者の要求／決意表明には、彼らからそれを突き出されるまでは、マジョリティの健常者の側にけっして気づかれることのなかった「健常者中心社会」批判の視点が明確に示されている。(3)

人間の社会関係に、あるカテゴリーで境界を持ち込まれることによって生ずるマジョリティ／マイノリティの関係、そこに不可避的に働く「排除の力学」の問題を明るみに出したのだ。「障害者」というカテゴリーを作って健常者からの境界線を設定し、差別化を図る。「障害者」を社会から排除し家族の内側に閉じ込め、あるいは施設に収容し、「障害者らしく」社会に迷惑をかけずに生きることを課す。障害者解放運動は、こうした「障害者規範」を押し付ける社会の「健常者中心主義」をこそ鋭く批判・告発したのであって、「共生」とは、マイノリティ化された側からの、カテゴリーを崩す、反差別の運動の闘いの思想を担保する言葉以外の何ものでもない。

「私たちの問題をマイリノティの問題にしているのは、あなたたちマジョリティ女性である」。「マイノリティ女性の問題であるあなたたちの問題を知りたい」。「マイノリティの声を聞いて、問題を理解したい。そこから連帯の道筋を作りたい」。「こういうスタンスのとり方が、そもそもフェミニズムの「他者化」の暴力に他ならない」。

これらの言葉は、一九九〇年代半ばに、これも日本女性学会大会の場面であったが（このときは「マイノリティとフェミニズム」のテーマで開催されたシンポジウムであった）、その場面でマイノリティ側女性としてパネラーに立った、レズビアン女性と「在日」女性からフェミニズムに突きつけられた言葉である。[4]

「在日」やレズビアンなどフェミニズムの中のマイノリティ女性とフェミニズムの関係への自省的問い返しの中から設定された「マイノリティとフェミニズム」のテーマのシンポジウムの場面で、「在日」女性や「レズビアン」女性の抱える困難を「あなたたちマイノリティの問題を理解する」というフェミニズムの対し方そのもの、つまりマイノリティ女性の側の問題を「あなた方の問題」として他者化してしまう、このフェミニズムのまなざし、そうしたフェミニズムの他者理解が厳しく問われたのだ。当日、マイノリティ側から発言者に立った掛札悠子（『「レズビアン」である、ということ』の著者）と鄭 暎惠《チョン・ヨンヘ》（「在日」女性研究者）は、マジョリティの側のマイノリティの問題へのこの問いの発し方、向き合い方に苛立ちを隠さず会の途中で席を立ってしまったということがあった。まさにフェミニズムの「内部の他者」との出会いと理解の難しさ、両者の間の亀裂の深さを露呈した場面であった。

私も含めてであるが、このときはまだフェミニズムの側は、突きつけられた課題の深さを認識できずに、「せっかく「対話」の場面を、自分たちフェミニズム側が設定したのに、かえって反発を買ってしまったのは、なぜ？」という思いのほうが先行していたと言うべきかもしれない。問われていたのは、フェミニズムの中にも根深く存在するホモ・フォビアの感情であり、「在日」女性を不在化させてきたまなざし、「在日」の問題に対するフェミニズムの無知そのものであることをただちには理解しえていなかった。マイノリティ側が苛立ち、逆にマジョリティ側に突きつけた問いを今にして反芻すれば次のようなものだったに違いない。すなわち「私たちマイノリティの問題を私たちから聴いて理解するということではなく、問題はあなたたちマジョリティの無知でありフォビアであるでしょう、そもそも誰がマイノリティにしているのかといえば、それは、あなたたちではないか。」そのように問い返してきたマイノリティ側からの批判の深さを理解しえていたとはとうていいえない。

さて件のシンポジウムの場面では、フェミニズムの「在日」に対する無知ぶりに愛想をつかして席を立った鄭暎惠であるが、鄭の批判はフェミニズムにのみ向けられたものではない。このときのことも踏まえたその後の発言で、「マジョリティ／マイノリティの二元論的枠組み」や「アイデンティティの概念」そのものが根底的な批判の検討に付されている〔鄭 1996〕。「認可証《トークン》的マイノリティ」や「複合的アイデンティティ」の概念を持ち込むことによって、差別問題を論ずる布置関係そのものを組み替える発言であり、鄭の複合的アイデンティティを論ずる視点は、自らの「在日朝鮮人」としての位置からの「民族」内にもある差別の問題から目を逸らしてはいない。「在日朝鮮人」のコミュニティの中で、女性や子どもへの家父長制的な暴力が黙認されてきたことを指摘し、「在日朝鮮人」の女性や子どもが解放されるには、日本社会にはびこる民族差別からの解放だけでなく、「暴君〈父〉によって支配されてきた〈家〉や〈民族〉からの解放も必要なのだ」と。

さらに鄭のいう「認可証《トークン》的マイノリティ」の概念は、マジョリティの側が認証した民族的マイノリティを横並びにして見せ物化するような多文化主義政治への批判から立てられている。マイノリティがこの「認可証的マイノリティ」に祭り上げられることを回避するには、マイノリティがマジョリティとの二項対立で自己のアイデンティティを立てる罠に足をとられないようにすること、マイノリティとしてマジョリティに向かって語らないこと、マイノリティとして括られた者同士の間にもある「差異」をむしろ浮き彫りにしていくことを指摘する。

もとよりすでに二世・三世さらに四世と世代を重ねている「在日」の間では、「在日朝鮮人差別」という単一のアイデンティティの捉え方が、「混血」の人たちや帰化した人たち、「祖国」の記憶もなく、ハングル語も話せない二世や三世など、「どっちつかず」の人たちに必要以上のアイデンティテイ・クライシスをもたらしかねない。だから、アイデンティティを複合的なものと捉えることが、いろんなものが混じり合った「どっちつかずの」自分をそのまま受け入れやすくするというのだ。鄭は、それを「純潔でない自分を受け入れる」「自分の中にある不純性、多元性、複合性、混沌性、外部との連続性、つまり無境界性を引き受けうる」「不純な〈日本人〉となる」という言い方で表現をしてもいる［鄭 2005］。

この鄭の差別とアイデンティティへの視座――自己の中の「あいまいさ」や「不純さ」を引き受けるというアイデンティティの立て方――は、差別の境界を崩していく議論にとってたいへん示唆的というべきものである。この鄭の自分の中の不純性、多元性、複合性を引き受けるというアイデンティティの立て方は、彼女が日本人男性との間の子の出産に際して、国籍取得の条件が出生地主義であるカナダで出産し、子に将来的には三つの国籍から子自身がいずれかを決定する選択肢を作っているということにも見ることができるかもしれない。自らに負わされた「在日」であることにまつわるさまざまなトラブルを、逆手にして、国籍決定のモラトリアム権を行使するという、ある種のトランスナショナルな実験としても興味深い。

その後もいくたびか同様の場面はあった。たとえば「障害者女性」とフェミニズムとの間で、障害者女性が「優生保護法」で〈不良な〉子孫の出生の防止のために、あるいは施設入所にあたって介助の縮減のために「強制不妊手術」を強いられてきたこと、彼女たちがそのようにして「性と生殖の権利」を侵害されてきた歴史に対する、マジョリティ女性側の無知がある。さらには出生前診断と障害胎児の妊娠中絶の是非をめぐって、障害者運動側から鋭く突き出されたマジョリティ側の「健常者中心主義」「優生思想の内面化」の問題として、両者の間には厳しい対峙関係が繰り広げられてきている。そのことはけっして忘れてはならないことであろう［佐藤 2008］。

そうしたマイノリティ化された側からの女性たち自身の主張が顕在化されてくるにつれ、フェミニズムの側もようやく、この「内部の他者」の声を自らの問題としてうけとめることが意味するものについて気づき始めたというべきかも知れない。すなわち、健常／障害、日本人／非日本人、異性愛／非異性愛、といったカテゴリーによる境界設定、その二分法そのものが、階層化と差別を作っていること、したがってその境界そのものを崩す闘いは、マイノリティの側の課題であるばかりでなく、実はセクシュアルマジョリティあるいはフェミニズムのマジョリティにとっても避けて通れない課題であることについて、そのような認識を共有することが問われているということについてである。

3　セクシュアルマイノリティという他者の表象、フォビア

人種や性別などのカテゴリーによる、境界の恣意的構築は、同性愛をセクシュアルマイノリティとして産出する近代社会の言説にもっとも象徴的に映し出される。同性愛は近代においていかに構築されたか。イギリスのセクシュアリティ研究者のハルプリンが言うように、同性愛は異性愛から外れる非異性愛のさまざまな形のセクシュアリティを回収する「ゴミ箱」であった。

脱構築によれば、「ホモセクシュアル」は自律的な実態のあることばではなく、「ヘテロセクシュ

アル」の定義を補完するものでしかない。――異性愛のアイデンティティを安定させる一つの手段なのだ。精神分析によれば、「ホモセクシュアル」とは、創造的な他者であり、そのどぎつい「差異性」のおかげで、ヘテロセクシュアリティという構築物に内在する矛盾から注意をそらすことができる。ヘテロセクシュアリティはまさにその内的な矛盾を断固無視しつつ、そうした矛盾をしっかり保ち、強化することによって繁栄するのだが、それは「ホモセクシュアル」なるものを構築し、巧みに操ることによって可能になるのである。〔ハルプリン 1997: 67〕

このハルプリンの言葉をまとめて、河口和也は、「同性愛は実態ではなく、（異性愛に対する）想像的な「他者」であり、したがって、本来は明確に引けない異性愛と同性愛のあいだの境界を維持するために、異性愛は同性愛を必要としつつ、異性愛内部に生ずる矛盾をいっきに同性愛に放逐している」、「記号論的ゴミ捨て場」であるという〔河口 2002、ハルプリン 1997〕。

異性愛が規範化されるためにゴミ箱としての同性愛というカテゴリーが必要とされ、そのようにして構築された同性愛が実態化され、排除される。非異性愛＝同性愛の図式に封印されクローゼット化された非異性愛の内部もまた実に多様で抗争に満ちたものであるにもかかわらず、異性愛でないものは同性愛というカテゴリーに回収され異性愛の世界の外に放逐される。しかしゲイやレズビアンのみならずバイセクシュアルやトランスジェンダーの存在など、その内部のセクシュアリティの多様さが可視化されてくるにつれ、そこに非異性愛＝同性愛の図式に代わって「セクシュアルマイノリティ」という言葉が登場する。もちろんこの言葉は、非異性愛の側からの異性愛中心社会批判として、非異性愛のセクシュアリティの権利を主張する抵抗のアイデンティティの言葉、政治の表現としてのカテゴリー化の側面もある。

しかし同時に、この言葉によって、異性愛世界の側が、彼らの存在について一定程度認めざるをえなくなると、今度はマジョリティ側からのある種の認証の言葉としても作用することになる。つまり、まず非異性愛のゴミ箱として「同性愛」が構築され不可視化され、今度は、マイノリティ／マジョリティの二分法において、同性愛を含む非異性愛の世界がセクシュアルマイノリティとしてカテゴライズされ構築されている。

だがセクシュアル・マイノリティも、レズビアン・ゲイ・バイセクシュアル・トランスジェンダー（LGBT）さらにインターセックス、性同一性障害、クィアなど、実に複雑で、その内部はけっして並列的な多様性ではとらえ切れない。一九七〇年代、ホモセクシュアル・スタディーズの当事者性を意識した呼称としてゲイ・アンド・レズビアン・スタディーズが登場したとき、すぐさまレズビアンの側から、なぜゲイが先に立つのかと、この呼称にも滑り込むジェンダーの非対称性への異議申し立てがなされ、レズビアン&ゲイ・スタディーズへと、レズビアンを優先させる呼称に変えられたという経緯に一つそれは象徴的であるというべきであろう。いずれにせよ、この非異性愛の側のセクシュアルマイノリティ内の実に多様な抗争に満ちた声によって、いま異性愛／非異性愛の性の二元体制の境界そのものが大きく揺さぶりをうけている。

ジェンダーを軸とする性の二元化の構築性を批判してきたフェミニズムであるが、しかしフェミニズムは、自らが依拠しているジェンダーの二元性が、他者化・不在化させてきた非異性愛の世界について、非異性愛の世界を異性愛の外部にカテゴリー化すること自体の問題を突きつけられている。何が問われているか。1で言及したフェミニズムとクィアの対話の場も、そのために設定された場であった。しかし逆に、フェミニズムが同性愛などのセクシュアルマイノリティに対して抱く潜在的差別はいまだなお根深いことを映し出す場ともなった。その根深さの背景には何があるかを問うていくと、その潜在的な差別の根底にあるものは、「フォビア（嫌悪）」の感情、「性的マイノリティへのフォビア」が存在することがみえてくる。

第五章の「バックラッシュをクィアする」のシンポジウムに触れた場面で言及した風間孝は、フェミニズムとクィアの対話の場面でコーディネーターと提案者二役を果たした立場からシンポウムの議論を総括する文章において、バックラッシュ側にもフェミニズムにも共有されているセクシュアルマイノリティに対する「フォビア」を問題として取上げ、フェミニズムのバックラッシュに対する対抗言説が、「性的マイノリティへのフォビア」を踏まえた抵抗となりえてないことに批判的な言及をしている［日本女性学会学会誌15号編集委員会編 2008］。

たしかにそこには、セクシュアリティの内面とフォビアの感情という、フェミニズムが死角においてきた問題が存在するかもしれない。この近代社会の同性愛の構築と同性愛フォビアの感情には、実は、そのフォビアの内面はマジョリティの側が自ら作り出したものの影への怯え、自らの生み出した欲望の反転であるとも言える側面がみえてくるという意味においてである。マジョリティ／マイノリティの二分法の構築、とりわけ身体的差異やセクシュアリティの問題に関わるところのマイノリティの構築は、こうした形でのフォビアの感情までが介在しているとすれば、共生の主題において、私たちがその視野におくべき課題がいかにセンシティヴなやっかいさを含む問題であるかが理解されよう。啓蒙的言説のヒューマニズムや人権のとうていおよびえない、むしろその限界が露呈するところにこそ、共生のもっとも深く重たい課題がある。

その意味で、フェミニズムがクィアとの間でさらに対話を続けていくことの意義は少なくないどころか、不可避の課題であろう。セクシュアルマイノリティとして括られたもの同士の、その内部にもある「差異」をもっと浮き彫りにしていくことの必要もある［カリフィア 2005］。つまりクィアは非異性愛の可視化の中で、現実の覇権的セクシュアリティ体制の異性愛中心主義を批判的に問題化したところにこそ思想的な眼目がある。非異性愛内部の多様な諸主体の差異にセンシティヴでありながら連帯を模索する、そして社会を敵／味方で二項対立的に分断するのではなく、どちらにも貫かれている頑強な性別二元制という制度に対して攪乱的に批判を向けていくという特徴をもっている［河口 2003］。

レズビアン&ゲイ・スタディーズの主張は、レズビアンやゲイのセクシュアリティを病理化や犯罪化に囲い込もうとする覇権的異性愛体制への抵抗から出発し、自身の正当性を訴える思想である。これに対し、クィアはその正当性を求める社会そのものを疑問視し、その「正当化」自体を相対化するものである。したがってクィアからフェミニズムに突きつけられた最大の問題とすべき観点も、ジェンダーやセクシュアリティの認識における二元論的な図式（性別二分法規範）の問題であり、フェミニズム自身の思考をも枠付けている性別二元的イデオロギーにある。

これは、「マジョリティ」と「マイノリティ」の布置のみならず、「ゲイ」と「レズビアン」の間にある圧倒的な格差も含まれるであろうし、それゆえに、これらの差別的布置を「差異」という中立的な言葉で語ってしまうことへの、レズビアン・ゲイ側からの危機感があることも否定しえない。しかしそれでもなお、「私たち」として出会う回路をどのように考えるか。理解や共感の不可能性について自覚的・自戒的でありつつも、フェミニズムとクィアの相互批判的な共闘の意味と対抗言説への可能性の余地は残しておきたい。

4 「第三世界の女性」という他者表象

第三世界という他者は犠牲者とみなされているのです。つまり、犠牲者となって初めて認識されるということです。真に不安の対象となるのは、犠牲者の役割をすでに捨ててしまった他者です。

これは、スラヴォイ・ジジェクの言葉である。フェミニズムの「内部の他者」問題として女性内部の亀裂を際立たせている、避けて通るわけにはいかない問題は、「第三世界の女性」表象をめぐる問題であろう。この問題について、日本社会のフェミニズム・女性運動を含めた「先進国フェミニズム」の「第三世界女性」に向けるまなざしの、そのポストコロニアリズム的な覇権主義に執拗な批判を差し向けてきたのは、岡真理である。スラヴォイ・ジジェクのこの言葉をキャプションに引いて、岡真理は、西洋フェミニズムの「第三世界女性」表象を以下のように厳しく批判する。

女性の多様性を無視し、先進工業社会の、民族的多数派、中産階級、ヘテロセクシュアルの女性の問題を、普遍的フェミニズムとして規定するようなフェミニズム、そのような先進国フェミニズムは、チャンドラ・モハンティが批判するように、「他者」を非西洋として規定することで、自分自身を西洋人であると規定するようなテクストの戦略を行使し、その「第三世界」の表象において帝国主義と融合するような知的コロニアリズムである。しかも「西洋フェミニスト」とは必ずしも、西洋人、白人に限定されていない。〔岡 2000〕

岡による「先進国フェミニズムの無知」批判は、そのまま日本人フェミニストにも鋭くその矛先が向け変えられる。国際的なフェミニズム運動の場の「第三世界の女性」という表象をめぐる亀裂の契機となったのは、FGM（Female Gentile Mutilation: 女性性器切除）の問題をめぐる先進国側のフェミニズム運動と当該文化の側のフェミニストとの間の対立だった。FGMは、アフリカの主にイスラム圏で行なわれている慣習的儀式で、女児の外性器を一部切除するものや、全部切除した後縫合するものまであり、心身へのさまざまな弊害が指摘されている。欧米や日本のフェミニストたちは、このFGMを、〝女性への拷問以外の何ものでもない。女性への暴力〟として、人権問題として捉える。

この暴力を受けた女性たちの深い生涯にわたるトラウマに思いを馳せ、FGMを女性への差別、女性への暴力、究極の家父長制暴力と捉えてこの慣習の廃絶に向けた運動を展開したが、これに対して、現地の女性やその他の専門家から批判が返されてきたのだ。当事者のおかれた文化的文脈や現地の事情を知っているわけでもない、したがって必ずしも当事者性を共有しているわけでもない、第一世界の女性たち・先進国フェミニズムが、第三世界の女性の状況に、声高に発言してくるのは、ある種の「文化帝国主義」ではないかと。かえって「第三世界の女性の声」を封じ込め、「第三世界の女性に対する抑圧」にもなりかねない、という批判である。

このFGMの問題の場面で突き出されたのは、発話する者のポジショナリティの問題であった。あなたは何者として語るのか、である。この発話するもののポジショナリティに関わる問題は、ポストコロニアルな状況において、しばしば激しい感情を交えた論争にもなる、ある問題を、誰が、どんな位置から、誰に向かって語るのか、という問いとして、である。

ところで、このポジショナリティをめぐる微妙な問題を考えるとき、FGM論争において批判のターゲットになった一人がアリス・ウォーカーであることに留意したい。アフリカ系アメリカ人の女性作家である彼女は一面では当事者性も主張できるはずだが、しかし彼女がアメリカ国籍をもつ作家として社会的発言力をもつ立場にあることが、そのポジショナリティを厳しく問われることとなった。彼女がFGM根絶を目指して創ったドキュメンタリー・フィルム『戦士の刻印』（アリス・ウォーカー製作、プラティバ・バーマー監督、一九九五年、日本語版一九九六年）に対する批判は、一つにはまず「黒人」「女性」であっても、「アメリカ人」であるというウォーカーのこのポジショナリティが問題とされ、そこから、アフリカを野蛮だと表象している（と映画の中で何度も語らせているとして）彼女の作品のアフリカの描き方も批判される。

日本のフェミニズムの場面で、このウォーカー批判も含めて、「第三世界」の女性に対する先進国フェミニズムのまなざしに貫かれる「西欧中心主義」を鋭く批判する論陣の急先鋒に立った岡真理であるが、アラブ文学研究者としてアラブ世界の女性の状況に精通する立場からの、「西欧フェミニズムの罠」についての批判的言説は呵責で容赦ない厳しさである。「普遍的人権主義」は普遍的か。岡は、先進国フェミニズムの反FGM運動に、アフリカの女性たちからの批判を、「普遍的人権主義か文化相対主義か」といった二項対立に回収してしまいがちなのも、この国の大方のフェミニズムの問題ある言説状況であるとして次のように批判する(5)。

「普遍的人権か文化相対主義か」という図式は、一見、客観的な議論のための中立的な問題提起のように見える。けれどもそれは、自分を批判している相手の言い分に十分、耳を傾け、それを理解したうえでもう一度、自分のあり方を問い直してみようという、普遍主義の存立に必要不可欠な批判的態度から生まれたものでない。

問題を、「普遍的人権か文化相対主義か」というような二分法に還元するフェミニストの主観的事実において、彼女のフェミニズムとは「普遍的人権主義」であり、そのフェミニズムに対する批判とはすなわち「普遍的人権主義」に対する「普遍的人権か文化相対主義か」批判となり、彼女が「普遍的人権主義」を絶対的に正しいと考えている以上、その批判は「誤り」ということになる。したがって彼女のフェミニズムを批判する者は、普遍的価値観を認識できない者として、彼女のフェミニズムの教化の対象となる。［岡 2000: 158–159　傍点引用者］

このように岡は、私たちのもつ「第三世界女性」の表象・まなざしそのもの、先進国フェミニズムの傲慢・無知を厳しく糾弾する。この岡の第三世界女性へのまなざしは、だから、「9.11NY」の事件後、世界の関心がこの事件に釘付けになったときにも、私たちの無知、想像力の欠如を突く次のような発言となった。

アラブの女性たちを「わが姉妹よ」と呼びかける岡であるから、その岡だからこそ、「9.11NY」の事件が起こったとき、世界中の関心がこの事件で亡くなった死者に向けられていたときに、「なぜ遠い、パレスチナ人の死」と発言せずにはおれなかったのであろう〔岡 2001a, 2001b〕。一方の死が「私たちの」出来事として私たちが記憶すべきこととして悼まれるのに、その同じ「私たち」が、難民キャンプに閉じ込められ無差別に殺戮され続けるパレスチナ人の死は、「私たち」の歴史の外部にある出来事であるかのように、無関心に振る舞ってしまう。この記憶の「経済学」における圧倒的な、暴力的なまでの不均衡を、岡は厳しく突いてきたのだ。この絶望的なまでの「記憶の不均衡」こそが、捨て身の自爆テロを生む背景であるのではないかと。ニューヨークで死んだ数千人の命に匹敵する、ないしはそれを上回る、そして今この瞬間にも難民収容所で殺されている人が存在することを、見ているのか、記憶しているのか。

私たちは何者の視点によって世界を見るのか――。そう問われれば、私たちに返す言葉はない。たしかに、岡のこの問いを私たちは受け止めなければならない。しかし私たちは、すべてを見通せるギュネスの指輪を手にしているわけではないし、神の目の位置に立てるわけではない。私たちは、自分の立場から発言し、私たちの知識は部分的で状況づけられたものでしかない。ならば、私たちは岡の指摘をどのように受け止めるべきなのか。この点について、精神科医としてトラウマ問題の臨床的場面に立ち会う研究者でもある宮地尚子が、岡真理の第三世界女性表象をめぐる西欧フェミニズム批判を受け止めつつも、アリス・ウォーカーのポジショナリティを「投企的同一化」として捉え返すたいへん示唆的な発言をしている。

岡のアリス・ウォーカーに対する批判は、映画製作におけるアリス・ウォーカーのFGMに対する視線、またそのポジショナリティは、先進国フェミニズムの普遍的人権主義の高みから、現地女性たちを「教化」するといった啓蒙的なまなざしだというものであった。

これに対して宮地は、アリス・ウォーカーのポジショナリティの問題やその描き方に問題を残しているとしても、ウォーカーがFGMに曝されるアフリカの少女たちに「投企的同一化」していく個人的レベルでのプロセスにおいては、必然的なつながりのようなものを感じ取ることはできるのではないかという。幼少時に兄のエアー・ガンの対象にされ、その後遺症を負って生きてきたウォーカーは、傷の場所は違っても、自らの負った痛みや残った傷跡と障害、疎外感や孤独感を、アフリカの少女たちの傷とを同一視する。彼女は両方に「家父長制の暴力」を見出す。そのウォーカーの、FGMを受けた少女に対する強いつながりの認識が、「この女の子は私なんだ」という投企的同一化であるとき、「家父長制の暴力」という言葉や概念は生々しく生きている。波打っているではないかと。

この宮地のポジショナリティと共感の「投企的同一性」の見方は、トラウマについて語ることの可能性と語る者のポジショナリティを、中空構造としての発話者のいる「環状島」の隠喩で描き出そうとする、たいへんスリリングな議論の中で提示されているものだ［宮地 2005, 2007］。

……「客観的」な既存のカテゴリーに血を通わせる「投企的な同一化」、探求と発見化と呼応の過程における「暫定的同一化」、そこにつねに予測不可能性がつきまとうが、だからこそ形成のプロセスに意味がある。そういった原動力や投企や呼応を妨げない形でのポジショナリティの問いかけは、なお可能なはずである。

そしてポジショナリティの問いかけにおいて重要なのは、問う側も問われる側も「全面的同一化」の幻想や願望をもたず、互いの他者性を認め合うこと。批判されても全面的に否定されたと考えず、すぐにその場から立ち去らないこと。健全な「部分的同一化」を行ないながらも強度や「一部圧倒性」を否定せず、「一部了解不可能性」をも抱え込むこと。そして、問いかけがなされるかぎりそこにはコミュニケーションが存在することを、肯定的にとらえることである。［宮地 2007: 150］

5　マイノリティの中の差別・排除
——ある在日韓国人レズビアンの怒り——

差別は被差別者の運動内部でこそ、一般社会での差別が増幅して反復される。そのような場面の一事例として以下に紹介するのは、飯野由里子が「ある在日韓国人レズビアンの怒り」として取り上げている問題である。「アジア人女性」あるいは「在日」女性と日本のレズビアンとの関係という、マイノリティ内部でも避けがたい形で生起したシーンを少し長い引用になるが紹介したい。

（自分たちはアジア人だという自覚のない）日本人が日本で開催したアジア会議は日本人のいう大成功、そして、在日韓国人のいう大失敗に終った。

まず、日本人はアジア人だという意識に欠けるということは、多くの人が耳にしたり目にしたりすることだけれど、この会議ではそれだけでなく、日本には日本人しか住んでいない（↓住まない↓住ませない）という意識までが浮き彫りになった（つまり［アジア人］差別である）。日本人のいう外国人とは、英語を話す人や白人を指しているのであって、日本語を（悲しいかな流暢に）話す在日外国人は外国人ではない。チョーセンなんだ。

あの残虐で恥知らずな戦争の責任を勝手に水に流して、知らん顔をし続ける政府を支えている人間たちが、あぁ、こんなところにもいる、という感じだ。（中略）

あたりまえに日本に生まれ、あたりまえに日本に住み、あたりまえに選挙権があり、人権が保障されて、あたりまえに差別（及び区別）されずに、あたりまえに生きているこの人たちに、世界からアジア系に限定して集まる会議の意味が理解できるはずがなかったんだ。［飯野 2008］

一九九二年五月、日本で開催された第二回アジア系レズビアン・ネットワーク・ＡＬＮ会議後に、在日韓国人のレズビアンの朴美佐子によって書かれたもので、怒りの発言のきっかけとなったのは、ALNの全体会の参加者各国のレポートの場面で、会場にいるアジアのさまざまな国から参加したレズビアンを「〇〇国から来たアジア人の方、立って下さい」という風に紹介したのに、日本の番になって、司会者が「日本に住んでいる日本人のレズビアン、立って下さい」と紹介してしまったというのだ。そのために会場には日本在住の外国籍のレズビアンがたくさんいたのに、彼女たちが立つ機会を失ってしまった。この司会者の発言の、たとえそれが無意識の失言であったとしても、そこには「日本には日本人しか住んでいないという意識」がはしなくも露呈している。朴は、そこに日本のレズビアンのエスノセントリズムを敏く感じ取っている。その怒りである。アジア系レズビアンというマイノリティの連携の場面で、ここでもマイノリティの無視が起きてしまう。日本人の「在日」の問題に対する無知がさらけ出されてしまう。

フェミニズムとマイノリティとの間の、あるいは先進国フェミニズムと第三世界女性との間の、共感と理解、さらに他者化の暴力をめぐるポリティクスと重なる、マイノリティ内部での無知や対立。この「アジア系レズビアン」という枠組みでのネットワーク化を目指す会議の場面で起こった「在日韓国人レズビアン」の怒りを通して問い直される「日本のレズビアン」の問題、「日本人のレズビアン」のアジアの他のレズビアンへの差別・抑圧の問題。

ここで「日本のレズビアン」に問われていることは何か。どう受け止めたのか。飯野は、この問題をめぐる日本のレズビアンのメディア（『れ組通信』〔朴 1992〕）での、朴と日本のレズビアンとの間のやりとりを丹念に辿る中から、彼女たちが「語ったこと」「書いたもの」を「読み直す」作業を通して、とりわけ「れ組通信」紙上でのALN日本事務局のニューズレターに出された「謝罪文」が、「れ組」内部でどのようなやり取りを経てのコンセンサスとなっていったかについて、彼女たちの語りを聴きなおし、語りなおすことを通して、両者の結びつきを回復しうる道を探ろうとしている。多くの反差別運動にありがちな単に「ごめんなさい。私たちの無知でした」と言葉で詫びて「一件落着」というのではない、関わりと対応を模索する。そこに差異と共生をめぐる主題へのいくつかの示唆が差し出されている。飯野は、「問い直される「日本のレズビアン」」を次のように結ぶ。

「日本のレズビアン」のストーリーを語りなおすそうしたプロセスにおいて、わたしたちはそれぞれ「自らの立場（standpoint）から発言し、自らの部分的で状況づけられた知識（situated knowledge）を共有する」（Hill-Collins）。わたしたちの知識がそれぞれ部分的で状況づけられたものでしかないからこそ、わたしたちは横断的な対話を必要としているのである。そこでは「対話の参加者はそれぞれ、彼女自身の所属やアイデンティティに根付きつつ、異なった所属やアイデンティティの女性たちの身になるために移行しようとする」（Yuval-Davis）。わたしはこの「根付き（rooting）」つつ「移行する（shifting）」というプロセスには、「書き手としてではなく、聞き手として」（Lyotard）ストーリーを語ることが、必然的に含まれていると考える。日本のレズビアン・コミュニティにおいて異なって位置づけられるわたしたちは、互いのストーリーを聞き手として語ることを通して共通の土台を築いていくことができるのではないか。そして、共通の土台を築こうとするそうした営みの中にこそ、連携の政治（ポリティクス）を切り崩すのでは

なく、促進させるような、〈わたしたち〉のストーリーの可能性が開けてくるはずである。［飯野 2008: 132］

「私たち」の想像力は、私たちの外に他者を作る。私たちの中の他者を排除し不在化することによってしか、私たちの連帯や理解を作ることができないということなのか。他者の理解や共感、さらに共生の主題について、鄭や岡さらに飯野の問題提起を受けて、何が語れるのか。私自身にとっても、先のシンポジウムの場面での、私のポジショナリティの語りに対して向けられた批判にどう応答すべきかが問われているのであるが、さしあたっての私に言えることを以下のように記している。

おそらくこういう理解——理解の断念という理解——になろうか。「マイノリティ女性の抱える問題を「あなた達の問題」として他者化してしまうそのフェミニズムのまなざし」とは、「自分が男女二元論に立って主張してきたことが異性愛主義という主流にのっとっていることだ」ということが「変」だと気づかない限り、いくら「理解したい」と言っても、いくら他者の声を誠実に聞いたとしても、「理解する」ことは不可能、ということに気づかない者のまなざし、だということが批判されているのだろうということ。［金井 2008b］

つまり、マジョリティのマイノリティを「理解したい」ということこそが、マジョリティの鈍感さにほかならないのだということ。だとしたら、「理解したい」とか「分かった」と言うよりも、「分かることはできないけれど、被差別を克服するために目標を同じくしよう」という言う方がよほど誠実だということになるのかもしれない。つまり「マジョリティとは、ほとんど定義上、自らのマジョリティ性にまつわる鈍感さに気づくことはできない」という地点から（理解の方法的エポケーともいうべき態度において）、自己切開、むしろ問うべきは、マジョリティ自身の自らのアイデンティティのありようやセクシュアリティ、欲望について、自らを理解することではないか。

強固な性別二元体制の言語体制と制度の中を生きる私たちが、この制度的暴力への対抗言説を編み出していく、性別二元体制をゆるがしうる攪乱性を見つけていく契機あるいは回路はどこにあるのか。おそらくそれは、〈わたしたち〉の語られ方／語り方の、それぞれのストーリーが、どのような歴史的・文化的文脈を背景として語られたのかを語る、それぞれの〈わたしたち〉の主体の抗争に満ちたポジショニングの自覚を迫らずにはおかない。私の前述した「マジョリティの私を相対化するポジショナリティの語り」の試みも、「レズビアン」女性が自らを公的空間にカミングアウトすることの名乗りの困難さには比べようもない軽さという批判をまぬがれがたいであろうが、それでも、マジョリティの自分への批判的自己言及のつもりではある。

私の発言の最後の、「おそらく」以下のことばは、飯野由里子の上記の見解に少なからず触発された。フェミニズムの「リブの女」たちと「レズビアン」の間にある、さらに「アジア系レズビアン」内部にもある、差別やそれに対する怒りだけでなく、それを今、飯野たちの世代が読み返すことを通して、怒りや対立を超えて両者の結びつきを回復しようとするところから、「わたしたち」のストーリーの可能性を読み込もうとする姿勢に、である。その意味で、リブ新宿資料センター資料保存会編

『リブ新宿センター資料集成』が刊行されたことも、日本の70年代ウーマン・リブ運動内部のレズビアン差別、同性愛嫌悪の言説がいかなるものであったかを知る上で貴重な資料になるに違いない。
〔リブ新宿資料センター資料保存会編 2008a, 2008b、溝口ほか編 1992, 1994, 1995〕

6　差異の境界線とアイデンティティの複数性

私たちのアイデンティティを構成する要素は、世界を分断する差異の境界線によって成り立っている。人種、国籍、性別、エスニシティ、セクシュアリティ、障害の有無など、これらの社会的差異化の軸によって、これらの差異の束によって、実は私たちのアイデンティティは成り立つ。「私は……である」というアイデンティティは、日本人である／女性である／結婚している／子どもの母親である／教員である……といった、私を規定する属性や諸関係あるいは私を徴表する特徴のまとまりによって成り立つ（あるいは立ち上がる、あるいはそれを引き受けることによって成り立つ）。

しかもその差異化の軸には優劣、強弱、マジョリティ／マイノリティなどの力関係が不可避的に滑り込む。日本人か非日本人かのナショナリティの軸、男であるか女であるかのジェンダーの軸、婚姻関係内での出生か非婚のシングル・マザーかの制度の内外の軸、さらに性指向において異性愛であるか非異性愛であるかの性別二分法の軸。これらの軸によって、自らの意思に関わりなくマジョリティ／マイノリティの関係に組み込まれてしまっている。この差異化の軸に作動する権力関係に無自覚なままに、「同じ女性」「同性として」といった「女であることの同一性」から、他者の痛みに対する共感や理解さらには支援を表明して、かえって「女だからって、あなたに私の苦しみが分かるはずがない」と、思いがけない拒絶や反発や怒りを買うことにもなる。

「共生」をこのような文脈で見るならば、いま私たちの社会に行きかう耳あたりのいいスローガンと化した共生という言葉が、いかに多くのことを取り落としているかに気づかざるをえないであろう。多民族共生にしても男女共生さらに障害者との共生といった言葉にしても、すっかり毒気を抜かれてしまっている感が否めない。さればこそ、共生という言葉は、権力関係からの解放、排除の力学に抗する当事者の要求・運動の中にそのルーツをもっている、そのことの原点に立ち返って考えねばならないであろう。

一九六〇－七〇年代の反差別運動の場面の、黒人、女性、「在日」、セクシュアルマイノリティなど被差別諸当事者の運動に遡ってみても、運動は、人種・国籍・性別・エスニシティ・セクシュアリティ・障害の有無などの社会的差異化の軸、そこに引かれた境界線によって隔てられ下位項に位置づけられた側からの、優位項への強い異議申し立てとして起こっていることを再確認しておきたい。社会的に構成され、恣意的に持ち込まれた境界を越える・崩す闘いにおいて、まずは、それぞれの集団としての自己定義権を要求する。すなわち集合的なアイデンティティを肯定的なものとして構成することを不可欠の契機とする「アイデンティティ・ポリティクス」の只中からの、それを前提とすることなしにはありえない、「共生」への志向である。

だからこそでもあろうが、反差別運動を通った共生への深い思想は、権力関係からの解放を求める運動内部の他者化や排除の問題を内在させることにもなる。権力関係からの解放を求める「空間」でこそ、一般社会の差別は増幅されて反復されるという事実にも直面せざるをえない。このように、アイデンティティ・ポリティクスが、他者の排除と抑圧の原因を産み、共生を阻む壁となることも免れがたいこと、グローバル化する世界のトランスナショナルな時代においては、さらにその関係は複雑に錯綜し、そこでまた見えなくされている存在があることに、私たちはセンシティヴでありすぎることはないであろう。

グローバル化する世界とトランスナショナルな時代の、階級や人種やナショナリティやジェンダーといった、そうした社会的差異化の軸は、単独に働くのではなく複合体として働くことで現実の差別が作動している。カリフォルニア大学のフェミニズム研究者アン・ギャリーは、「インターセクショナリティ（交差性）」という方法概念をフェミニズムの中心概念として位置づけることによって、この世界の一人の女性に働く抑圧がどのようなものであるかを、それが性別のファクターにとどまらず、いかに重層化・複層化しているかを読み解こうとしている。(6)

彼女の身近な一人の女性——「アフリカ出身の／仏語圏から／アメリカ・カリフォルニアにきている／女性」——をモデルとして提示することで、その一人の女性の身体に被る抑圧の多様さ、人種・民族・言語・文化が複雑に交錯する多様さを考えようとしている。アフリカ出身者で、仏語圏で生活し教育を受け、現在アメリカで生活しているというこの女性の来歴・背景に働く抑圧や生き難さは、もとより女性であるという性別のファクターではとても捉えきれるはずもない。言語や文化資源の面でのポストコロニアルな問題を不問視することはできないであろうし、移民労働者として米国にやってきた背景には、グローバリゼーションの問題状況が作り出すさまざまな差別や抑圧も絡んでくるであろう。つまりアン・ギャリーが提示したモデルは、現代社会のとりわけグローバル化する世界における女性の身体に働くさまざまな抑圧の軸の交差性とアイデンティティの議論に普遍的で多様な示唆を与えずにはおかないものである。(7) フェミニズムの「困難」の現在的な課題もここにある。

男女というカテゴリー間の差異よりも、女性というカテゴリー内の差異、そこに働く人種や民族、ナショナリティ、階層・階級の差異化の軸のほうが、当事者にとっての被差別感や被抑圧感を強めることもある。日本人/非日本人、男/女、健常者/障害者、先進国/第三世界……というカテゴライズによる差異化は、誰による、何のための線引きなのか。そうした問題が議論の俎上に上げられなければならない。さらに、差別や抑圧、排除の問題には、社会的政治的レベルと、個々人の心理的レベル、アイデンティティに関わる名づけの受忍や受容に関わる主観的な問題も介在する。

このようにみれば、私たちの世界には、人種やナショナリティ、ジェンダーやセクシュアリティといった大きな社会的差異化のカテゴリー軸から始まって、自らをどう名乗るか、その微細な他者との差異化、アイデンティファイ/アイデンテイフィケーションのありようまで関係して、マクロ的にもミクロ的にも実に複雑に差異化のさまざまな軸が交錯し、問題は絡まりあっている。それが他者とのコミュニケーションにおける共感や理解を阻む壁を作り、そのアイデンティティを賭けた抗争は、ときには敵対する民族間での血で血を洗う場面にも及ぶ。さらにまたミクロ的関係の場面では、自分による自分の排除としての「自傷」や「他傷」という形をとった理解や共感の遮断もある。ここではもはや詳論の紙幅はないが、秋葉原の事件のことを想起したい。

だから、マジョリティとマイノリティという力関係の差異のある関係性の中で発せられる一つの言葉は、「名づけの暴力」や「他者表象の暴力」という差別と抑圧の発動にもつながりかねない。ひるがえってフェミニズム・女性運動内部の相克と葛藤についていえば、被害者・支援者の「援助関係」における力関係への反発が、支援の側からの理解や共感の表明に対して、被支援者の側から「同情するなら金をくれ」といった言葉として返されることもある。その拒絶や反発と要求に支援する側が戸惑い、言葉を失い、傷つき、支援運動の場から離れるということもまま起こる。このように〈支援してあげる・してもらう〉というつながりには、支援者と当事者との間の葛藤も避けがたい。支援者が被害者を「全女性のシンボル」に祭り上げ支援する側の運動に利用してしまうということもまま生ずる。当事者・支援者、一対多の関係の中で、「○○の被害者・原告」としてのアイデンティティと規範を背負わされる苦しさが当事者に二次被害的なパワー・ハラスメントとなることもある。

フェミニズム・女性運動は、女性内部のこのような相克と葛藤をたくさん経験してきた。同じ女性だから、あなたの痛みが分かると、軽々には言うことはできないことも思い知らされた。安易に女としての同一性から理解や共感を語ることができない悲しみも経験した。その中から何を課題として受け止めるべきなのか。最後に、その先への若干の課題提起につなぎたい。

7 「理解のエポケー」の少し先に

差別・被差別といえば、敵・味方、加害・被害の関係が明確で固定的に捉えられてしまうことが多い。しかしフェミニズムが女性の連帯を一枚岩で語れない自らの状況を析出するために立てた「他者化」という言葉には、女性は被差別者であるばかりでなく、マジョリティであることにおいては女性内部のマイノリティを他者化してしまう存在でもある。内部の他者への差別者であることが免れがたい。差別問題へのフェミニズムのそうした気づき、重層的なまなざしが、他者理解や共生、連帯や友愛という課題に投げかけるものがあるのではないか。

私が差異と共生の主題についてフェミニズムの側から提起することができるかと考えたのは、フェミニズムがまさに、この他者の問題について、外部の他者／内部の他者（化）の二つに直面せざるをえなかったからである。ジェンダーという境界線が作り出す「性差別」を批判的に問うことにおいて、つながりあえるであろうはずの女性が、しかし現実には女性内部を分断するさまざまな境界線によって対立せざるをえない構図の中に置かれる。「同じ女性」というフィクションを壊しながら、なお、それぞれに異なって位置づけられた存在でありながら、それぞれの「痛み」を通してつながりあう、その可能性を問うてきた。女性たちが流した涙と血が、差別問題、共生の課題へのまなざしを深くしている。

本章でいいえたことは、おおむね次の四点になろうかと思う。

第一は、私たちの世界の人間関係が、差異の境界線で隔てられマジョリティ／マイノリティの関係の中に必然的に引き裂かれること、その中で、自らのマジョリティのポジショナリティに自覚的であるためには、自らのポジショナリティを相対化する身振りとして、自らのアイデンティティを語るカテゴリーをマイノリティ化された側の存在との関係で語りなおしていくことの意味についてであった。

第二は、他者理解における「理解の方法的エポケー」、つまり理解しえないものに対しても、関係を遮断するのではなく、居場所はつくるという他者への振る舞い・対し方であった。支援・被支援関係にまつわる理解の困難性について、臨床場面、哲学的思索において、花崎皋平や宮地尚子さらに川本隆史、齋藤純一などの発言に示唆を受けて考えてきたことであった(8)。

これに加えて第三は、批判されて立ち去るというのではなく、批判者として立ち現われた者の声の場を自らの中につくる。応答への姿勢を用意するということ。というより、この内部の他者の存在こそ、彼らからの攪乱的な声こそ、マジョリティの側にあるものの想像力や感性の壁(封印してきたもの)を突き崩す「意味ある他者」だという認識に立つこと。

そして第四は、それはとりもなおさず、自らの痛みに向けるまなざしの深さを作ることにつながるのだということ。自らの痛みを見ない仕掛けにした他者理解からは、他者の痛みの本当の理解や共感にはつながらない。「日本のレズビアン・コミュニティにおいて異なって位置づけられている私たち」が、「互いのストーリーを聞き手として語ることを通して共通の土台を築いていくことができる」可能性を問う飯野の言葉の意味もここにあるのだと思う。

マジョリティはマジョリティであるというだけで他者を踏みつけている存在であるかも知れないことに注意深くありながら、しかし自らのうちにもある痛み(マイノリティ性)を自らケアすることが問われている。ケア関係の中にある他者支配や暴力の問題がこれだけ社会問題化している現在、共生や他者理解・共感のもっともミクロレベルでの関係性における、マジョリティの支援やケアに関わる者の、自らの痛みをケアする力をもつことが、不問視できない問題としてあることを指摘しておえたい。

(1)「ネイティヴの日本人」という言葉は、「在日外国人」に対する差別的な言葉にも聞こえるかもしれない。また「Native Japanese」とは、正式には、「アイヌ民族」を指すのではないかという批判もあるかもしれない。さらに「Ethnic Japanese」という言葉は、白人と日本にもとからいた日本人とを除く、有色系の移住してきた日本人を指す言葉と受け止められないかという危惧も予想される。しかしポリティカル・コレクトネスを強く意識する人びとは、アメリカ・インディアンを「ネイティヴ・アメリカン」と呼ぶけれどこのネイティヴ・アメリカンという語は元来、米国生まれの「純正」な白人を意味し、移民排斥運動の原動力となっていた。実際にネイティヴ・アメリカンがアメリカ・インディアンを指すようになったのは、一九一八年に汎インディアンの宗教組織ネイティヴ・アメリカン・チャーチが誕生した頃だったとされる。さらに現在のようにインディアン自身によってもポリティカル・コレクトネスに敏感な非インディアンによっても積極的に使われるようになり、市民権を得るようになったのは一九七〇年代になってからであった［阿部 2005: 131-137］。そうした「ネイティヴ・アメリカン」の事例に照らし合わせて考えると、「ネイティヴの日本人」という語は、上述で指摘されるようにアイヌを意味するから誤用ということにはならないのではないか。そもそも本章は、日本のフェミニズムの歴史の中で、省みられることの少なかったその「他者」のアイデンティティの問題を、そしてアイデンティティというものが歴史的・社会的コンテクストの中で帯びる恣意性、多層性、流動性を、フェミニズムのマジョリティの一人として反省的に顧みようという意図で自己のポジショナリティの戦略的ずらしとして立てた「名乗り・語り」である。そうすることで、マジョリティとしての反省的自己認識において私自身の「ネイティヴの日本人」という自己規定にも、本章で論じようとしているアイデンティティをめぐる方法論的反省を適用しようというものでである。それが成功するか否かは別として。
（2）なおシンポジウムの記録は、日本女性学会学会誌15号編集委員会編［2008］に、収録。
（3）以下の四冊を挙げておきたい。全国自立センター協議会編［2001］、石川・長瀬編［1999］、石川・倉持編［2002］、中西・上野［2003］。
（4）『女性学』の創刊号は一九九二年であるが、このシンポジウムの開催された前後の『女性学』に記録は収録されていない。とはいえシンポジウムを経ての『女性学』には、「他者表象」や「女性学の制度化・権威化」といったテーマがかなり取り上げられている。たとえば、新田［1995］、さらに二〇〇〇年八号の特集は「女性学の権威化――他者を表象することをめぐって」であり、そこに寄稿された、渡辺［2000］、二見［2000］の二つの論稿、さらに二〇〇二年九号は続けて小特集で「女性学の制度化を考える」を組み、上野千鶴子、江原由美子、細谷実、浅野千恵、千田有紀、大海篤子、町田美千代、深澤純子が寄稿している。
（5）実は「普遍的人権 vs. 文化相対主義」の二項対置図式を使って問題を捉えた一人として筆者もその批判の対象とされており、本章は岡への応答を意識して書かれた。岡真理の「先進国フェミニズム」批判（九－一一頁）の背景には、パレスチナ人／アラブ人に対しては、アパルトヘイト体制下の旧南アフリカを凌ぎ、ナチス・ドイツを想起させるような暴虐の限りを尽くしながらも、国内ではLGBTの人権を「先進国」並に認めているとされるイスラエルと、その後ろ盾になっている日本も含む西側「先進国」への強い苛立ちがあるのではないか？
（6）二〇〇八年三月一－三日に開催された「第82回公共哲学京都フォーラム　東アジア女性哲学者会議」に米国カルフォルニア州立大学から参加・報告者に立ったアン・ギャリーの報告文書［ギャリー 2008］。なお、同会議に討論参加者として参加した筆者は、『公共的良識人』（二〇〇八年五月一日京都フォーラム事務局）に、アン・ギャリーの提起した「交差性」の概念および北川東子（同会議の開催を京都フォーラムとともに担った）の「方法としてのフェミニズム」「想像の共同体」の概念を狙上に載せて、会議を総括する文章を寄稿した。なお、金井淑子「ナラティブの熟成から、ヴォィスを紡ぎ、新たなコンセプトへ」と題する同寄稿文は、金井［2008c］に再録されている。

（7）逆の意味で、この「重層化・複雑化しているアイデンティティ・カテゴリー」を拠りどころ・バネにしてアメリカ社会にのし上がったのが民主党の大統領候補オバマであるといえるかもしれない。彼はケニア出身のアフリカ系アメリカ人の父とカンザス出身の白人の母との間で生まれ、ハワイで生まれインドネシアで生活し大学生としてアメリカにやってきたという経緯をもつ。

（8）本章の考察をもう少し先にすすめるために、私がいくつか示唆や触発を受け、今後の考察の手がかりにしたいと考えている、その一人はすでに言及した宮地尚子であり、さらに齋藤純一や川本隆史である。川本［2008］は、共生の主題をケアの臨床場面から教育や哲学まで広い文脈に位置づけて議論する姿勢、さらに川本のフェミニズムに対する真摯な対し方も含めて、筆者の問題意識と重なるところが少なくない。その意味では、フェミニズムと倫理学を架橋する筆者の発言の基本的なスタンスは、川本の見ていないところ、死角においている問題を見ようとしていることにあるともいえる。齋藤は、政治学研究者として、齋藤［2008］において、政治と公共性、政治と複数性のテーマを社会的連帯の条件を模索する議論の中で、複数性を消去してしまう「表象の政治」に対し、表象には還元されない、具体的な「誰か」として、これまで現われることを封じられてきた自己を政治的に提示する「現われの政治」を擁護し、社会的連帯再生の可能性を考えている。「表象の政治」に対する「現われの政治」とは、当事者が受苦の経験を自ら語ることができるような政治文化を形成していくためには、「正義の感覚」というよりもむしろ「不正義の感覚」（J・シュクラー）が働く空間をあけることが大切となるという問題意識によるものである。あらゆる人が最低限聴かれるに値する。市民がそれぞれの仕方で抱く社会的・個人的な不平不満の感じが無視されてはならない。声の聴取は、ＰＴＳＤ化された犠牲者の身体次元に内在化された苦難に表現の糸口を与えることを意味する。これらのことは、宮地が精神科の医師として被害者と臨床的に向き合う場面を通して、とりわけトラウマ的な苦痛を抱える被害者を通してみていることと、臨床現場、政治学研究と発言する場は異なるが、両者が見ている問題は交差している。本書の「差異と共生」の主題に示唆することは少なくない。本稿では踏み込めなかったが、本稿執筆と相前後して進めた拙論別稿、金井［2009］も参照されたい。

第七章　フェミニンの哲学と「他者を内在化させた女《わたし》という一人称」
——臨床知から、グローバル化する世界への対抗軸を求めて——

1　日本という思想の地政学的な位置から

本章の原型は、ユネスコの哲学思想系研究誌『ディオゲネス』の「日本哲学」特集に求められた寄稿論文である。アジアの一角に位置する日本という思想の地政学的な位置のマイノリティ性・マージナリティ性を意識しつつ、女性、哲学、フェミニズムをつなぐ視点からの発言であり、グローバル化する世界に対抗する思想的視点を問う問題意識において書かれている。私はフェミニズムと哲学を架橋する問題意識に立っているが、哲学という諸学問の中でももっとも男性中心主義の支配的な世界において女性であること、さらにフェミニズムのメインストリームの動きとも一定の距離をとることを意識してきたことにおいて、両領域への批判的なポジショナリティを担保しつつ、このマージナルな位置において哲学することの意味を問うてきている。

「フェミニンの哲学」「哲学としてのフェミニズム」の提唱については、日本のフェミニズム・哲学の場面では、後藤浩子による『〈フェミニン〉の哲学』〔後藤 2006〕があり、私の問題意識と共有するところは少なくない。だが後藤が、ドゥルシラ・コーネルやジュディス・バトラー、リュス・イリガライ、ジル・ドゥルーズなどもっぱら欧米の現代思想家の文脈に「マイナー哲学としての〈フェミニン〉の哲学」の系譜を辿るのに対して、本章では、近代社会における周縁化・他者化された側にある者たちの問題の現場に立ちその声の聴取から「フェミニンの（臨床）哲学」を主題化するものである。哲学のシーンに登場しているまだまったくマイナーな動きである「臨床哲学」に着目し、日本のフェミニズムの場面で一九七〇年代に登場したウーマン・リブ運動の中のCR実践（コンシャスネス・レイジング・意識高揚）をナラティヴ・コミュニティとして捉え返す関心を臨床哲学に重ね、そこから「フェミニンの（臨床）哲学」への視点を拓くことを課題としている。

取り上げるトピックスは、日本に登場している臨床哲学の動向、東アジアの女性哲学者の国際会議の場面、日本社会の現在を象徴的に映し出したアキハバラ事件、それと隣り合わせている日本社会の女性の現実、日本のリブの源流ともいうべき女性思想家へと、多岐におよぶ。それらをつなぐ中から、グローバル化する世界のただ中にある身体の経験、とりわけ女性の経験を、そのトラウマの海から引き出し、「身体的（生命的）言説を作る」。抑圧と暴力へのナラティヴ／トラウマ・アプローチを立て、「フェミニンの哲学」と臨床知をつなぎ、「親密圏の脱暴力化」と「自己へのケア」を主題化する。「暴力性を深く潜在させた」日本社会の暗部に深く思想的なまなざしを向けることが、この現実を生きる者たちの「生き難さ」の声を聴取しうる哲学の方法的な視座を拓くことが、グローバル化する世界に亀裂とゆらぎをもたらす主体の登場につながるとの予感からである。

そこに垣間見えてくる「女たちの想像の共同体」の中にこそ、東アジアの女性たちが歴史的過去の「被害の分断」を超えて、「慰安婦」女性たちの声を公共性の場にもたらす回路が拓かれるであろうことを期して。

2 日本社会と臨床哲学

日本における臨床哲学の一つのベクトルは、医学・科学との関係で字義どおり「クリニカル・フィロソフィー」として、死生学やターミナル・ケアのテーマとも関わるところで登場しているが、哲学における臨床知の関心が医療の場以外にも広がりをみせ、さまざまな問題の「〈現場〉に臨む哲学」の可能性への問いに向かうより直接的なきっかけとなったのは、一九九五年、六五〇〇人の死者を出した阪神淡路大震災であったろう。大学の研究室を出て被災者の現場に立ち被災者に寄り添いその声を「傾聴する」動きが始まり、「聴くこと」を哲学的行為として定義する「臨床哲学」が登場する。

鷲田清一は、その著『「聴く」ことの力――臨床哲学試論』において、医療人類学や臨床社会学の場面でトレンドとなっていた「ナラティヴ」という発想をいち早く受け止め、ケア関係の本質に関わる重要な視点、すなわちケア関係の中に働くある種の「力の反転」への視点を拓いている［鷲田 1999］。聴くことは他者を支えるだけでなく、自らを変える。ケアを「支える」という視点からだけではなく「力をもらう」という視点から考えることによって、ホスピタブルな光景の中にある「ケアする者がケアを必要とする者に逆により深くケアされ返す」という反転関係を取り出しているのだ。それは、私が誰にとってのどういう他人でありえているかを問うことへもつながっていくものであり、この「自己の他者性の自覚」こそ、近代的主客二元論が立ててきた自我や主体性あるいは自他論とは別の、「関係論的自己」への問題意識の掘り下げへとつながっていく。

ここには「概念」によって世界と向き合い、世界について、人間存在について、さらに自己・主体について思索をめぐらすことを本義としてきた哲学が、人びとの生活世界の声や言葉の現場に立会い、当事者に寄り添い、その語りの聴取を通して、自他関係・心身関係についての哲学の新たな概念を編み出す知的営為が生まれている。もとよりこうした臨床知のもつ「声の聴取」という側面からすれば、これをソクラテスの対話術の現代的取り組みとして位置づけることも可能である。しかし、現代における「現場に臨む知」においては、「物語・ナラティヴ」という発想が重要で不可欠な位置を占めており、この点が、ソクラテスの時代の対話術との決定的な違いとすべきことである。

もともとこの「ナラティヴ」への関心は、アルコール依存症や摂食障害など諸種のアディクション問題の治療現場で、ナラティヴな関係が作るそのコミュニティのもつ治癒力、回復力、癒す力に着目するところから起こって、さらにそれが、人文・社会科学の場面での「言説」と現実をめぐる構築主義的な視点の獲得に至り、社会認識への構築主義理論の援用として「臨床のナラティヴ理論」に導かれることとなったものだ。社会学の場面に「臨床のナラティヴ」理論を提唱する野口裕二も、アルコホリズムの嗜癖研究の臨床現場にあってアルコール依存症の人たちの治療の場面に関わる中から、治療関係において「物語・語り」の重要性に気づき、ナラティヴ・アプローチの提言におよんでいる［野口 2005］。臨床の場面で起こっていることは「語られることによって初めて現実を構成する」ということ、したがって逆に、「語られることなしには現実は構成されない」。つまりナラティヴ・アプローチは、社会的現実の、それを支えるものをナラティヴから解き明かしていく手法であり、語りのもっている自己治癒力に着目するアプローチであり、そのマクロレベル・ミクロレベル二つのレベルからの、社会の支配的言説のドミナント・ストーリーを崩していくアプローチである。

臨床哲学のまなざしとナラティヴ理論に出会う中で、私の関心は、フェミニズム・ジェンダー研究の文脈からの私の問題意識をそれに交錯させ、「哲学としてのフェミニズム」の可能性を問う問題意識の中に引き入れ、「フェミニズム臨床哲学」あるいは「フェミニンの哲学」の提唱におよんでいる。すなわち、現代哲学の理論的営為に求められる「哲学の臨床性」をフェミニズム臨床哲学として立てるところからは、「女の経験のトラウマ」と「ナラティヴ・語りの主題」が大きく前景化してくること、それはまた一九七〇年代の日本のフェミニズムのシーンにも光彩を放ったウーマン・リブ運動を「ナラティヴ」の側面から捉え返し、女性たちの意識覚醒の手法として取り組まれたCR（コンシャスネス・レイジング）実践をフェミニズム臨床哲学の文脈に位置づけなおすことについて言及している。哲学の臨床性とりわけフェミニズム臨床哲学にとって「ナラティヴ」の問題が大きく浮上している。

以下、ナラティヴという共同性のあり方とその意味の深さに気づかされたある国際会議の場面の議論を紹介しつつ、「哲学としてのフェミニズム」あるいは「フェミニンの哲学」におけるナラティヴの意味について目下の私の考えていることを述べたい。

3　ナラティヴという共同性の意味

「女性が拓く公共世界」のテーマのもとに開催された三日間にわたる国際会議であった。「今なぜ東アジアの女性が拓く公共世界なのか」、四つのｗｈｙ――東アジア・女性・哲学・公共世界――、その論題の中で展開された議論には、日本、中国、台湾、香港、韓国の東アジア側五地域に加え、さらに米国からの研究者を含む総勢二十余名の発題者・討論参加者が参画している。日・中・韓・英語が飛び交う多言語多声的空間で、「伝統とフェミニズムの錬金術」（台湾からの参加者・陳昭如氏の発題タイトル）の言葉通りに、儒教とフェミニズムが相対しての、まさに伝統の再創造を通して、東アジアの女性が拓く公共的世界を開示しようという、たいへんスリリングな議論の場となった。(1)

討論参加者としてこの濃密な議論の場に身を置く得難い経験をした私が、そこで何を聴き取ったかを述べることは容易ではないが、ただ感じ取ったことの印象的感想から記せば、まさにこの会議の空間そのものが一つの「ナラティヴ共同体」ではなかったかということである。そのことの意味を考えることが、おそらくは女性が拓く公共世界の主題とも深く関わっているのではないかという予感とともに、そう考えたい。複数か国語間の翻訳によって媒介されるコミュニケーションのもどかしさや解釈のずれが議論の深まりに問題を残さざるをえないものではあったであろうに、しかしそれにもかかわらず、そうした言語的コミュニケーションの制約を超えて、あの空間に居合わせたこと、それが私の身体性の内奥でのさまざまな共振を呼び起こさずにはおかないものであったからだ。

それにしても公共世界を語ろうとする場面にはおよそふさわしくないかもしれない、なんと多くの言葉が行き交ったことか。言葉だけでも挙げておこう。フェミニンな視点、レヴィナスの他者性論、身体の共同性、外部と内部の境界を動くフェミニストの視点、私たちが内部を失いつつある兆候としてのグローバリゼーション、女性の身体に働く複数の軸の交差性、アニメーション可能な（生命付与的）身体的言説、家父長制と天皇制から身体性を奪い返す、母体・受胎・祈り、いのちのある言葉・ナラティヴ、身体的（生命的）言語を作る、恋愛言語を作る、女性言語、女たちの語りの浮遊力、世代を育む関係性・社会的母性、フェミニンな感覚、フェミニンな視点のもつ社会批判の意味……等など。フェミニズムの場面で発言してきた私にとってはなかなか言葉にしにくく、その言葉で語ったとたんにただちに本質主義という裁断で発言が却下されてしまいかねない論題が議論の主軸となっていた。そのことにまず率直に驚き、私も議論に触発されつつ自然に議論の輪の中に入り発言の機会を得ていた。そのことによって私自身が深く癒されているという感覚もあった。

もとより、ジェンダーの社会的文化的「構築主義」の立場に立つフェミニズムの議論では、フェミニンや母なるものや身体性さらにいのちや育みなどを議論の俎上に乗せることは容易ではない。これらの言葉そのものに「本質主義」を感じ取られ批判が向けられることが避けがたい。そのためもあって自己規制的に禁句化してきた感も否めない言葉が縦横に行きかう議論の空間は、私の中に滞留していた言葉が噴出する契機となったのか、身体性を介したナラティヴの場を得たということなのか、思考の別の回路が開かれていく快感があった。あの議論の場の共有そのものが私の身体性に「過剰な供給」（スピヴァク）をもたらすものであった。一つの場を共有した語り・ナラティヴの共同性の意味について改めて気づかされたのだ。まずそのことを記しておきたい。「公共」を語る新たな概念とイメージを拓こうとする意思において、あの議論の場が、まさに「会話の場としての公共圏」であったのかもしれない。ナラティヴとは身体性を介した発話であり、語りっぱなしであることを基本としつつも、実は課題を共有するもの、自らに抱える病いの症状や兆候の共通性によって、居合わせる者たちの声が互いによって聴きとられているという関係性において、ナラティヴ共同体がそこに現出する。会議はまずそのことに意味があったとすべきであろう。

そしてそのことで改めて齋藤純一による公共性についての次のような定義が思い起こされた。齋藤が共同体との違いから導く公共性は、「同化／排除の規制を不可欠とする共同体ではない。それは、価値の複数性を条件とし、共通の世界にそれぞれの仕方で関心をいだく人々の間に生成する言説の空間である」と定義されるものであった。さらにこの定義から齋藤が展開する重要な視点は、公共性の言説空間に働く排除と周辺化の力である。人種主義や異性愛主義などによる排除をともなう公共性からのフォーマルな排除から、「言説の資源」という眼に見えない資源が、人びとの公共性へのアクセスを非対称的なものにしている。「デモクラシーの原理は端的にいえば誰からもその発言権（voice）を奪わないことにある」はずで、フェミニズムの「個人的なことは政治的（The personal is political）」の標語こそ、近代の「公共性」が、身体や性的な事柄を「私的なもの」とすることによって自ら定義してきた、この公私を分ける境界設定を問題化しようとしたものにほかならない。そのことに齋藤は再留意を促し、「公共空間は、公私の境界をめぐる言説の政治がおこなわれる場所であり、公共的なテーマについての言論のみがおこなわれるべき場所ではない。何が公共的なテーマかはコミュニケーションに先行して決定されているわけではないのである」と述べていたからだ〔齋藤 2000〕。

おそらく、この voice と narrative との間をつなぐところに公共性の共同性のありようが垣間見えるであろうこと、第二波フェミニズムが生んだ新しい女性解放運動・ウーマン・リブが生んだ女のスペースやそこでのコンシャスネス・レイジング（CR）実践の意味も、男性中心の言説体系の中のもう一つの声・女の声をナラティヴを通して公共空間に押し出していく取り組みであったということにも改めて留意しておきたい。

4　東アジアの女性の連帯と歴史的過去の「被害の分断」

さてウィメンズ・リベレーション以降の第二波フェミニズムは、ジェンダーと家父長制という二つの概念によって理論的にも運動的にも推進されてきた。とりわけジェンダーは、分析概念としての精緻化を図りつつ、理論多産的拡張的にフェミニズムの理論推進を図ってきた概念である。対する家父長制のほうは、性支配の文化的、社会的、心理的、生物学的などのあらゆる要因が放り込まれ、ややブラックボックス化した概念である感は否めない。実際、ジェンダーは、フェミニズムのポスト構造主義ジェンダー論までの理論深化を推進し、さらにそれは会議の中でカリフォルニア州立大学のアン・ギャリーが「複数の交差性（インターセクショナリティ）の意義」と題し発題したことにもおよぶ。一人の女性に働く抑圧は性別のファクターだけではないことを、アフリカ出身の仏語圏からカリフォルニアに来ている女性がその身体に被る抑圧の軸の多様さ——人種・民族・言語・文化が複雑に交錯する性別——として提示したモデルは、現代社会のとりわけグローバル化する世界における女性の身体に働くさまざまな抑圧の軸の交差性とアイデンティティの議論において重要な論点を提示し、参加者の関心を引いた。しかし、アンの「複数の交差性」概念が会議の場面に投げかけたアイデンティティ理論の構築への深い示唆を受け止めつつも、ここでの伝統とフェミニズムの対話を通しての「女性が拓く公共世界」の主題には、前述のウーマン・リブの中にあるナラティヴ性への留意においても、ジェンダー概念よりは家父長制概念のほうが両者を媒介する概念としての親和性が強くかつ有効なのではないかと思われる。

もとより、東アジアの儒教的伝統とフェミニズムの対峙、儒教的伝統における公と私の議論とフェミニズム、この二つが接点をもちうる道を探ることはそう容易なことではない。まさに錬金術でも使わなければなしえないことであろう。まず対話以前にイデオロギー的にはじきあってしまってもおかしくない二つの立場である。しかしそれでも両者が向き合う土俵が立てえたのは、ひとえに現代というこの状況の差し出すさしせまった問題に対する危機感が前提的にあり、しかも東アジアという文化的歴史的背景とその地域性から「グローバリゼーションに対抗する新しい公共世界を拓く」可能性に賭けた両者の思いからの課題意識を共有しえたからであろう。

とはいえ儒教的伝統の思想の中に近代の公私二元論と現代のグローバリゼーションに対抗する公共世界の言葉やイメージを無媒介的に求めるということでそれはなしうるとも思えない。会議の議論がややそうした傾向をみせたことも否定できないように思う。フェミニンな感覚、フェミニンな視点のもつ社会批判の意味、女性言語、女たちの語りの浮遊力など、フェミニズム哲学の側から提起される言葉や課題提起に対して、儒教的伝統思想研究の側から、孔子や道教などの諸言説を牽強付会に参照軸として持ち込み、両者のつながりをつけようとする議論に違和を残したのは私だけであろうか。ここにおいてこそ、両者を媒介する概念の問題が関わってくるのではないか。儒教的伝統が東アジアの諸地域・社会の現在の家父長制にどのように引きつがれ、抑圧や差別の原因・背景となっているか、その「東アジアの家父長制」の現実にこそ深い批判的まなざしが向け返されるべきであろうし、また、それが近代化やグローバル化の中でどのように変容・変質しているかを洗い出す視点を不可欠とするであろう。

身体内在的に抑圧を読み解く概念的媒介としての家父長制、もとよりさらに言えばそこでは、東アジアの女性たちの間を同じ家父長制的文化を背景にもつ社会を生きる女たちとして「女性の連帯」を単純には語れない現実、「慰安婦問題」に象徴される歴史的過去への視点、「被害の分断」の問題（北川東子）が不可欠とされる〔北川 2008〕。この「被害の分断」を思想的にも現実的にもどう越えられるか。この問題を不問視してすますわけにはいかない。「東アジアの女性」とはいっても、女性内部が分断されている現在、とりわけアジアにおいては「慰安婦問題」の歴史的過去によっても分断され、「慰安婦」たちの声によって「日本女性」という主体に亀裂が入っている。したがって、この東アジアの女性の間にある「被害の分断」から公共の世界を拓く道はけっして容易ではない。そこでまず北川が提起するのは、フェミニズムが「被害の分断」を超えるには、フェミニズムがすでに「第三波」にあるとする認識に立つことであった。この第三波フェミニズムにおいては「自分のフェミニズムを見つけ必要ならそれを再定義すべき」とも北川はいう。

つまり第二波フェミニズムが「パーソナル・イズ・ポリティカル」のスローガンのもと、「私的フェミニズムという社会運動」であったものからの転換をする必要があること、すなわち社会運動としてのフェミニズムを「方法としてのフェミニズム」に転換することを提案するものであった。フェミニズムの場面では、その「第三波」を予感、意識しつつも、「第二波」の諸要求がまだまだ未完の課題としてある現実においてはポスト・フェミニズム的言説に回収されかねないとして、「第三波」と言い切ってフェミニズムの現在を語ることには留保がつけられている。それゆえ、北川の「第三波フェミニズム」宣言にはいささか驚きを感じえなかったことも事実だが、発題の趣旨・意図は、私自身が、イデオロギー化したフェミニズムからフェミニズム哲学へという形で考えてきたことと問題意識を共有しうるものである。「個人的なことは政治的（The personal is political）」の標語、ここから、フェミニズムの「女性たちの連帯」を「想像の連帯」という形で方法化し、この「犠牲者との想像の連帯」という社会の外部の視点から、日本のフェミニズムにとっての「従軍慰安婦問題」の方法的意義にも論及する。そのことによってまた、日本のフェミニズムへの自省的視点として、慰安婦問題を通して、「ナショナルなもの」についての知的感性を獲得することになった日本のフェミニズムが、逆説的に「トランス・ナショナルなフェミニズム」の視点を不在化させることになったという指摘にもおよぶ。フェミニズム哲学から公共世界を拓く上で不可欠な視座となるはずの「トランス・ナショナルなフェミニズム」への、重要な総括的な論点提起を含むものであった。

5 「方法としてのフェミニズム」という問題設定について

北川のこの発題におおむね共感し、また触発されるものを感じつつも、ただ一つ「方法としてのフェミニズム（Feminism as a method of analysis）」という問題の立て方に若干の違和感が残った。上述のようなフェミニズムに対する／からの問題意識の文脈に即してみれば、「方法としての」という言葉ではない適切な表現がないかと考えていたのだが、本章を書くにあたり、改めて会議の議論を振り返っている中で、ふとこの言葉が、ポストコロニアリストとして日本でも知られるガヤトリ・チャクラヴォルティ・スピヴァクが、人文学の精神をグローバリゼーションに戦略的に立ち向かうグローバリゼーションへの〈代補〉という言葉で語っていたことと響きあうのではないかと思い至ったのである。グローバリゼーションを「代補」する人文学、さらに「過剰な供給」という言葉で、グローバリゼーションの体系そのものを脅かすような可能性をはらんだ人文学の力についてスピヴァクが語っていることに重なっているのではないかと考えたのである。以下の引用は、昨年来日し、一橋大学で「人文学と変革のための活動」と題して行なったスピヴァクの講演（たまたま私もその場に居合わせた）の中での発言である。

他者との倫理的関係に開かれた人文学にたずさわる今日の知識人は、グローバリゼーションを〈代補〉すること、つまりグローバリゼーションの体系の欠如を補うように見えながら過剰な供給を行い、グローバリゼーションの体系そのものを脅かすような可能性を孕んだ利害関係のなかで、こうした定義を変えていくことを求められている。［スピヴァク 2007］

私がここで考えている言語的多様性にこだわる人文学が〈代補〉できる対象とは、まさにこの画一化され存在論的に貧しくなった世界そのものなのだ。ここにこそ人文学の学問的活動が位置する場がある。もしわたしたちが大学において、旧来のナショナルなアイデンティティと表層的なコスモポリタニズムに基づいて仕事をし続けるなら、世界フォーラムや人権運動ネットワークがどんなにがんばっても、公正な世界など訪れるはずもない。［同］

人文学の精神をグローバリゼーションに戦略的に立ち向かう／グローバリゼーションへの代補とみるスピヴァクの、人文知のもつ過剰性への着目に触発されつつ、この人文知の位置に「東アジアの女性哲学」を置くことによって、グローバリゼーションを〈代補〉するアジア的なるもの、フェミニンなるものへの問いの意味を改めて確認することができるのではないか。身体性や共生の深い意味を問い直すことから開かれる公共世界につながるのではないか。つまり北川のいう「方法的」には、フェミニズムの第二波的水準への自己言及的問いとともに、東アジア・女性・哲学が拓く公共性への代補としてのフェミニズムという二つの課題がみえてくるというべきではないか。

さて三日間の会議はアジア的価値をグローバル・フェミニズムの可能性につなぐ視点――グローバリズムに対抗する「共生」――を拓く議論の場となったのか。伝統の再創造を通して、東アジアの・女性が拓く・公共世界を開示することへとつながりえたのか。グローバリゼーションによって画一化され貧弱になった世界に対して、女性の身体性から豊かさを取り戻すフェミニズムの視点・方法・立場性――グローバル・フェミニズムあるいはフェミニズムの哲学という言葉で語られる――を方向づける議論の場となりえたのか。グローバリゼーションの世界を生きる私たちの「共生」の視点をつかむことはできたのか。西欧をユニバーサル・モデルとする公共性に対して、方法としてのアジアから導かれる公共性とはどのように描きうるのか。アジア的価値が実体としてあるとは思えない。ここでも「方法としてのアジア」の視点において、それぞれの文化的歴史的流れと伝統との向き合い方を通して、私たちを呪縛している伝統がすでに私たちを条件づけているのであるから、それぞれに違う伝統の再解釈が問われざるをえない。

アジア的なるものの視座からは、孔子主義・コンシュイズムとフェミニズムのつながりがケアへの視座を拓くといった形の議論が必ず予想される。しかしいま問われていることは、パターナリズムの価値やケアの行方を問う議論を伝統の再創造から公共世界につなぐ回路からではなく、むしろ、現代を生きるものたちにさまざまな形で感じ取られている生きがたさの思いをそのナラティヴな言葉から聴き取ること、「そこから垣間見えつつあるものを熟成させること」であるのではないか。グローバリゼーションの体系そのものを脅かすような「過剰な供給」は、グローバル化やネオリベ的価値観にうまく適応できない「負け組」といわれる者たちの中に感じ取られているものの声の聴取であるといってよいかもしれない。伝統との対峙や伝統の再創造に意味がないとは考えていない。しかしそれが意味をもちうるのは、今ここを生きている人間の現実、その生きがたさの深みに言葉と思想が切り結びうるものであってこそのはずである。「身体的（生命的）言説を作る」ことは、自我の病や実存、過剰な主体性という言葉に象徴される近代を通った痕跡や、グローバル化する世界のただ中にある身体の経験を消去してなしうるものではないであろう。まさに私たちの問題は、そのただ中にあるがゆえの、またそこを通過したがゆえの、今ここを生きている人間の現実における、その生きがたさであるのだから。

6 「方法としての日本」、もっともマイナーな場から

日本という思想の地政学的位置は、東アジアにありその文化的伝統を下部構造におき、近代以降はもっぱら西欧的近代の意匠をさまざまにまとってきた社会である。とりわけ東アジアとの関係においては「慰安婦問題」の歴史的過去による「被害の分断」（前出北川）の問題を引きずっている。そうした思想の地政学的位置を踏まえつつ、哲学の中でももっともマイナーな動きとみるべきであろう「臨床哲学」の場面に寄せる関心から、グローバル化する世界への思想的対抗軸を模索することに視点を転じたい。哲学においてはもっともマイナー化されてきた「女の場所」から、「他者をはらんでいる女の一人称」への問いを立てることから、いま日本の哲学に問われている課題は何かを考えることとして。「暴力の潜在する社会」あるいは「暴力性を帯びた親密領域」を生きる女たちの経験のトラウマ化した記憶の襞に踏み込んで、私のナラティヴが聴かれ合う場としてのナラティヴ共同体の意味を問い、他者の声が等しく発せられる公共空間を拓いていく可能性を問おうとする

ものである。
しかし日本社会の現在を「暴力の潜在する社会」あるいは「暴力性を帯びた親密領域」といった言葉で評することには今少し説明を要するであろうか[2]。そのリアリティに向き合うために、一つの事件について言及したい。

二〇〇八年六月、日本社会に起こった二十五歳の青年Kによる東京の秋葉原を舞台とする無差別殺傷事件である。アキハバラは日本の一大電気街で若者たちの聖地ともいわれる場所、その日曜日の朝の歩行者天国にトラックで突進し、ダガーナイフを用いて出会う人びとを無差別に刺し十七人の死傷者を出したのだ。「派遣切り」で仕事を失った青年、彼はその怒りを事件の直前まで携帯のインターネットに綿々と書きつづっていた。しかし誰からの反応も得られなかった。現実の世界におけるのみならずインターネットの世界でも無視されたその絶望の憤りの矛先、その殺害の対象は「誰でもよかった」。さらにこの容疑者Kへの正・負の共感と反発の連鎖の極端な大きさもまたこの事件を特徴づけている。特にその共感する声の少なからぬ数、そこには、今日の日本社会の若者たちの置かれた状況とその心性の深い危機が映し出されている。

Kの、そして現代の若者たちの、絶対的な孤独と疎外が浮かび上がる。Kに起こったことは、「希望格差社会」を生きるワーキングプア化する今日の若者の誰にも起こりうることである。ネオリベ的政策による「労働市場の柔軟化」へと日本社会が大きく転換した時期に新卒採用時に重なり正規職につけなかったKは、非正規の身分で派遣先各地を転々と移動、その非正規職からも派遣切りにあい、その途端に仕事を失い住むところを失いお金もない状態に立たされ、家族はもはや戻れるところではまったくなく、最後の一縷の望みをかけ叩いた公的福祉の窓も、若者には日本の福祉の「人生前半期の福祉政策の不在」によって堅く閉ざされていた。その追い詰められた結果の窮鼠猫を噛むの行動であったろうか。

そうした現代社会のしわよせをもっとも過酷な形で被る存在を「難民」と名づけ、現代を「難民化の時代」として定義する政治学研究者の齋藤純一は、この難民化する社会を公・私両領域からの人の生／生存のセイフティネットとしての機能の激しい劣化現象が進んでいる状況と捉え、「親密圏」をこの難民化する人びとの安全性の政治として描き出す発言を続けている。まず、公私二元システムにおいて私的領域としての家族――まさに親密圏と重ねあわされて考えられてきたこの領域――が、それを成り立たせる感情面での基盤から空洞化・機能不全化しているのみならずその経済的福祉的基盤も急速に脆弱化している。他方で国内外の状況においても、ポスト冷戦の世界の多発する民族紛争やブロック化による世界再編が進行している。国民国家の変容、経済のグローバル化による人やものの大量に移動するトランスナショナルな世界の出現といった現実があり、さらにそこに追い打ちをかけて、新自由主義のもとでの格差化社会の進行がある。人の生／生存のセイフティネットの劣化の背景には、それまでまがりなりに機能していた福祉国家に包括されない難民が生み出されている現実がある。

すなわち、ここでいわれる難民化は多義的であって、政治内戦や軍事侵略による「場所を奪われる人びと」の定義にとどまるものではない。そこには「生存維持経済の破壊によって労働力移動の半ば強制的な流れの中に組み込まれる人びと」から、さらに「労働市場の柔軟化」によってそれまでの生活の基盤を失わざるをえない人びとまでが対象とされる。すなわち、グローバル化や新自由主義の格差化社会のもとで、安全性から危険性に放逐される膨大な数の人びとの現実を含むものとして捉えられる。件のアキハバラ事件のKもまさに、「安全性から放逐された」一人であったのだ。

このKの事件は、個別の出来事であるが、しかし出来事以上の出来事、〈現在〉の全体を写し取る出来事でもある。日本の戦後史において、「連合赤軍事件」がそうであり、また「オウム真理教事件」がそうであったように。個別の出来事が、その特異性を維持したままに、その出来事が属する〈現在〉の全体を圧縮して代表してしまうことがあるような、そのような事件の一面をもっている［大澤 2008］。だからこの事件のような「出来事以上の出来事」に立ち会ったものには、そこに影を落としている〈現在〉とは何かを自覚にもたらし、その〈現在〉の輪郭を明確にすることが問われている。この事件から聞こえてくる時代の声に、何を聴き取るかが突きつけられている。臨床哲学が向き合うべき現場とはまさにこのような現実というべきであろう。

だが同時に、フェミニズムと倫理学を架橋する問題意識からの発言をしてきた私の眼には、Kの事件につながる現実が、女性たちの場面にも深く影を落としている危機の「兆候」を不問視することはできない。Kの事件を「出来事以上の出来事」として取り上げることで、その「兆候」が不在化されてしまうことのほうを恐れる。もとより女性を取り巻く制度的環境は一定程度整備され、女性の生き方の自由度と選択肢は広がりをみせている。しかし若い女性たちの周辺もまたすさまじくスキャンダラスで、そこには「家族からの難民」ともいうべき傷ついた女性たちの姿、その多くは内向化した暴力の中に痛々しく自閉化している姿がある。女性たちの問題の多くはメンタルな危機の中に表出されている。消費社会を漂う性としての女性のプレゼンスは増しているが、女性たちの「労働からの逃走」、「再生産からの撤退」の傾向は根深く、食べ・吐きの摂食障害やリストカットの問題などともつながっているであろう女性たちの自尊感情の深い躓きが予想される。

若い女性たちの場面にある「兆候」をどう捉えるのか。親密圏を難民化する人びとの安全性の政治を描き出すこととして立てている課題に即していえば、そこには「家族からの難民」という視点から捉えられるべき「近代家族」の歪み、日本の戦後家族の「教育家族化」した家族とそこにある「ケア関係に働く抑圧委譲」の問題が浮かび出る。

7 ケア関係に働く抑圧の委譲関係

家族という集団は、その中を生きる成員にとって退出がままならないという事情から、家族であることが、そこでの関係性の歪みが、時に暴力による被曝、被傷の原因となりかねない。さらに「ケア関係に働く抑圧委譲」の問題を免れがたい。それは先にみた臨床哲学のまなざしから浮かび出た「ケアする関係にある力の反転」においては、「ケアするものがされるものから力をうる」といった関係性として、いわばポジティヴに語られているが、そのような議論からはとりこぼされてしまう側面であり、愛情空間とされる家族という場の関係性の危うさ、ケア関係の「力の反転」の負の側面が存在する。ケア関係の場面にある「母の支配」や「コントロール場面化した家族」の現実は、加害と被害、抑圧と被抑圧の重層的な関わりを取りさらにその抑圧委譲がみえづらい構図を取って世代間連鎖の形で潜在化していく。

母性の権力、女性の抑圧構造のみえづらさは、日本社会の母性主義の強さの裏返しでもある。日本の戦後家族の「教育家族化」した家族の「機能不全化」した内側には、ドメスティック・バイオレンス被害においては家父長制の犠牲者である女性が、子ども虐待や高齢者虐待の問題においては加害者であることを免れがたいという現実があることについては既述の通りである。さらにアダルト・チルドレン問題に象徴される問題においては「二親揃って親の期待に応えて頑張るいい子」という関係性の中の子どもの生き難さ・不全感として浮かび上がった「日本型家族のいい子のアダルト・チルドレン」の問題がある。

ドメスティック・バイオレンスを働く夫と被害女性の妻、その妻がまたアダルト・チルドレン問題や高齢者虐待の加害者でもあるという、家族という場で繰り広げられる「抑圧委譲」が、暴力を深く潜在させ暴力の世代間連鎖を作っていく。それゆえに「親密圏の脱暴力化」が日本社会の大きな課題となっている。日本の社会の文化の底流に堆積する暴力をセンシティヴに捉えるには何が課題となってくるのか。このような現実においては、抑圧を発動するものの中にある抑圧へのまなざしへの視点が不可欠とされるであろう。

「自己へのケア」やナラティヴ・アプローチがどういう関係と場で成立しうるのか。そこから新たに一つの課題として浮かび上がってくるであろうと考えられる「自己領域」あるいは「個的領域」の意味を問うことにつないでいきたい。すなわち、親密圏の脱暴力化を考える上で、公共圏／親密圏の二項対地の概念枠からではなく、そこに新たに自己領域・個的領域の概念を持ち込み、人間の関係世界を公共圏／親密圏／個的領域のトリアーデから再考してみることの提案である〔金井 2009〕。もともとこの私の意想は、さまざまなアディクション問題の自助グループ活動を通してナラティヴ共同体として位置づけ、そこで援助や支援をめぐるその関係の中にも滑り込む力関係の非対称性へのセンシティヴな視線から描き出されているいくつかの重要な視点を手掛かりとして、親密圏の脱暴力化への道筋を考えたいということにある。

私が深く示唆を受けた一つ具体的な場面として、ドメスティック・バイオレンス被害女性の危機介入支援活動としてのシェルター・ムーブメントがある〔平川 2002〕。この取り組みは日本社会でも相当な広がりをみせているが、その支援活動の場で重要なこととして気づかれているのは、被害女性の自己回復にとって「孤独の自閉に耐える力を育む」時間が不可欠であるということであった。シェルターという空間での関係性において、女性たちが「孤独の自閉に耐える力を育む」時間が不可欠であり、そこを通過できない女性は次の一歩を踏み出せないままに暴力の現場に戻ってしまうことが少なくないという。被害女性たちにとってのセイフホームの意味は、まずもって彼女たちに「孤独に耐える時間」が保証される安全で安心な空間として機能していることであり、このインキュベーターを通って女性たちが自らの中で封印してきた痛みの感覚、忌わしい記憶を掘り起こし向き合い、サバイバーとして今ある自分を自己肯定する感覚を蘇らせ、次の一歩を踏み出す。そうしたプロセスを経済的にも時間的にも保証することにセイフホームの意味がある。

さらにもう一つ、重要な視点として気づかれているのは、こうした自助グループ活動空間でのグループ経験という場のもつ「声の力」「語りの場」としての意味である。この声・ことばの力についても、暴力被害女性の回復期におけるコミュニケーションのもつ意味について重要な指摘がある。暴力被害にあった女性たちのためのグループ・カウンセリングを行なってきた実践の中からは、女性たちにとってのグループ経験の意味が、女性たちが自分たちの声や気持ちを優先させ、他の女たちの話に耳を傾ける相互関係にあることが認識されている。そこで成り立つ言語空間を経験することがもつ意味について臨床心理家の実践からの次のような発言がある。グループという経験は、一体性とは相容れない言語的コミュニケーションの質をもった経験でありながら、しかし、こうした安全なつながりの輪の中で、他者の話に耳を傾けながら、突然に、人が封印してきた記憶を取り戻すことがあるという。あったことさえ忘れていた記憶が、そこに居合わせた他者の話を聞いていて、突然、蘇る瞬間である。今、思い出しましたと、胸の奥深くで息づいていた記憶を蘇らせ、それを他の女性に伝えようとして、言葉が生まれる。グループの中で話し合う二人の女性は互いの物語に応答しあうが、だからといって一体になったわけではない。応答しあう関係に自分を開いていながらも、その人独自の経験を語る言葉を交わしたのであり、この経験は記憶の闇まで届く力をもつ。

8　抑圧と暴力へのナラティヴ／トラウマ・アプローチ

――リブへの原点回帰へ――

ここには制縛圏化した親密圏の暴力にさらされ続けた被害女性の自己回復にとって、「個的領域」の孤独の自閉に耐えうる時間をもつことの意味と、さらに声の聴かれ合う場としての「ナラティヴな関係性」の重要性が如実に語られているといってよいのではないか。私が「女の経験《わたし》」を語る場と関係性をえて、封印してされてきたトラウマ化された記憶が蘇る瞬間に「わたし」が立ち上がってくる場と関係性への問いである。

ひるがえって、DV被害支援の場でさらに諸種のアディクション問題などの自助グループ活動の場面で取り入れられているナラティヴ・アプローチやグループ・ミーティングの手法は、実はフェミニズムの第二波から登場する「ウーマン・リブ運動」の場面にあったCR実践（女性の意識高揚、コンシャスネス・レイジング）にそのルーツを辿ることができそうだ。というのも、「女たちの家・スペース」でのただ語り合う場と関係性は、意見を押しつけたり解釈をさしはさんだりはしないで深く聴きあうというシンプルなルールの中で、その語りの重ね合わせが、それぞれの女性の生きがたさの原因となっている問題に気づいていく回路となっている。女の抑圧の背後にある家父長制支配というドミナント・ストーリーに気づいていく。それはまさにナラティヴの力であり、そこに成り立つ関係性こそナラティヴ・コミュニティであろうと思うからだ。

このような問題意識の中で、現代哲学の理論的営為に求められる「哲学の臨床性」をフェミニズムの問題意識とつなぐことによって、「女の経験のトラウマ」と「ナラティヴ・語りの主題」が大きく前景化してくることと、それはまた一九七〇年代の日本のフェミニズムのシーンにも光彩を放ったウーマン・リブ運動を「ナラティヴ」の側面から捉え返し、女性たちの意識覚醒の手法として取り組まれたCR（コンシャスネス・レイジング）実践をフェミニズム臨床哲学の文脈に位置づけなおす必要について言及した。哲学の臨床性とりわけフェミニズム臨床哲学にとって「ナラティヴ」の問題が大きく浮上していることを指摘しておきたい。

だがこのような臨床的まなざしからは、ナラティヴが記憶の闇に届くその臨界点を問う問題意識の中で「トラウマと記憶」あるいは「トラウマとジェンダー」といった主題が大きく前景化してくるのではないか。親密圏の暴力について、そこでの女性の加害者性といった問題を考えようとするとき、「ナラティヴ・アプローチ」に加えて「トラウマ・アプローチ」とでもいうべきパラダイムの導入が必要とされる。このことについては、精神科医としてさらに医療人類学の立場から『環状島――トラウマの地政学』〔宮地 2007〕、『トラウマの医療人類学』〔宮地 2005〕などの著書でこのかん精力的な発信を続けている宮地尚子に着目したい。

戦争から児童虐待に至るまで、トラウマをもたらす出来事は絶え間なく起きている。「言葉では表現しようもない」この出来事は、それでも言語化されていった。しかし言葉にならないはずのトラウマを伝達可能な言葉にするという矛盾は、発話者をも聞く者をも揺るがさずにはおかない。宮地は、「環状島」をモデルに、トラウマについて語る声が、公共空間においてどのように立ち現われ、どのように扱われるのか、被害当事者、支援者、代弁者、家族や遺族、専門家、研究者、傍観者などは、それぞれどのような位置にあり、どのような関係にあるのか、トラウマをめぐるこれらの関係者のポジショナリティとその力動を体系的に描き出している。聞くことの関係にあるポジショナリティがかくも複雑に交錯している現実においては、もはや「女の経験」を語りあう場から自動的に「女の連帯」が拓かれるなどと楽観的には考えようもないであろう。

「ナラティヴ」という概念さらに「トラウマ」という概念は、フェミニズムがこれまで「ジェンダー」と「家父長制」の概念で考えてきた抑圧や支配さらに当事者にとっての生きがたさの問題のもう一つ深い側面を照らし出すに違いない。リブが「女」に「わたし」のひらがなのルビをふって「女《わたし》」と読ませたこと、さらに身体に対してあえてひらがなの「からだ」と書き、「女《わたし》のからだ」から声を発し、ナラティヴな関係性を求めてきたことの意味の深さに届く回路として。

上述のようなことから、私は、日本社会の暴力に深く被傷した人びとの内面に臨床内在的なまなざしを向ける視座を作っていくための方法論的仮説として、ナラティヴ／トラウマ・アプローチを立てていくべきではないかと考えているのである。抑圧と暴力の主題を臨床内在的に問題化するもう一つのパラダイムとして、これまでもっぱらジェンダー／家父長制の理論パラダイムによって推進されてきたフェミニズムの性抑圧の認識に対して、その認識論的な展開を図るべきと考えているのである。

9　他者を内在化させた「わたし」へ

リブをナラティヴ共同体として読み直す作業、リブからの声を聴き取る私の問題意識については、前記した寄稿文「家族・親密圏・根拠地《ホーム》——親密圏の脱・暴力化と〈自己領域〉」〔金井 2009〕にも呈示している。私の研究の最終的な着地点すなわち私の「ことばと概念で世界と向き合う」思索の現在的関心が、一九七〇年代の田中美津たちのリブに先立って日本の土着のリブ思想を紡いできたともいうべき森崎和江に対する関心に向かっていることを表明することとなった。われながら思いもかけない展開であった。ここにおいて、抑圧を身体内在的に読み解く方法的視座を問う中で浮かび出てくるのは、これまで哲学やフェミニズムが自明の前提としてきた主体や自我さらに自己決定といった概念が「空白のまま取り残してきた」問題である。

森崎和江(3)は「産むこと」と題する文章の中で、自らの妊娠を通じてそれまで使っていた「わたし」という言葉が「私のすべてを受けとめきれなくなった」という経験を語っている。それまでは、総体としての私は、いつも「わたし」であって、病気のときも悩んでいるときでも、「わたし」は変わらない。それが人格というものだと信じていたが、妊娠したら、私の意志とは別の私がタクトをふるっているように体がにぎやかにおしゃべりしだした。森崎の精神は、一方で娘時代からのテーマである植民地で生まれ育った痛みを追おうとしていた。

こうして私のありのままを、分裂させずに一人称をはじめ、多くのことばにこめたいのに、いままで使っていた「わたし」にもその他の言葉にも、社会通念がつまっていて、私ははみだしてしまうのです。［森崎 1994］

「わたし」ということばの概念や思考用語にこめられている人間の生態が、妊娠の私とひどくかけ離れているのを実感して、はじめて私は女たちの孤独を知ったのでした。それは百年二百年の孤独ではありませんでした。また私の死ののちにも続くものと思われました。言葉の中の孤独です。［同］

このような妊娠経験のことばを通して、「胎児をはらんでいる女の一人称」の不在について、その不在が意味する「女たちの孤独」について語っているのである。それはまた「膨大なことが、いのちを育むことをめぐって、空白のままにとりのこされている」という言葉につながっていく。ここには、近代的自我が「いのち」の根への洞察を欠いていたという認識が明確に自覚されている。「胎児をはらんでいる女の一人称」を語る言葉の不在に気づき「他者を内在化させた〈わたし〉へ」思索を深める。そこから「近代的自我が〈いのち〉の根への考察を欠いている」ことの自覚に辿り着く。この「産むことを内在化させた〈わたし〉」と「〈いのち〉の根への考察を欠いている」という、この近代に向けられた森崎のまなざし問題意識こそが、私自身が「親密圏の脱暴力化」の中で主題化しようとしたことと深く関わってくることに気づいたからだ。そうした強い予感の中で、私は改めて、リブへの原点回帰の重要性を表明して稿を終えている。

近代的な自他関係概念、一人称、自己、主体概念に対抗する「いのち」への視座に貫かれた思考の不在に気づく必要がある。「いのち」という言葉が母性主義や全体主義を呼び込むことへの危惧もあり、なかなかこの言葉を使えないできたが、このことはもっと深く顧みられる必要があるのではないか。(4)

さらに女性抑圧を語る概念として第二波フェミニズムが獲得した「家父長制／ジェンダー」概念にとどまらず、「ナラティヴ／トラウマ」の概念を引き入れ、精神医学、精神分析、医療人類学などの専門知ともつながっていくべきと考える。

自らの痛みの自覚を通して「わたし」へ、自己への気遣い・ケア、自己へのまなざし、「男／女《わたし》」という ジェンダーと身体をもつ私という主体。この「男／女《わたし》」という一人称のありようへの内省は、自らに被せられたジェンダー規範と身体規律を批判的にみつめなおすことである。

10 「フェミニンの哲学」へ

改めてフランスのイリガライ、シクスー、クリステヴァたち差異派フェミニストの間で実践されたフェミニン・エクリチュール(女が書く)ことの意味が思い起こされる。シクスーはいっている。「女性は女性についてほとんど何も書いていない」「女性の無限の変動する複雑さ」「女性の異質の性感性」について書くことができるのは女性自身でしかありえない〔シクスー 1993〕。女性の性的差異や女性性の固有性、さらに両性具有性について、いわばフェミニズムのタブーに踏み込んで、挑戦的に発言するシクスーは、「母親」「母」という言葉をも女の存在のありようを語るためにあえて引き込む。「どの女性も母親的なものをもっている」また「女性とは自分自身にとってかつ他者にとって、ある意味で母親なのである」と。もちろんシクスーのいう母とは近代の制度化された母性ではない。そうではなくこの近代的母性こそ「女を葬り去り」「女を消去して」きた、ロゴス中心主義と男根中心主義との共犯関係にあることを一方で鋭く告発しつつ、しかしシクスーは、おんなが快楽を抑圧せず、他者の異質性を享受しつつ、他者とともに豊かになっていくような新しい女性の在り方を提示しようとしている。シクスーのエクリチュール実践の狙いはそこにある。そしてそれは、日本の一九七〇年代のウーマン・リブの場面で田中美津がどこまでもひらがな書きの「わたし」から女の解放を言葉化しようとした独特の文体と語りの表現に託した問題意識と重なる(5)［田中 2001］。

さらにショシャナ・フェルマンが、「書き物をする女性は、自分たちの母を通してものを考えている」といったことの意味にもつながるであろう。「女たちは互いに相手の物語を読みあい、そこに女の絆をつくりあげ、女同士が物語を共有しそれを交換しあうことにより」自分では聞き取れず、自分では書き取れなかった物語を私たちは、手にすることができる、という提案をしていることの課題の深さにおいてである［フェルマン 1998］。

言葉と概念で世界と向きあいさらにそこから私・女《わたし》・母の中のトラウマ化された声と向き合う。それが、ナラティヴから記憶の闇に届く言葉を編み、女たちの想像の共同体を拓いていく回路を作っていくことにつながっていくのではないか。「いのち」の根への洞察を欠いた近代的自我、そこから「他者を内在化させた〈わたし〉へ」の思索といのちの根への考察へ、「フェミニンの哲学」の提唱へ、フェミニズム臨床哲学を生命論への視座につなぐことの試みから、「近代」の主体概念を超克する哲学の新しい地平が開かれる予感がある。グローバリゼーションへの対抗視座として、さらに東アジアの女たちを隔てる「被害の分断」を超えて「女性たちの連帯」による「想像の共同体」を拓いていく上で、まさに問題になってくるのが、ミクロレベルでの暴力に対する感受性をどう担保するかということであろうと思われるからである。

したがってフェミニンの哲学は、身体・生命への視座を介在させることにおいて「臨床知」としてのナラティヴ理論の援用にもおよぶ。このナラティヴ共同体と臨床知に留意することにおいて「フェミニズム臨床哲学」の提唱という側面をもっている。「女／母」という主体の両義性からフェミニンなるものを立てるこの問いが、日本のフェミニズムと哲学に不可避的な課題であると考えるのは、日本社会の母性イデオロギーの縛りの深さによるものである。日本文化の深層・心性を規定している母なるものとの思想的対峙は、戦前の日本軍国主義の内なる天皇制のもつ母性主義的性格から、戦後日本社会の家族という親密圏を磁場とする母性権力の発動への根源的なクリティークを必要としていると考えるからである。

母なる天皇制、すなわち母なるものの慈愛や乙女の無垢性が戦争暴力の駆動力として利用された歴史的過去にかんがみるならば、「母なるもの」を背景とする暴力の柔構造が、日本社会の天皇制軍国主義から今日のK事件に象徴される犯罪そして親密圏の暴力に通底している現実までつながっているであろうことから目をそらすわけにはいかない。おそらく暴力と母なるものをつなぐ視座の先に、グローバル化する世界に対抗する一つの価値軸が垣間みえてくるはずである。ジェンダーとフェミニンの哲学の問題意識から、ジェンダーカテゴリーの政治としてのフェミニズムから哲学としてのフェミニズムへ、という課題を提起したい。同一性の秩序に回収されるのではない新たな概念としての「フェミニン」は「哲学としてのフェミニズム」を拓く回路である。その場合、「他者を内在化させた〈女《わたし》〉」という一人称への問いは、日本のフェミニズムから提起される哲学の場面への重要な問題となろう。

（1） 二〇〇八年三月神戸で開催された国際会議については、公共哲学京都フォーラムに「女性が拓く公共世界」として拙論を含む六本の論稿が収録されている。金井［2008c］を参照されたい。

（2）拙稿「家族・親密圏・根拠地《ホーム》――親密圏の脱・暴力化と「自己領域」」［金井 2009］において、私は本稿の主題につながる問題意識を提示している。さらに拙著『依存と自立の倫理――〈女《わたし》／母〉の身体性から』［金井 2011］では本稿の問題意識を「フェミニンの哲学」「女《わたし》／母からの倫理」の課題に引き入れて議論を試みている。合わせて参照されたい。

（3）森崎和江は一九二七年生満州生まれ。その植民地体験と、あえて日本の中心・都市部から離れた九州・福岡の旧炭鉱街を拠点としてその周辺性を意識して発言し続けた女性思想家・作家で、現在その膨大な著作から『森崎和江コレクション』［森崎 2008－］が刊行中である。

（4）女性の妊娠感覚とその身体性は、身体という〈自己〉の境界の揺らぎの中にある。身体が女性である私にとって《他者性》を持っているという視点は、アドリエンヌ・リッチの「九ヶ月間私のおなかの中にいる子どもは、私とは言い切れないし、私でないともいえない」という言葉にもまさに重なるであろう［リッチ 1990］。

（5）拙著『異なっていられる社会を――女性学／ジェンダー研究の視座』第四章の「田中美津とフェミニズム――からだとエロスとエクリチュール・フェミニン」において私は、次の点に言及した。すなわち森岡正博が日本のアカデミズムに生命学の提唱をしてきた田中美津の言説と思想に生命論の源流を辿り、そして日本のフェミニズムが生命主義フェミニズムへと展開すべきことを提案している［森岡 1996］ことはとりわけ示唆に富むものであろう、と［金井 2008a］。

おわりに
――「性／生」の質の向上へ――

倫理学は、人間存在の行動様式に関わる価値の妥当性を問う学問として、社会的存在である人間に普遍的に問われ課されることになる規範や価値を研究対象としてきた。それらは「およそ人間として」あるいは「人間であるならば」という前提において時代や社会を超えて普遍的な価値として共有されるルールや規範であるとされてきた。この倫理の問いの場面では、人間の社会的存在としての、そしてまた生き物としての身体をもつ存在としての、二つのレベルで規定される価値や規範が関わってくる。それは「家族」という制度をとってみれば分かりやすいかもしれない。家族が人の「つがい関係」と、という生き物としての自然性を基盤とする婚姻や養育に関わる規範を伴う制度であるということ、その意味で「家族」は「文化と自然の褶曲点にある人間の存在様式」であり、習俗化された価値の制度化であることにおいて歴史的変化からは相対的に制度としての持続性をもってきたといえるからだ。

すなわち倫理学が課題とする価値や規範の多くは、もともと人間の共同体において習俗化された価値としてあったものが社会的価値として規範とされたものである。近代社会における自立的個人の登場を見る前までの共同体社会においては、規範は多くの場合、共同体の習俗的な価値に溶け込んだルールとして人びとの行動様式を規定するか、あるいはより強い禁忌としてタブーの審級において人の行為を拘束する掟として存在していたであろう。このような習俗・習慣やタブーとして人の行為に拘束的命令的に働くルールや規範が共同体的な価値から離床するのは、近代社会の成立と自立的人間観の登場によってである。この近代的個人の反省的意識に媒介されて共同体的価値が規範として個々人に価値内面化されるところから、人としての振る舞いに普遍的に課される規範の妥当性をめぐる問い、いわゆる「規範倫理学」の対象とする研究領域が登場している。

ところが現在の私たちの社会で起こっていることは、倫理学の前提とする自立的人間像や規範倫理の「およそ人間として」の当為を問う学が、人間の生きている現実側のさまざまな場面から挑戦を受けているということだ。とりわけ身体やセクシュアリティをめぐる問題状況において、「愛と性と生殖の三位一体」観からなる近代的性規範と、若い世代の性行動や規範意識との間に埋めがたい溝や深い乖離が存在する。「愛と性と生殖の三位一体」は、愛と性の分離、性と生殖の分離を招き、生殖への意志の衰退を導き、「おひとりさま」という言葉に象徴されるライフスタイルの広がりにもつながっている。おそらくそれは人間存在にとっての家族という制度や人間の共同性を支える感情の根底のところでの、変化を予感させる動きとしてあるのではないか。

さらに体外受精技術など生殖の営みに介入する高度医療技術が人びとの間の「産むこと」をめぐる意識や欲望のあり方をも変えつつある。出生前診断による胎児の選択的中絶、パーフェクト・ベビーへの欲望、さらにタトゥや全身におよぶピアシングの身体改造などをめぐって是非二分される議論、さらにまた脳死・臓器移植問題、再生細胞、さまざまな延命医療など、いまや人の誕生から始まって老いや病さらに死の場面に至るまで、技術・身体・欲望・自己決定をめぐる「倫理的難問」が山積している。「倫理学のアリーナ」ともいうべき様相を呈し「性をめぐる議論のゼロからの土俵作り」が問われるような状況にある。

それらの多くの問題がまさに倫理学とフェミニズムの交差するところに立ち現われている。このジレンマに満ちた問題状況にどう向き合うか。本書は、セクシュアリティや身体をめぐる主題について、倫理学とフェミニズムの両領域の架橋的でかつ抗争的な対話を意識しつつ、そこで問われている問題・課題と向き合おうとする取り組みである。

したがって、本書で扱う倫理学の問題群は哲学の場面ですでに一つの学的系譜をなしてきた「規範倫理学」からの関心に基づくものではない。むしろ規範倫理学が対応しきれていない現代的な倫理の問題と向き合うところから登場している「応用倫理学」あるいは「社会倫理学」の研究動向に多くを負っている。

応用倫理学は現在のところ社会に生起している広範な難問群に向き合う研究領域として、緩やかな形ではあるが、対象領域をネットワークし、その学的方法を模索する取り組みがなされてきている。二〇〇三年から始まった『岩波 応用倫理学講義』全七巻が、「生命・環境・情報・経済・性／愛・教育」の六つの主題から研究対象領域をネットワークし、最後に「問い」の巻で応用倫理学の学として の理論づけを図ろうとしているその編集にもそれはうかがえよう。「同講義」の編者グループに入り「性／愛」の巻を責任編集した私の立場から、本書は「応用倫理学」の学としての基礎づけにつなぐ発言としたいと考えている。同巻の責任編集に際して、「性愛」を性と愛の間にスラッシュを入れて

「性／愛」としたのであるが、そこにはセクシュアリティや身体をめぐる主題をフェミニズムと倫理学の両領域で主題化するキーコンセプトの意味づけを託しているのである。

いずれにしても本書は、応用倫理学を現実からの問いや課題をかき寄せネットワークするという段階にとどめず、現実が差し出す倫理的難問群にいかに向き合うかという問いとして、さらに一歩学的方法を問う問題意識に踏み込んで、どういう理論を援用したらそれが可能となるか、理論的側面からの知のネットワーク化の可能性を探ってみたいという思いもある。「性／愛」のキーコンセプトからセクシュアリティと身体の主題についてアプローチした問題意識から、応用倫理学の学としての理論と方法の問題に寄与しうるものは何かを考えたいということでもある。

したがってフェミニズムについても、本書がフェミニズムの側から援用することになる理論は、必ずしもフェミニズムに収まりうるものではない。すなわちそれはいわゆる「家父長制」「ジェンダー」二つの概念に依拠する第二波フェミニズムの水準には留まるものではないということである。現在のフェミニズム研究のポスト構造主義ジェンダー論の水準を通ったその最前線にある問題意識にまでその理論的関心の射程を拡張することとなる。「セックスはジェンダー」の命題を立てたポスト構造主義ジェンダー論は、フェミニズムに対しては、身体（セックス）の差異を言説（ジェンダー）の意味づけ作用の結果とするセックス／ジェンダー一元論をもちこみ、フェミニズムのジェンダー／セックスの二元論の認識論的転換を図ることとなった。もちろんフェミニズム内でのこの「セックス／ジェンダー」の認識論的転換についての議論はまだ現在進行中で決着がついているわけではない。しかし身体やセクシュアリティをめぐる倫理的難問や現代哲学の心身二元論の隘路を切り開いていく上で、このポスト構造主義ジェンダー論の「セックス／ジェンダー」の一元論が投げかけた議論（その代表的論者であるJ・バトラー）を回避するわけにはいかないであろうと考えるからだ。

さらに本書が包摂するフェミニズムの理論的射程は、フェミニズムにとって他者として立ち現われている「セクシュアルマイノリティ」の当事者研究（レズビアン&ゲイ・スタディーズやトランスジェンダー・スタディーズ etc.）が推進するセクシュアリティ研究の場面にも拡張していかざるをえない。すなわちジェンダーの性別二元制における女性の他者化・劣位化を批判する思想であるフェミニズムにおいても、性別二元制のヘテロノーマティブ（異性愛規範）、異性愛中心主義批判には及んでいない。ここにはフェミニズムが認識の余白に置き、そのフェミニズムの無知が発動してきたセクシュアルマイノリティへの抑圧というべき問題がある。異性愛中心社会の中で異性愛／非異性愛の恣意的な境界によってセクシュアルマイノリティ諸当事者がいかにして他者化・不在化されてきたか。そのことへのフェミニズムの自己言及的なまなざしが問われねばならないだろうからである。それゆえにセクシュアルマイノリティ諸当事者がフェミニズムにとってはフェミニズムの盲点を拓く「意味ある他者」として立ち現われていることを射程におくこととなる。

そしてさらにもう一つ本書の考察が依拠する理論として取りこむことになるのは、クィア・スタディーズ（変態研究）の理論／実践である。クィア研究の場面では、セクシュアルマイノリティ諸当事者を「既存の性規範の下で抑圧や不利益を被ってきた人びと」と位置づけた上で、クィアの目的を「既存の性規範の下で抑圧や不利益を被ってきた人びとの生の質の向上」（本書二一〇頁）と定義した。

このクィアの定義がフェミニズムにとっても倫理学にとっても喚起するところは少なくない。

本書は倫理学におけるパターナリズムとリベラリズムの間を問うテーマを、「性／愛」の言葉をキーコンセプトとして立てて議論をスタートしているが、クィアのこの定義からは「性／生」という新たな言葉をキーコンセプトとして立てて行きたい。人間の性が、「性＝生きること」と深く関係し、しかも生きる現実の性のありようは多様で相克に満ちているのに、既存の性規範の二元制や異性愛中心主義が「普通」の規範的価値をふりかざし、多様な性のありようを「普通」からの逸脱としてマイナスにスティグマ化あるいは不在化してきた。そうした異性愛中心社会の歴史に厳しく反省的なまなざしを向けるところで、この現実に潜在する抑圧・暴力に対抗する視座として「既存の性規範の下で抑圧や不利益を被ってきた人びとの生の質の向上」という価値軸に行き着いている。

ひるがえってクィアのこの定義を踏まえるならば、フェミニズムも「ジェンダー規範のもとで抑圧や不利益を被ってきた女性の生の質の向上」と定義しなおすことができるのではないか。男にも女にも規範としての縛りとなっているジェンダー規範は、人を「男制／女制」に分割し「制度としての女」「制度としての男」の規範を作り出す。フェミニズムはこのジェンダー関係に働く非対称性・階層性、劣位化された性への優位な性の側からの支配・抑圧を批判したのであるが、しかしこのフェミニズムの視点も、ジェンダー二元制（ディコトミー）にも内面化されているフォビア、すなわち性の二元性の境界をゆるがす存在への非寛容な感情という「内なるフォビア」には届いていない。クィアはまさにこの「内なるフォビア」の感情・「制度のフォビア」の問題まで踏み込み、フェミニズムの「性／愛」の目標を多様な性のありように拡張し、その多様な性内部の抗争的な葛藤に満ちた現実からの新たな目標を提示した。この意味で「性／生」は、異性愛中心体制の抑圧や差別批判へと、すなわち一人ひとりの「わたし」「自分らしさ」の欲望の顕現・実現につながる「性／生の質の向上」という価値理念を担保するもっとも重要な言葉・概念というべきであろう。

本書に収録したのはここ十数年ほどの期間に、発表媒体の異なる場面で求められる主題に寄稿してきた論稿に、第四章の書きおろしを加えて編集したものである。

初出情報については本書巻末に記したとおりであるが、収録にあたっては本書の主題構成が見えやすくなることを期して、目次構成を四部構成──Ⅰ「リベラリズムとパターナリズムのはざまで」、Ⅱ「ジェンダー」、Ⅲ「身体」、Ⅳ「他者」──で立てている。Ⅰは、本書全体の総論的な問題提起として、Ⅱ・Ⅲ・Ⅳは、Ⅰで俯瞰的に提起した身体やセクシュアリティをめぐる現在の倫理的難問群について、「ジェンダー・身体・他者」のキーコンセプトを立ててアプローチすることとなった。これらのキーコンセプトとその背景にあるフェミニズムのポスト構造主義ジェンダー論、セクシュアリティ研究、クィア研究の理論を通して、最終的に「フェミニンの哲学」「女／母《わたし》」という一人称、「女／母《わたし》」の身体性からの倫理の立ち上げを提唱するところに辿り着いている。その筋道が多少とも辿れるようにとの観点から、本書収録にあたってはいくつかの論稿について大幅な加除改稿を試みてもいる。

こうして一冊の著書として本書を編む作業から、倫理学とフェミニズムの両領域の架橋的でかつ抗争的な対話を意識しつつ、そこで問われている問題・課題と向き合おうとしてきた私のささやかな知的営為の軌跡が、いま二つの着地点を得ていることを確認することともなった。

それは一つには本書に先立つ『依存と自立の倫理――「女／母《わたし》」の身体性から』（二〇一一年）において「人間存在のヴァルネラビリティに根差したケア倫理」の構築という主題に行き着いたということである。そして本書においては、「フェミニンの哲学」「女／母《わたし》」という一人称、「女／母《わたし》」の身体性からの倫理の立ち上げを提唱するところに辿り着いていることの確認である。

さて本書の最後に、〈性／愛〉から〈性／生〉の概念の間に通底する主題のごく概略的な総括を試みた図を提示してみたい。「ジェンダー・身体・他者」三つのキーコンセプトの重なるAの部分が本書の主題とするところである。身体やセクシュアリティに関わる倫理においては、人間の言語や認識そのものが規定されている「ディコトミー・二項対置」の構造があり、この二元的規範の作り出すフォビアの問題が「制度としてのフォビア」であり、「フォビアの感情」である。「フォビアと倫理」「フォビアに届く倫理のまなざし」というべき課題がそこからはクローズアップする。

おそらくはこのフォビアへの視点が、本書が応用倫理学を現実からの問いや課題をかき寄せネットワークするという段階にとどめず、学的方法を問う問題意識に踏み込み応用倫理学の学としての理論と方法の問題に寄与しうるものは何かを考えたいとしてきたことにも関係するはずである。ひるがえって『岩波 応用倫理学講義7 問い』（高橋久一郎責任編集）では「応用倫理の方法序説」として、応用倫理を「社会のベッドサイドで、ともに悩み、傷み、揺らぎつつなお、明日への指針を探る規範の思考」と定義づけ、全七巻の担当編集者全員によるシンポジウムを収録している。その中で私は倫理の規範性の問題に関わって、応用倫理学を規範倫理学との関係でどう位置づけるかについて「大文字

性／愛⟺性／生

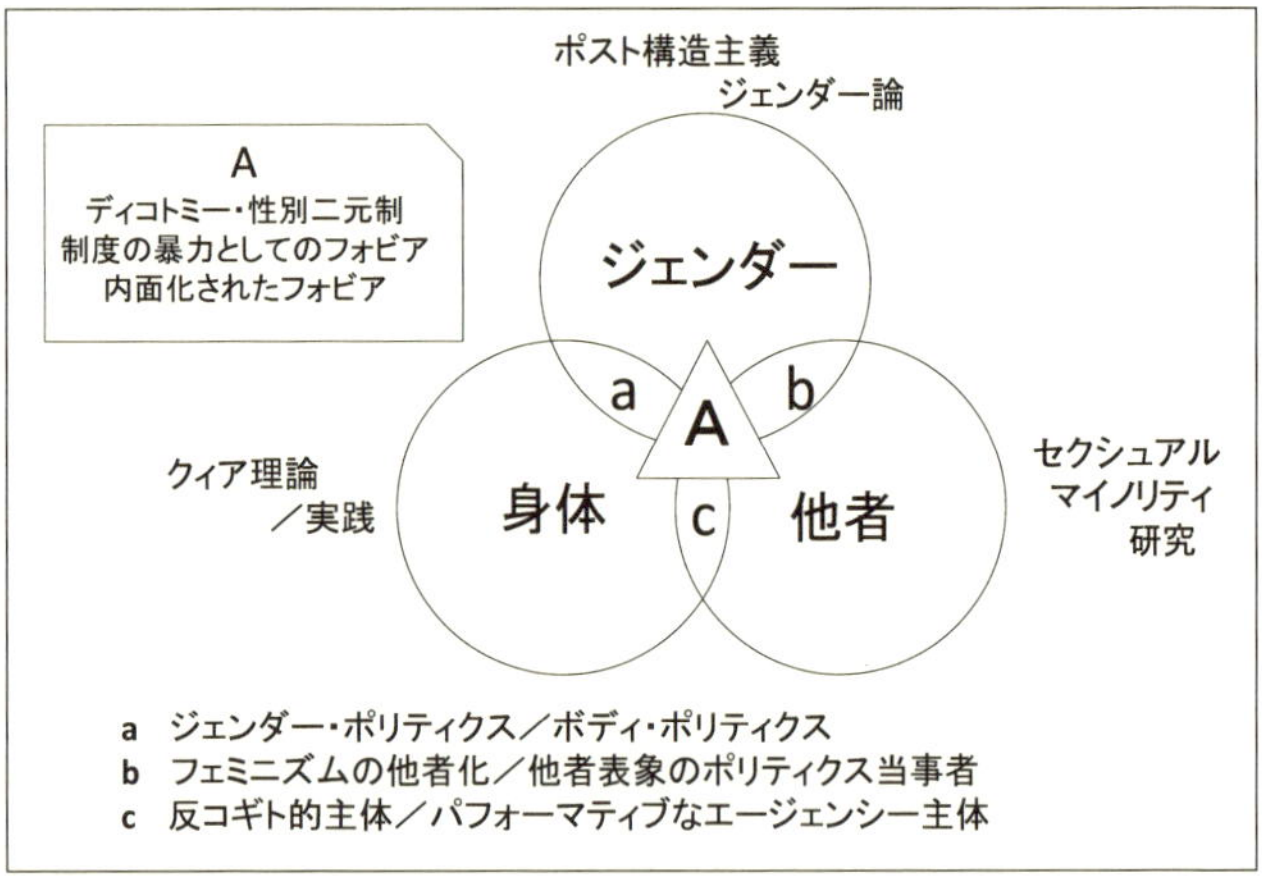

の倫理と中範囲の倫理」という問題意識を提示している。本書はその時以来の主題を、セクシュアリティ・ジェンダー・身体・他者の問題を通して扱い、フォビアと倫理の課題に行き着いているのだともいえる。「フェミニンの哲学」の構築にそれをどう引き継ぐかが私自身にとっての次なる課題である。

そしてさらに最後に、いま私たちは、3・11東日本大震災・フクシマ後の日本社会を生きている。いまを生きる者にとっての倫理への問いにおいて不問にすることはできないことである。なによりもポスト・フクシマの状況からは、「性／生の質の向上」という言葉に、放射性物質による生き物としての人間の脆弱性を無残な形でさらけ出すこととなった己の姿を通して向き合わされている。倫理学とフェミニズムは、改めて、世代・生命の連続性と個体としての実存的な性／生とがせめぎあう生／身体、とりわけ女性の身体が媒介する生の営みに向けた深い思想を紡ぎだす課題の前に立っている。

参考文献

青山薫 2007『「セックスワーカー」とは誰か——移住・性労働・人身取引の構造と経験』大月書店。
青山薫 2008「「バイセクシュアル」である、ということ」金井淑子編『身体とアイデンティティ・トラブル——ジェンダー／セックスの二元論を超えて』明石書店。
赤川学 1996『性への自由／性からの自由——ポルノグラフィの歴史社会学』青弓社。
赤川学 1999『セクシュアリティの歴史社会学』勁草書房。
赤川学 2002「ジェンダー・フリーをめぐる一考察」『大航海』四十三号、新書館。
赤川学 2004『子どもが減って何が悪いか！』筑摩書房。
赤川学 2006『構築主義を再構築する』勁草書房。
阿木津英 2004「新しい倫理概念としての「母性」」金井淑子ほか編『岩波 応用倫理学講義5 性／愛』岩波書店。
浅井春夫・子安潤・鶴田敦子・山田綾・吉田和子 2006『ジェンダー／セクシュアリティの教育を創る——バッシングを超える知の経験』明石書店。
東清和 1979『性差の社会心理』大日本図書。
東清和・小倉千加子 1982『性差の発達心理』大日本図書。
足立眞理子・加藤秀一・竹村和子・金井淑子 2004「「性に憑かれた／疲れた」近代の終焉」金井淑子ほか編

『岩波 応用倫理学講義5 性／愛』岩波書店。
アードナー、Eほか 1987『男が文化で女は自然か？――性差の文化人類学』山崎カヲル監訳、晶文社。
アトラン、H／デルマ＝マルティ、M／フレスコ、N／オジェ、M／ドロワ、R 2001『ヒト・クローン未来への対話』工藤妙子訳、青土社。
阿部珠理 2005『アメリカ先住民――民族再生にむけて』角川学芸出版。
飯野由里子 2008『レズビアンである〈わたしたち〉のストーリー』生活書院。
家田荘子 1999『産めない女に価値はない？』扶桑社。
イグナティエフ、M 1999『ニーズ・オブ・ストレンジャー』添谷育志・金田耕一訳、風行社。
石川伊織 2002『倫理の危機？――個人を超えた価値の再構築へ』廣済堂出版。
石川准・倉持智明編 2002『障害学の主張』明石書店。
石川准・長瀬修編 1999『障害学への招待――社会、文化、ディスアビリティ』明石書店。
石川仁 2006「セクシュアリティのジェンダー化」江原由美子・山崎敬一編『ジェンダーと社会理論』有斐閣。
石田仁編 2008『性同一性障害――ジェンダー・医療・特例法』御茶の水書房。
伊田広行 2006『続・はじめて学ぶジェンダー論』大月書店。
市野川容孝 1999「優生思想の系譜」石川准・長瀬修編『障害学への招待――社会、文化、ディスアビリティ』明石書店。
伊藤整 1997『裁判』（上・下）晶文社。
伊藤比呂美 1992『良いおっぱい悪いおっぱい』集英社。

井上俊・上野千鶴子・大澤真幸・見田宗介・吉見俊哉編 1995『岩波講座 現代社会学11 ジェンダーの社会学』岩波書店。
井上輝子 1992『女性学への招待――変わる／変わらない女の一生』有斐閣。
井上輝子・上野千鶴子・江原由美子・大沢真理・加納実紀代編 2002『岩波 女性学事典』岩波書店。
イリイチ、I 1984『ジェンダー――女と男の世界』玉野井芳郎訳、岩波書店。
イリガライ、L 1987『ひとつではない女の性』棚沢直子ほか訳、勁草書房。
ウィークス、J 1996『セクシュアリティ』上野千鶴子監訳、河出書房新社。
Weed, E., & Schor, N. 1997 *Feminism Meets Queer Theory*, Indiana University Press.
上野千鶴子 1990『家父長制と資本制――マルクス主義フェミニズムの地平』岩波書店。
上野千鶴子 1994「「セックスというお仕事」の困惑――商業化が進む中の人権」『朝日新聞』六月二十二日夕刊。
上野千鶴子 1995「差異の政治学」井上俊・上野千鶴子・大澤真幸・見田宗介・吉見俊哉編『岩波講座現代社会学11 ジェンダーの社会学』岩波書店。
上野千鶴子 1998『発情装置――エロスのシナリオ』筑摩書房。
上野千鶴子編 2001『構築主義とは何か』勁草書房。
上野千鶴子 2002『差異の政治学』岩波書店。
上野千鶴子編 2005『脱アイデンティティ』勁草書房。
上野千鶴子 2007「腐女子とはだれか？――サブカルのジェンダー分析のための覚え書き」『ユリイカ』三九巻七号、青土社。

上野千鶴子 2010『女ぎらい――ニッポンのミソジニー』紀伊國屋書店。
内田樹 2001『ためらいの倫理学――戦争・性・物語』冬弓舎。
内田樹 2004「セックスワーク――「セックスというお仕事」と自己決定権」金井淑子ほか編『岩波 応用倫理学講義5 性／愛』岩波書店。
江原由美子編 1992『フェミニズムの主張』勁草書房。
江原由美子編 1995『性の商品化――フェミニズムの主張2』勁草書房。
江原由美子・金井淑子編 1997『フェミニズム』新曜社。
江原由美子 2001『ジェンダー秩序』勁草書房。
江原由美子・金井淑子編 2002『フェミニズムの名著50』平凡社。
大越愛子 1996『フェミニズム入門』筑摩書房。
大越愛子 1997『近代日本のジェンダー――現代日本の思想的課題を問う』三一書房。
大越愛子・志水紀代子・持田季未子・井桁碧・藤目ゆき 2001『フェミニズム的転回――ジェンダー・クリティークの可能性』白澤社。
大沢真理 2002『男女共同参画社会をつくる』NHKブックス。
大澤真幸編 2008『アキハバラ発――〈00年代〉への問い』岩波書店。
岡真理 1997「Becoming a witness――できごとの分有と「共感」のポリティクス」『現代思想』二十五巻十号、青土社。
岡真理 2000『彼女の「正しい」名前とは何か――第三世界フェミニズムの思想』青土社。
岡真理 2001a「テロと空爆 なぜ遠いパレスチナ人の死〈私の視点〉」『朝日新聞』十月二十九日朝刊。

岡真理 2001b「私たちは何者の視点によって世界を見るのか」『現代思想』二十九巻十三号、青土社。
荻野美穂 2002『ジェンダー化される身体』勁草書房。
小倉千加子 2003『結婚の条件』朝日新聞出版社。
お茶の水女子大学生命倫理研究会編 1992『不妊とゆれる女たち——生殖技術の現在と女性の生殖権』学陽書房。
海妻径子 2005「対抗文化としての〈反「フェミナチ」〉——日本における男性の周縁化とバックラッシュ」木村涼子編『ジェンダー・フリー・トラブル——バッシング現象を検証する』白澤社。
掛札悠子 1992『「レズビアン」である、ということ』河出書房新社。
笠間千浪 2001「《解釈共同体》としての「やおい」サブカルチャー——消費社会の高度化と女性たちのオルタナティブな語り」三宅義子編『日本社会とジェンダー』〈叢書 現代の経済・社会とジェンダー3〉明石書店。
風間孝 2008「「中性人間」とは誰か？——性的マイノリティへの「フォビア」を踏まえた抵抗へ」日本女性学会学会誌15号編集委員会編『女性学』十五号、新水社。
加藤秀一 1995「ジェンダーの困難——ポストモダニズムと〈ジェンダー〉の概念」井上俊・上野千鶴子・大澤真幸・見田宗介・吉見俊哉編『岩波講座 現代社会学11 ジェンダーの社会学』岩波書店。
加藤秀一 1998『性現象論——セクシュアリティの社会学』勁草書房。
加藤秀一 2006「ことばは生きている あるいは よりよき相互理解のために」イメージ&ジェンダー研究会／日本女性学会共催「「ジェンダー」概念を話し合うシンポジウム」二〇〇六年三月二十五日（於）港区男女平等推進センター・りーぶらホール。

金井淑子 1985『転機に立つフェミニズム』毎日新聞社。
金井淑子 1989『ポストモダン・フェミニズム――差異と女性』勁草書房。
金井淑子 1992『フェミニズム問題の転換』勁草書房。
金井淑子 1993「アメリカ・フェミニズム最新事情」『週刊・読書人』一九八〇号。
金井淑子 1994「フェミニズムと人権問題――ウィメンズライツとヒューマンライツ」『神奈川大学評論』十九号。
金井淑子 1995a「自然から浮遊するジェンダー――性差の本質論的還元主義批判のアポリア」日本倫理学会編『いま「人間」とは――人間観の再検討』慶応通信。
金井淑子編 1995b「ジェンダーと女性政策」『かながわ女性ジャーナル』十三号。
金井淑子 1996「ジェンダー・フリーな教育をめざして」堀尾輝久・汐見稔幸編『講座 学校3 変容する社会と学校』柏書房。
金井淑子 1998a「男性と女性の差異は差別か」佐藤康邦・溝口宏平編『モラル・アポリア――道徳のディレンマ』ナカニシヤ出版。
金井淑子 1998b「新たな親密圏と女性の身体の居場所」川本隆史編『新・哲学講義6 共に生きる』岩波書店。
金井淑子 1999「ジェンダーと生涯教育――人権の視点からの女性のエンパワーメント課題」『国立婦人教育会館研究紀要』三号。
金井淑子 2001「福祉国家の暗部へ――生・身体の管理、とりわけ女性への」樺山紘一ほか編『20世紀の定義3 欲望の解放』岩波書店。

金井淑子 2002「身体・差異・共感をめぐるポリティクス」金井淑子・細谷実編『身体のエシックス／ポリティクス――倫理学とフェミニズムの交叉』ナカニシヤ出版。
金井淑子 2003「親密圏とフェミニズム――「女の経験」の最深部に」齋藤純一編『親密圏のポリティクス』ナカニシヤ出版。
金井淑子 2005a「女性学／ジェンダー研究――文化を超えて」『大連大学女性学研究所報告文書』
金井淑子 2005b「フェミニズムと公共哲学の接近遭遇」『公共的良識人』一六一号、京都公共哲学フォーラム。
金井淑子 2005c「ジェンダー・バックラッシュの構図と内面」横山正樹編『アジア太平洋におけるジェンダーと平和学』四号。
金井淑子 2006a「問題なのは身体――ジェンダー・ポリティクスからボディ・ポリティクスへ」『新潟ジェンダー研究』六号。
金井淑子 2006b「トランスジェンダーの攪乱的問いかけ、ジェンダー概念再考」若桑みどり・加藤秀一・皆川満寿美・赤石千衣子編『「ジェンダー」の危機を超える！――徹底討論！バックラッシュ』青弓社。
金井淑子 2006c「「家族問題」から「ファミリー・トラブル」の間――暴力性を帯びてしまった家族の暗部へ」金井淑子編『ファミリー・トラブル――近代家族／ジェンダーのゆくえ』明石書店。
金井淑子 2008a『異なっていられる社会を――女性学／ジェンダー研究の視座』明石書店。
金井淑子 2008b「バックラッシュをクィアする――フェミニズムの内なるフォビアへ」日本女性学会学会誌15号編集委員会編『女性学』十五号、新水社。
金井淑子 2008c「ナラティブの熟成から、ヴォイスを紡ぎ、新たなコンセプトへ」公共哲学京都フォーラム編『公共哲学のあゆみ――公共哲学特巻』東京大学出版会。

金井淑子 2009「家族・親密圏・根拠地《ホーム》──親密圏の脱・暴力化と「自己領域」」飯田隆ほか編『岩波講座 哲学12 性/愛の哲学』岩波書店。
金井淑子 2011『依存と自立の倫理──女《わたし》/母の身体性から』ナカニシヤ出版。
金井淑子 2012a「身体を悪魔祓いしない〈哲学としてのフェミニズム〉──「女《わたし》/母」の身体性へ/から」『立正大学文学部論叢』一三五号。
金井淑子 2012b「「女《わたし》」と「女《わたし》/母」の間──ナラティヴ/トラウマ・アプローチから」『立正大学人文科学研究所年報』別冊十八号。
金塚貞文 1986『人工身体論──あるいは糞をひらない身体の考察』創林社。
金塚貞文 1987『オナニズムの仕掛け』青弓社。
金原ひとみ 2004『蛇にピアス』集英社。
加野彩子 1997a「精神分析とフェミニズム」江原由美子・金井淑子編『フェミニズム』新曜社。
加野彩子 1997b「日本のフェミニズム論争史①」江原由美子・金井淑子編『フェミニズム』新曜社。
上川あや 2007『変えてゆく勇気──「性同一性障害」の私から』岩波書店。
カリフィア、P 2005『セックス・チェンジズ──トランスジェンダーの政治学』石倉由・吉池祥子訳、作品社。
河合香織 2004『セックスボランティア』新潮社。
河口和也 2002「不可視化する「同性愛嫌悪」──同性愛〈と思われる人〉に対する暴力をめぐって」金井淑子・細谷実編『身体のエシックス/ポリティクス──倫理学とフェミニズムの交叉』ナカニシヤ出版。
河口和也 2003『クイア・スタディーズ』〈思考のフロンティア〉岩波書店。

川崎惣一 2006「レオ・ベルサーニュのセクシュアリティ論――マゾヒズムとしてのセクシュアリティ」『環太平洋女性学研究会会報Rim』8（1/2）。
川本隆史 2008『共生から』〈哲学塾〉岩波書店。
キイ、W・B 1989『メディア・セックス』植島啓司訳、リブロポート。
北川東子 2008「イマジナリーな連帯を求めて――公共哲学特巻」公共哲学京都フォーラム編『公共哲学のあゆみ』東京大学出版会。
木村涼子編 2005『ジェンダー・フリー・トラブル――バッシング現象を検証する』白澤社。
ギブソン松井佳子 2002「バトラー理論の新たな倫理的ヴィジョン」金井淑子・細谷実編『身体のエシックス／ポリティクス――倫理学とフェミニズムの交叉』ナカニシヤ出版。
ギャリー、A 2008「交差性の重要性――グローバル・フェミニズムの方法とは？」第八二回公共哲学京都フォーラム「女性が開く公共世界」二〇〇八年三月二日（於）神戸ポートピアホテル。
ギリガン、C 1986『もうひとつの声――男女の道徳観のちがいと女性のアイデンティティ』岩男寿美子監訳、川島書店。
クィア・スタディーズ編集委員会 1996『クイアスタディーズ'96』七つ森書館。
ゲアラッハ、F 2001「カルチュラル・スタディーズにおけるジェンダー・スタディーズ」仲正昌樹編・ゲアラッハ、F／マイホーファー、A／姫岡とし子『ヨーロッパ・ジェンダー研究の現在――ドイツ統一後のパラダイム転換』御茶の水書房。
小玉亮子編 2004『現代のエスプリ』四四六号、至文堂。
後藤浩子 2002「フェミニズム＝マイナー哲学における〈身体〉」金井淑子・細谷実編『身体のエシックス／

ポリティクス――倫理学とフェミニズムの交叉』ナカニシヤ出版。
後藤浩子 2006『〈フェミニン〉の哲学』青土社。
コーネル、D 2001『自由のハートで』石岡良治・仲正昌樹訳、情況出版。
コフマン、S 2000『女の謎――フロイトの女性論』鈴木晶訳、せりか書房。
小山エミ 2006「「ブレンダと呼ばれた少年」をめぐるバックラッシュ言説の迷走」双風舎編集部編『バックラッシュ！――なぜジェンダーフリーは叩かれたのか?』双風舎。
コラピント、J 2000『ブレンダと呼ばれた少年――ジョンズ・ホプキンス病院で何が起きたのか』村井智之訳、無名舎（二〇〇五年扶桑社復刊）。
コンネル、R・W 1993『ジェンダーと権力――セクシュアリティの社会学』森重雄ほか訳、三交社。
斉藤茂男 1982『妻たちの思秋期――ルポルタージュ 日本の幸福』共同通信社。
齋藤純一 2000『公共性』〈思考のフロンティア〉岩波書店。
齋藤純一編 2003『親密圏のポリティクス』ナカニシヤ出版。
齋藤純一 2008『政治と複数性――民主的な公共性にむけて』岩波書店。
酒井順子 2003『負け犬の遠吠え』講談社。
佐藤静 2008「女の月経をめぐるポリティクス――「忘れてほしゅうない」という声を真剣に受け止めること」金井淑子編『身体とアイデンティティ・トラブル――ジェンダー／セックスの二元論を超えて』明石書店。
塩田咲子 2000『日本の社会政策とジェンダー――男女平等の経済基盤』日本評論社。
シクスー、H 1993『メデューサの笑い』松本伊瑳子・国領苑子・藤倉恵子編訳、紀伊國屋書店。

渋谷望 2003「排除の空間の生政治――親密圏の危機の政治化のために」齋藤純一編『親密圏のポリティクス』ナカニシヤ出版。
霜村史織 2006「女性向け二次創作に見られる自己表現」日本女性学研究会女性学年報編集委員会編『女性学年報』二十七号。
杉浦由美子 2006『腐女子化する世界――東池袋のオタク女子たち』中央公論新社。
スコット、J・W 1992『ジェンダーと歴史学』荻野美穂訳、平凡社。
ストルテンバーグ、J 2002『男であることを拒否する』蔦森樹監修・鈴木淑美訳、勁草書房。
スパーゴ、T 2004『フーコーとクイア理論』〈ポストモダン・ブックス〉吉村育子訳、岩波書店。
スピヴァク、G・C 1998『サバルタンは語ることができるか』上村忠男訳、みすず書房。
スピヴァク、G・C 2007「人文学と変革のための活動」本橋哲也訳、『論座』一五一号、朝日新聞出版。
スミス、D 1987「女性のための社会学」シャーマン、J／ベック、E編『性のプリズム――解放された知を求めて』田中和子編訳、勁草書房。
セジウィック、K・I 2001『男同士の絆――イギリス文学とホモソーシャルな欲望』上原早苗・亀沢美由紀訳、名古屋大学出版会。
全国自立センター協議会編 2001『自立生活運動と障害文化――当事者からの福祉論』全国自立センター協議会。
千田有紀 2001「構築主義の系譜学」上野千鶴子編『構築主義とは何か』勁草書房。
千田有紀 2006「ブレンダの悲劇が教えるもの」『大航海』五十七号、新書館。
双風舎編集部編 2006『バックラッシュ！――なぜジェンダーフリーは叩かれたのか？』双風舎。

高橋喜久江 1994「「セックスお仕事論」への困惑」『全国婦人新聞』七月三十日。
高橋すみれ 2005「「やおい」化する視線、その戦略に向けて」日本女性学研究会女性学年報編集委員会編『女性学年報』二十六号。
竹村和子 2000『フェミニズム』〈思考のフロンティア〉岩波書店。
竹村和子 2002『愛について――アイデンティティと欲望の政治学』岩波書店。
竹村和子編 2003『〝ポスト〟フェミニズム』〈知の攻略 思想読本10〉作品社。
立岩真也 1997『私的所有論』勁草書房。
タトル、L 1991『フェミニズム事典』渡辺和子監訳、明石書店。
田中亜以子 2007「ウーマン・リブの「性解放」再考――ベッドの中の対等性獲得に向けて」日本女性学研究会女性学年報編集委員会編『女性学年報』二十八号。
田中美津 1983『何処にいようと、りぶりあん――田中美津表現集』社会評論社。
田中美津 2001『いのちの女たちへ――とり乱しウーマンリブ論〈新訂版〉』パンドラ。
田中美津 2005『かけがえのない、大したことのない私』インパクト出版会。
田中玲 2006『トランスジェンダー・フェミニズム』インパクト出版会。
だめ連編 1999『だめ連宣言!』作品社。
鄭暎恵 1994「開かれた家族に向かって――複合的アイデンティティと自己決定権」日本女性学研究会女性学年報編集委員会編『女性学年報』十五号。
鄭暎恵 1996「アイデンティティを超えて」井上俊・上野千鶴子・大澤真幸・見田宗介・吉見俊哉編『岩波講座現代社会学15 差別と共生の社会学』岩波書店。

鄭暎恵 2005「言語化されずに身体化された記憶と、複合的アイデンティティ」上野千鶴子編『脱アイデンティティ』勁草書房。
柘植あづみ 1999『文化としての生殖技術――不妊治療にたずさわる医師の語り』松籟社。
蔦森樹 1993『男でもなく、女でもなく――新時代のアンドロジナスたちへ』勁草書房。
蔦森樹 1995「ジェンダー化された身体を超えて――「男の」身体の政治学」井上俊・上野千鶴子・大澤真幸・見田宗介・吉見俊哉編『岩波講座 現代社会学11 ジェンダーの社会学』岩波書店。
蔦森樹 2003「ジェンダーは世界最大の暴力装置である」国際基督教大学社会科学研究所・上智大学社会正義研究所編『日本における正義――国内外における諸問題』御茶の水書房。
デラスコ、F／アレキサンダー、P 1993『セックス・ワーク――性産業に携わる女性たちの声』パンドラ。
ドゥーデン、B 1994『女の皮膚の下――十八世紀のある医師とその患者たち』井上茂子訳、藤原書店。
ドゥーデン 2001「女性を「脱構築」で切り刻んではならない！」北川東子訳、『環』七号、藤原書店。
ドウォーキン、A 1991『ポルノグラフィ――女を所有する男たち』寺沢みづほ訳、青土社。
ドウォーキン、A／マッキノン、C 2002『ポルノグラフィと性差別』中里見博・森田成也訳、青木書店。
ドゥルーズ、G／ガタリ、F 1986『アンチ・オイディプス――資本主義と分裂症』市倉宏祐訳、河出書房新社。
土佐弘之 2000『グローバル／ジェンダー・ポリティクス――国際関係論とフェミニズム』世界思想社。
土佐弘之 2003「バックラッシュ（再領域化）の政治と暴力――ホモソーシャルなリアリズムの位相」竹村和子編『〝ポスト〟フェミニズム』〈知の攻略 思想読本10〉作品社。
戸坂潤 1936『思想としての文学』三笠書房（日本図書センター、一九九二年）。

トーマス、D 1996『彼が彼女になったわけ』法村里絵訳、角川書店。
虎井まさ衛 1996『女から男になったワタシ』青弓社。
Tong, R. 1989 *Feminism Thought*, Westview Press.
内藤和美 1994『女性学をまなぶ』三一書房。
内藤和美 2001「「男女共同参画」政策の主流化のなかで」『ピープルズ・プラン研究』四巻三号。
中河伸俊・北澤毅・土井隆義編 2001『社会構築主義のスペクトラム――パースペクティブの現在と可能性』ナカニシヤ出版。
永久保陽子 2005『やおい小説論――女性のためのエロス表現』専修大学出版局。
中島梓 1991『コミュニケーション不全症候群』筑摩書房。
中西正司・上野千鶴子 2003『当事者主権』岩波書店。
永野潤 2004「サルトルと女とアンドロイド――両義性の倫理へ／意識・身体・自己欺瞞」金井淑子ほか編『岩波 応用倫理学講義5 性／愛』岩波書店。
Nicholson, L. (ed.) 1990 *Feminism/Postmodernism*, Routledge.
新田啓子 1995「ジェンダー・アイデンティティと他・多なる「自己」」日本女性学会学会誌編集委員会編『女性学』三号、新水社。
日本女性学会学会誌9号編集委員会編 2002『女性学』九号、新水社。
日本女性学会学会誌15号編集委員会編 2008『女性学』十五号、新水社。
日本女性学会ジェンダー研究会編 2006『Q&A男女共同参画／ジェンダーフリー・バッシング――バックラッシュへの徹底反論』明石書店。

野口裕二 2005『ナラティヴの臨床社会学』勁草書房。
野田正彰 2004『共感する力』みすず書房。
朴美佐子 1992「在日韓国人の立場で感じたこと」『れ組通信』六十三号。
長谷川啓 2003「セクシュアリティ表現の開花」加納実紀代編『リブという〈革命〉――近代の闇をひらく』〈文学史を読みかえる7〉インパクト出版会。
波多野完治 1993『吾れ老ゆ故に吾れ在り――老いと性と人生と』光文社。
ハッチオン、L 1991『ポストモダニズムの政治学』川口喬一訳、法政大学出版局。
ハートマン、H 1991「マルクス主義とフェミニズムの不幸な結婚」サージェント、L編『マルクス主義とフェミニズムの不幸な結婚』勁草書房。
Butler, J. 1992 "Feminism and Question of Postmodernism", Butler, J. & Scott, J·W., *Feminists Theorize the Political*, Routledge.
Butler, J. 1993 *Bodies that Matter: On the Discursive Limits of "sex"*, Routledge.
バトラー、J 1996「パフォーマンスとしてのジェンダー」竹村和子訳、『批評空間』Ⅱ-八号、太田出版。
バトラー、J 1999『ジェンダー・トラブル――フェミニズムとアイデンティティの攪乱』竹村和子訳、青土社。
花崎皋平 2002『〈共生〉への触発――脱植民地・多文化・倫理をめぐって』みすず書房。
帚木蓬生 2012『インターセックス』集英社。
原ひろ子・丸山真人・大沢真理・山本泰編 1994『ジェンダー』〈ライブラリ相関社会科学2〉新世社。
ハルプリン、D・M 1997『聖フーコー――ゲイの聖人伝に向けて』村山敏勝訳、太田出版。

ピルチャー、J／ウィラハン、I 2009『ジェンダー・スタディーズ』〈キーコンセプト〉片山亜紀監訳、新曜社。

平川和子 2002「ジェンダーと女性の人権――暴力被害女性への危機介入支援の現場から」金井淑子・細谷実編『身体のエシックス／ポリティクス――倫理学とフェミニズムの交叉』ナカニシヤ出版。

ファイアストーン、S 1972『性の弁証法――女性解放革命の場合』林弘子訳、評論社。

ファインマン、M・A 2003『家族、積みすぎた方舟――ポスト平等主義のフェミニズム法理論』上野千鶴子監訳、学陽書房。

フェルマン、S 1998『女が読むとき女が書くとき――自伝的新フェミニズム批評』下河辺美知子訳、勁草書房。

フーコー、M 1986『性の歴史1　知への意志』渡辺守章訳、新潮社。

伏見憲明 1991『プライベート・ゲイ・ライフ――ポスト恋愛論』学陽書房。

伏見憲明 2000『性の倫理学』朝日新聞社。

伏見憲明 2007『欲望問題――人は差別をなくすために生きるのではない』ポット出版。

二見れい子 2000「支援関係づくりのプロセスにこだわる――女性学を新たな抑圧の道具にしないために」日本女性学会学会誌8号編集委員会編『女性学』八号、新水社。

フリーダン、B 1986『(増補) 新しい女性の創造』三浦冨美子訳、大和書房。

ベイカー、R 1997『精子戦争――性行動の謎を解く』秋川百合訳、河出書房新社。

ベイカー、R 2000『セックス・イン・ザ・フューチャー――生殖技術と家族の行方』村上彩訳、紀伊國屋書店。

ヘックマン、S・J 1995『ジェンダーと知――ポストモダン・フェミニズムの要素』金井淑子ほか訳、大村書店。

ベルサーニ、L 1999『フロイト的身体――精神分析と美学』長原豊訳、青土社。

ボーヴォワール、S 2001『決定版 第二の性』（1・2）『第二の性』を原文で読み直す会訳、新潮社。

細谷実 1994『性別秩序の世界――ジェンダー／セクシュアリティと主体』マルジュ社。

細谷実 2002「フェミニズムと娼婦の位置」金井淑子・細谷実編『身体のエシックス／ポリティクス――倫理学とフェミニズムの交叉』ナカニシヤ出版。

細谷実 2004「身体はどのように問題なのか――J・バトラー他に抗して」フォイエルバッハの会編『フォイエルバッハ――自然・他者・歴史』理想社。

細谷実 2006「文化的存在における多義性と画一性――保守的ジェンダー論の合理性」唯物論研究協会編『唯物論研究年誌』十一号。

マイホーファー、A 2001「性差――時代遅れのカテゴリー？」仲正昌樹編、ゲアラッハ、F／マイホーファー、A／姫岡とし子『ヨーロッパ・ジェンダー研究の現在――ドイツ統一後のパラダイム転換』御茶の水書房。

マッキノン、C・A 1993『フェミニズムと表現の自由』奥田暁子・加藤春恵子・鈴木みどり・山崎美佳子訳、明石書店。

マーティン、B／金井淑子 1993「レズビアン・フェミニズムとフーコー理論」『情況』三十二号。

松島紀子 2003「子どもが生まれても不妊――〈不妊の経験〉の語り」桜井厚編『ライフストーリーとジェンダー』せりか書房。

松本侑子 1988『巨食症の明けない夜明け』集英社。
松本侑子 2000『誰も知らない「赤毛のアン」――背景を探る』集英社。
マネー、J／タッカー、P 1979『性の署名』朝山新一訳、人文書院。
マリィ、C 2008「バックラッシュにおけるさまざまなフォビアの解読」日本女性学会学会誌15号編集委員会編『女性学』十五号、新水社。
三砂ちづる 2004a『オニババ化する女たち――女性の身体性を取り戻す』光文社。
三砂ちづる 2004b「産のエロス――親密圏創生の契機となるもの」金井淑子ほか編『岩波 応用倫理学講義5 性／愛』岩波書店。
溝口明代ほか編 1992『資料 日本ウーマン・リブ史1――1969～1972』松香堂書店。
溝口明代ほか編 1994『資料 日本ウーマン・リブ史2――1972～1975』松香堂書店。
溝口明代ほか編 1995『資料 日本ウーマン・リブ史3――1975～1982』松香堂書店。
三橋順子 2006「往還するジェンダーと身体――トランスジェンダーを生きる」鷲田清一編『身体をめぐるレッスン1 夢見る身体』岩波書店。
ミード、M 1961『男性と女性』（上・下）田中寿美子・加藤秀俊訳、東京創元社。
宮崎かすみ編著 2009『差異を生きる――アイデンティティの境界を問いなおす』明石書店。
宮台真司 1994『制服少女たちの選択』講談社。
宮地尚子編 2004『トラウマとジェンダー――臨床からの声』金剛出版。
宮地尚子 2005『トラウマの医療人類学』みすず書房。
宮地尚子 2007『環状島＝トラウマの地政学』みすず書房。

牟田和恵 2006『ジェンダー家族を超えて――近代の生/性の政治とフェミニズム』新曜社。
村上益子・村上嘉隆 1967『ボーヴォワール――女性知識人の誕生』大橋洋一・片山亜紀ほか訳、平凡社。
モイ、T 2003『ボーヴォワール――ボーヴォワールの哲学』啓隆閣。
モデレスキー、T 1993「ポストフェミニズムの死とその分析」有賀千恵子訳『日米女性ジャーナル』十三号。
森岡正博 1996「現代女性運動の生命論――田中美津の場合」山折哲雄編『日本文化と宗教――宗教と世俗化』国際日本文化研究センター。
森岡正博 2001『生命学に何ができるか――脳死・フェミニズム・優生思想』勁草書房。
森岡正博 2005『感じない男』筑摩書房。
森岡正博 2006「〈私〉にとって男とは何か――セクシュアリティにおける内在的男性学の試み」大越愛子・井桁碧編『思想の身体――性の巻』春秋社。
森岡正博 2008『草食系男子の恋愛学』メディアファクトリー。
森岡正博 2009『最後の恋は草食系男子が持ってくる』マガジンハウス。
森崎和江 1994『いのちを産む』弘文堂。
森崎和江 2008-『森崎和江コレクション』藤原書店。
モンゴメリ、L・M 1993『赤毛のアン』松本侑子訳、集英社。
八木秀次 2005「解説　ジェンダーフリーの〝嘘〟を暴いた本書の意義」コラピント『ブレンダと呼ばれた少年――性が歪められた時、何が起きたのか』村井智之訳、扶桑社。
山崎カヲル 1990「ポルノという問題のために」『現代思想』十八巻一号、青土社。
好井裕明編 2010『セクシュアリティの多様性と排除』〈差別と排除の［いま］6〉明石書店。

吉村萬壱 2003『ハリガネムシ』文芸春秋。

吉本隆明・芹沢俊介 1985『対幻想――n個の性をめぐって』春秋社。

ライニッツ、J・M／ビーズリー、R 1991『キンゼイ・リポート』小曽戸明子・宮原忍訳、小学館。

リオタール、J・F 1986『ポスト・モダンの条件――知・社会・言語ゲーム』小林康夫訳、書肆風の薔薇。

リッチ、A 1990『女から生まれる――アドリエンヌ・リッチ女性論』高橋茅香子訳、晶文社。

リブ新宿資料センター資料保存会編 2008a『リブ新宿センター資料集成――リブニュース この道ひとすじ』インパクト出版会。

リブ新宿資料センター資料保存会編 2008b『リブ新宿センター資料集成――パンフレット・ビラ篇』インパクト出版会。

リシール、M 2001『身体――内面性についての試論』和田渡・加國尚志・川瀬雅也訳、ナカニシヤ出版。

ロレンス、D・H 1996『完訳 チャタレイ夫人の恋人』伊藤整訳・伊藤礼補訳、新潮社。

若桑みどり・加藤秀一・皆川満寿美・赤石千衣子編 2006『「ジェンダー」の危機を超える！――徹底討論！バックラッシュ』青弓社。

鷲田清一 1999『「聴く」ことの力――臨床哲学試論』TBSブリタニカ。

渡辺みえこ 2000「他者の表象どのように可能か――レズビアンの場合」日本女性学会学会誌8号編集委員会編『女性学』八号、新水社。

綿貫礼子 1994「「共生（シンビオシス）」という価値を求めて――リプロダクティブ・ヘルスの思想と環境（女性と環境）」『世界』六〇〇号、岩波書店。

あとがき

今年の桜はあっという間に散ってしまいました。前担当編集者の津久井輝夫氏ご退職という事情もあり、氏の在任中にという約束で前著からほどなく刊行される予定でしたが、結局、前著からは二年余の間が空くこととなりました。本書の編集を津久井氏から引き継がれた石崎雄高氏の寛容な励ましによってようやく刊行にこぎつけることができたわけですが、編集方にはたいへんご迷惑をかけているのになんですが、やはりそれだけの時間が必要だったかとも思うしだいです。本の出版が子どもの出産に似ている。その思いを強く抱くようになったのは、ナカニシヤ出版からの単著二冊を続けて刊行する作業の中からであったでしょうか。産む苦しみの中ではもうこんな生活はいいかげんにして少しは年齢相応に穏やかに梅や桜を愛で季節の変化を感じる生活をしたいと思うのですが、産み出してしまうと、もう産んだ子どもには関心がなくなんとなく次を意識してしまうという、なんとも因果な生き方だとわれながらあきれています。

本書を世に送り出すにあたっては、立正大学に赴任して以来、若手研究者との小さな研究会の輪ができて、哲学・思想・フェミニズム・エコロジー・ケアロジーの分野を緩やかにネットワークして議論しあう場をもてたことが、私にとってはとても助けになりました。メンバー各位には感謝を、そしてみなさんともう少し歩みたいと念じております。

そしてもう一つ記しておきたいのは、二〇一一年暮れに五十七歳の若さで訃報を聞くこととなった故・竹村和子さんのこと。文学研究の批評理論の領域から日本のフェミニズム・現代思想領域に常に刺激的な発言をしてこられた竹村さんから、私はたくさんのインスパイアーされる問題意識をいただいていた。そのことに本書をまとめる中で改めて気づきました。竹村さんには、『岩波 応用倫理学講義5 性／愛』で巻末の座談会に入っていただき（足立真理子・加藤秀一・竹村和子・金井）、その中で竹村さんが、倫理学と文学の関係をインターサブジェクトとイントラサブジェクトの言葉で二つの領域の知的営為を区別し、かつ両領域を接続するところに「倫理の可能性」をみようとする発言をされているのに、強く知的触発を受け本書でもそのことに触れています。もう少し考えてみたいと思っているテーマの一つです。竹村さんの無念な死を悼みつつ、「あなたを忘れない」の思いを届けたい。

本書の作成にあたっては「二〇一一―二〇一四年度科学研究費補助金基盤研究C」および「立正大学学内研究支援費」からの助成を受けております。

東日本大震災二周年の春に

【初出一覧】

I　リベラリズムとパターナリズムのはざまで——性／愛の講義の七日間

「リベラリズムとパターナリズムのはざまで——講義の七日間」（金井淑子責任編集『岩波 応用倫理学講義5　性／愛』岩波書店、二〇〇四年）

II　ジェンダー

第一章　「身体・差異・共感をめぐるポリティクス——理解の方法的エポケーと新たな倫理的主体」金井淑子・細谷実編『身体のエシックス／ポリティクス——倫理学とフェミニズムの交叉』（ナカニシヤ出版、二〇〇二年）

第二章　「自然から浮遊するジェンダー——性差の本質論的還元主義批判のアポリア」日本倫理学会編『いま「人間」とは——人間観の再検討』（慶應通信、一九九五年）

第三章　「ポストモダン・フェミニズム」江原由美子・金井淑子編『ワードマップ　フェミニズム』（新曜社、一九九七年）、「もっと〝ポスト〟フェミニズムへ——〈生／性の政治〉に届くジェンダーの知を」（唯物論研究協会編『唯物論研究年誌』十一号、二〇〇六年）、大幅改稿。

III　身体

第四章　書き下ろし。

第五章　「バックラッシュをクィアする——フェミニズムの内なるフォビアへ」（日本女性学会学会誌15号編集委員会編『女性学』十五号、新水社、二〇〇八年）、「フェミニズムと身体論——リブからやおいへ」金井淑子編『身体とアイデンティティ・トラブル——ジェンダー／セックスの二元論を超えて』（明石書店、二〇〇八年）、大幅改稿。

Ⅳ　他者

第六章「フェミニズムの他者——外部の他者／内部の他者〈化〉」宮崎かすみ編『差異を生きる——アイデンティティの境界を問いなおす』（明石書店、二〇〇九年）

第七章「フェミニンの哲学と「他者を内在化させた女《わたし》という一人称」」（『ディオゲネス』ユネスコ、二〇一〇年）

おわりに　書き下ろし。

マ　行

ヤ　行

ラ　行

ナ　行

ハ　行

タ　行

カ　行

サ　行

事項索引

マ　行

ヤ　行

ラ　行

サ　行

タ　行

ナ　行

ハ　行

人名索引

ア　行

カ　行

■著者略歴

金井淑子（かない・よしこ）

立正大学文学部哲学科教授。哲学・倫理学専攻。著書：『依存と自立の倫理』（ナカニシヤ出版，2011年），『異なっていられる社会を』（明石書店，2008年），『女性学の挑戦』（明石書店，1997年），『フェミニズム問題の転換』（勁草書房，1992年），『女性学の練習問題』（明石書店，1991年），『ポストモダン・フェミニズム』（勁草書房，1989年），『転機に立つフェミニズム』（毎日新聞社，1985年），『身体とアイデンティティ・トラブル』〔編著〕（明石書店，2008年），『ファミリー・トラブル』〔編著〕（明石書店，2007年），『岩波 応用倫理学講義5 性／愛』〔編著〕（岩波書店，2004年），『身体のエシックス／ポリティクス』〔編著〕（ナカニシヤ出版，2002年），他。

倫理学とフェミニズム

——ジェンダー、身体、他者をめぐるジレンマ——

2013年6月27日　初版第1刷発行

著者　金井淑子

発行者　中西健夫

発行所　株式会社　ナカニシヤ出版

〒606-8161　京都市左京区一乗寺木ノ本町15

TEL (075)723-0111

FAX (075)723-0095

http://www.nakanishiya.co.jp/

印刷・製本／シナノ書籍印刷

＊落丁本・乱丁本はお取り替え致します。

ISBN978-4-7795-0741-0　Printed in Japan

依存と自立の倫理
―〈女／母《わたし》〉の身体性から―

金井淑子

暴力や支配の温床になる親密圏の「共依存関係」を断ち、人が自尊感情を取り戻すことができる空間を回復するため、人間存在の脆弱性に根ざす倫理を探究する。　二六〇〇円＋税

身体のエシックス／ポリティクス
―倫理学とフェミニズムの交叉―

金井淑子・細谷実 編

性暴力や売買春、生殖医療、同性愛など、倫理学とフェミニズムが交叉する様々な問題場面において、「身体」という問題から生起する、今日の倫理を問う。　二二〇〇円＋税

いのちの倫理

大庭　健

生きることを「プロジェクト」と捉える現代人の人生観が私たちのいのちを軽視する。その認識の歪みを批判し今あるべき倫理を問う、著者渾身の書き下ろし。　二二〇〇円＋税

若者のための〈死〉の倫理学

三谷尚澄

ボードレール、ニーチェ、森鷗外ら先人の苦悩から、ライトノベルに読み取れる若者の日常の苦悩までを題材に、生の苦しみの本質を究明し再生の道を探る。　二四〇〇円＋税

倫理学という構え
―応用倫理学原論―

奥田太郎

倫理学を学ぶための知的態度（構え）とはどんなものか。メタ倫理学・規範倫理学・応用倫理学という枠を自在に越えながら「倫理学とは何か」を探究する。　二五〇〇円＋税

表示は二〇一三年六月現在の価格です。